JOHANNA WINTER

Der Feind an meiner Seite

JOHANNA WINTER

Der Feind an meiner Seite

Wie ich mich aus meiner Ehe mit einem Psychopathen befreite

Eden BOOKS

AUTOBIOGRAFISCHER ROMAN

Dieses Buch beruht lose auf wahren Begebenheiten,
die allerdings so weit verfremdet sind, dass
eventuelle Übereinstimmungen mit lebenden
Personen zufällig und nicht beabsichtigt sind.
In diesem Buch werden nicht konkrete Personen,
sondern Typen von Personen beschrieben.

Inhalt

Vorwort

Noch nie habe ich mit einem Detektivbüro telefoniert.

Bis gerade eben.

Allmählich komme ich richtig in Schwung. Es ist bereits das dritte Gespräch, und ich kann mein Anliegen immer klarer und verständlicher formulieren. Übernehmen möchte meinen Auftrag trotzdem keiner. Die beste Observation kann nichts gegen die Hinterzimmerdeals meines Ehemannes ausrichten. Für neuntausend Euro bekäme ich die Auskunft über geheime Konten in Österreich, der Schweiz oder Liechtenstein. Ich lehne das großzügige Angebot bedauernd ab.

Danach bin ich wie erschlagen.

Dass die Realität anders ist als im Fernsehen, weiß jedes Kind.

Aber dass die Realität auch anders ist als die Realität, das hätte ich niemals erwartet.

Ich bin ein Spielball in den Händen und Plänen meines Mannes.

Ich bin es immer gewesen.

Mein Name ist Johanna Winter.

Ich habe Soziologie und Sozialpädagogik studiert, bin Illustratorin und Mutter zweier Töchter. Als sich mein Mann nach zwei Jahrzehnten Beziehung von mir trennte, wusste ich nicht, wie ich das bewältigen sollte.

Ich hätte es beinahe nicht geschafft.

Doch nicht, weil ich nicht in der Lage gewesen wäre, ohne meinen Mann zu existieren, ganz im Gegenteil, sondern weil die Trennung auf eine Weise geschah, durch die ich rückblickend mein halbes Erwachsenenleben, meinen Verstand, meine psychische Gesundheit und den Sinn meiner gesamten Ehe infrage stellte.

Viel zu lange habe ich den schleichenden emotionalen Missbrauch in unserer Ehe ertragen, entschuldigt, gerechtfertigt und durch meine hochsensible Persönlichkeitsstruktur zum Teil sogar befördert. Ohne dass ich mir die Zusammenhänge erklären konnte, wurde ich durch Abwertungen, Manipulationen und Entwürdigungen so sehr geschwächt, dass es mir schließlich so vorkam, als hätte ich den finalen Stoß letztlich verdient.

Ich erzähle Ihnen in diesem Buch meine Geschichte.

Sie ist nicht stellvertretend für andere Schicksale in dieser Konstellation zu verstehen, nicht für andere Ehen vor dem gleichen pathologischen Hintergrund und nicht stellvertretend für mieses Karma im Besonderen oder das Verhalten von Psychopathen oder toxischen Narzissten im Allgemeinen zu sehen.

Sie ist auch kein Psychogramm, keine Anklage und schon gar keine Abrechnung. Sie soll weder weinerlich noch wehleidig klingen, denn natürlich gibt es so unvorstellbar grausamere Dinge, die einem widerfahren können, dass sich meine Erfahrung dagegen wie das reinste Luxusproblemchen ausnimmt.

Deshalb ist sie, was sie ist: meine Geschichte. Sie hat sich genau so zugetragen. Still und leise bin ich benutzt worden und habe die zerstörerische Kraft lange Zeit unterschätzt.

Vielleicht werden Sie bei der Lektüre denken, dass ich es doch in der Hand gehabt hätte und die vermeintliche Sicherheit viel früher gegen einen gesunden Seelenfrieden hätte eintauschen können.

Sie haben recht. Und auch nicht. Denn ich bin ich und nicht Sie. Und mit den Jahren kommt einem, hoppla, das wahre Leben dazwischen, das die volle Aufmerksamkeit und Konzentration erfordert. Ja, sicher, es gab einige Stationen, an denen ich hätte aussteigen können, aber es gab keinen Halt, und wer springt schon mit kleinen Kindern aus einem fahrenden Zug?

Manche Ratgeber sprechen davon, dass man als Partner eines Narzissten diesem schließlich das Podium bietet, quasi zum Co-Narzissten wird, der die Eskalation erst ermöglicht. Nach einer solchen Argumentation bin ich also auch nicht Johanna, sondern Co-Rolf? Bin keine Frau, sondern Co-Mann? Nein, eine Beziehung, ganz unabhängig davon, wer führt oder sich führen lässt, wird erst dann zum gemeinsamen Tanz, wenn diese Führung nicht mit Dominanz gleichgesetzt wird, wenn nicht einer die Choreografie diktiert, sich der Kraft des Tanzpartners bedient wie einer Batterie und dessen Sensibilität für seine Zwecke missbraucht.

Beim Schreiben dieses Buches habe ich selbstverständlich Namen, Berufe, Aussehen, Orte und viele weitere persönliche Details verändert. Ich möchte uns nicht in Gefahr bringen und niemandes Ruf schädigen. Für Ersteres sorge ich selbst, Letzteres erledigt das Schicksal, da bin ich mir ganz sicher.

Dieses Buch handelt also von mir.

Dass es das tut, ist mir unangenehm, denn ich rede nicht gern über mich.

Wenn wir jetzt bei einer Tasse Kaffee zusammensäßen, würden Sie meine Geschichte wahrscheinlich nicht mit meiner Erscheinung zusammenbringen.

Man hat da nämlich diese Bilder im Kopf, von Frauen, denen SO WAS passiert.

Von Opfern gewissermaßen. Zum Glück ›stimmt‹ vermeintlich immer irgendetwas an ihnen nicht, das menschliche Gehirn funktioniert so, es schützt uns, wiegt uns in Sicherheit, sagt, siehst du, ganz ruhig, hier haben wir doch den Grund, warum sie in den ganzen Schlamassel geraten ist und es nicht gemerkt hat; mir würde das sicher nicht passieren, sogar ganz sicher nicht.

Unbewusst suchen wir nach selbst verschuldeten Gründen des Versagens, in den Gesichtszügen der Opfer, im Elternhaus, beim Bildungshintergrund, dem Kleidungsstil. Und natürlich wissen wir, dass all das Unsinn ist.

Aber vielleicht auch nicht?

Ich bin eine mädchenhafte, zierliche Frau mit blasser Haut und dunklen Haaren, früher habe ich an Fasching immer das Disney-Schneewittchen gespielt, mein Lucy-von-den-Peanuts-Haarschnitt hat wunderbar dazu gepasst. Ich bin liebevoll, empfindsam und viel zu empathisch. Ich nehme tausend Kleinigkeiten wahr und bin manchmal ganz erschöpft von der Vielzahl der Eindrücke in meinem Kopf. Menschenmassen, Krach, Höhen und Geschwindigkeiten überfordern mich, machen mir Angst. Ich wirke jünger, als ich bin. Ja, vielleicht wirke ich auch repräsentativ, wie eine adrette Ehefrau. Auf alle Fälle schwach, vielleicht auch ein bisschen naiv, ganz sicher wecke ich Beschützerinstinkte – nun, es wäre nicht das erste Mal, dass ich unterschätzt werde ...

Aber ist an all dem etwas falsch? Nein, es prädestinierte mich nur dazu, ausgewählt zu werden.

Als es bei uns zu Hause ganz schlimm wurde, saß ich bei einem Elternabend im Gymnasium. Die Klassenlehrerin einer meiner Töchter hat mich mit ihrer unerschrockenen Burschikosität tief beeindruckt. Sie kam jeden Morgen anderthalb Stunden aus irgendeinem abgelegenen Dorf mit dem Mountainbike zur Schule, verschwitztes T-Shirt, unrasierte Achseln. Make-up- und frisurlos polterte sie sich ruppig durch den Abend, bestimmt, klar, unbeeindruckt. Sie machte mir fast Angst – und gleichzeitig Mut, und ich konnte nur diesen einen Satz denken: *Bei ihr würde er sich das nicht trauen. Bei ihr würde er sich das nicht trauen.*

Richtiger wäre vielleicht gewesen: *Sie würde sich das nicht gefallen lassen*, aber so weit war ich damals noch nicht. Deshalb ist es wohl doch eine Typ-Frage – ich möchte einen Mann bewundern dürfen, zu ihm aufschauen, weil er Dinge tut oder kann, die mir imponieren.

Und es ist wohl auch eine Schuldfrage. Ich mache mir fürchterliche Vorwürfe, dieses Drama womöglich verschuldet zu haben. Einfach, weil ich damals als junge Ehefrau und Mutter tat, was ich dachte, tun zu müssen.

Ich war fürsorglich, unterstützend, loyal. Ich war geduldig, kreativ und fröhlich. Ich lobte und idealisierte. Ich managte, hegte und kultivierte. Ich hatte zum ersten Mal ein Kind, zum ersten Mal ein Haus, zum ersten Mal einen Ehemann, zum ersten Mal ein völlig erwachsenes Leben.

Und es hat mich glücklich gemacht.

Bis zu dem Zeitpunkt, an dem meinem Mann das nicht mehr gefiel.

Bis er verhindern musste, dass ich zu mächtig wurde.

Bis meine Bewunderung ihm nicht mehr ausreichte, sich abgenutzt hatte.

Bis er sich gereizt fühlte von meiner Zufriedenheit, meiner Fähigkeit, in mir selbst zu ruhen. Von den Verschwörungen in der Firma. Davon, dass niemand seine Genialität und Führungsstärke zu erkennen schien. Bis er seine Unzufriedenheit und innere Leere kanalisieren musste.

Da war ich plötzlich nicht mehr kuschelig genug, verfolgte die falschen Erziehungsansätze, verkorkste die Kinder, lag auf Kosten des Familienernährers auf der faulen Haut und begann, unverschämte Verwöhnte-Prinzessin-Allüren an den Tag zu legen. Recht schnell war ich auch nicht mehr in der Lage, das Familienoberhaupt sexuell zu befriedigen, weil ich auch im Bett nicht so unkompliziert funktionierte wie ein Internet-Pornostar.

Nun, Sie werden mir zustimmen, dass so was bestraft gehört …

Auch wenn ich es nicht gern tue, ist es wichtig, darüber zu reden. Manchmal voller Ironie, weil es anders nicht geht, manchmal verletzt, oft ratlos.

Sie mögen meinen Mann am Ende des Buches vielleicht auch nur für einen Menschen mit ›Charakter‹ halten, mit miesem Charakter, weil es schlimmere gibt und Schlimmeres geschehen kann, Ihnen womöglich geschehen ist ... Dem habe ich nichts entgegenzusetzen, denn es geht natürlich immer noch heftiger. Sehr viel heftiger. Aber mir hat das schon gereicht.

Wenn ich auch nur ein Augenpaar öffnen, eine Leserin für die Thematik sensibilisieren kann, hat es sich schon gelohnt, noch einmal hinabzusteigen in den Keller der Erinnerung, in dem ich in der Realität schon war, zusammengebrüllt und bewusstlos liegen gelassen ... das traumatische Ende eines traumhaften Anfangs.

Vielleicht ist meine Geschichte eine Warnung, was geschehen kann, wenn man als argloser, friedlicher Zeitgenosse, sagen wir es bildhafter, als jemand, der eine Blumengirlande an seinem Fahrradkorb hat, auf einen Partner mit psychopathischen oder narzisstischen Persönlichkeitszügen trifft und irgendwann feststellt, dass das anfängliche Zusammenspiel in eine gewaltige Schieflage geraten ist und man in einer diktatorischen Beziehung feststeckt, in der es schon längst nicht mehr um gegenseitige Unterstützung auf Augenhöhe geht, um gemeinsames Wachstum, Liebe und Respekt.

Und möglicherweise ist sie der Auslöser, dass Sie, früher als ich oder überhaupt, den Mut fassen, die Notbremse zu ziehen und dem Missbrauch zu entkommen, solange Sie noch die Kraft dazu haben.

Denn nur so kann man einen rasenden Zug anhalten, wenn man unbedingt aussteigen muss.

KAPITEL 1

»Wenn du Zahnärztin hättest werden wollen, hätte ich dich nicht genommen.«

Als wir uns in einer kleinen Universitätsstadt in Norddeutschland kennenlernen, studieren wir beide. Ich bin 25 und seit fast einem Jahr dringend suchender Single, weil meine allererste Liebesbeziehung zu einem deutlich älteren VWL-Studenten nach zwei Jahren auseinandergegangen ist. Meine Kommilitonen haben nur wenig Mitleid mit mir, zu ernst, verpflichtend und vorbestimmt schien diese vergangene Beziehung in ihren Augen gewesen zu sein.

Mit Rolf liegt die Sache eindeutig anders, ich spüre das sofort. Er ist zupackend, fröhlich und einnehmend, fast charismatisch. Ich mag sein umwerfendes Strahlen, die blonde Mähne, diese süße Zahnlücke und die blauen Augen in einem schwedischen Sommersprossengesicht, seinen Statement-Style aus Lederjacke und weißem Hemd. Ich mag sein Fahrrad voller Aufkleber, auf dem er thront wie auf einem Ross, selbstsicher und unbesiegbar. Er hat kräftige Hände vom jahrelangen Basketballtraining, die schönsten Männerfüße, die ich je gesehen habe, und einen wunderbar trainierten Körper. Er ist beliebt, unterhaltsam, witzig und kommunikativ, jeder hat ihn sofort gern.

Und: Er studiert Zahnmedizin, ein Kriterium mit hoher Priorität auf meiner unbewussten Wunschliste für einen Traummann. Ich komme aus einer Apothekerfamilie mit Generationen von Pharmazeuten, Zahnärzten, Humanmedizinern, Arzthelferinnen und Krankenschwestern. Und wenn ich schon selbst nichts in dieser Richtung studiere, erscheint es mir nur natürlich, beim zweiten, bestimmt endgültigen Versuch, jemanden aus diesem Berufsfeld mit nach Hause zu bringen – ja, mir ist sogar so, als ob Mediziner zu sein, nach dem ersten ›Fehlgriff‹ mit einem Volkswirt, tatsächlich die einzig vertretbare Berufsoption für den Mann an meiner Seite sei.

Doch ich lasse ihn ein wenig zappeln, melde mich ein paar Tage nicht und sage sogar ein Treffen ab, denn ich muss mir erst darüber klarwerden, ob es klug ist, sich in solch einen Jungen zu verlieben.

Denn das ist er, ein Bub noch, wie mir anfänglich scheint. Über ein Jahr jünger als ich – und jeder weiß, dass das mit Mitte zwanzig zwischen den Geschlechtern noch eine Menge ausmacht. Doch wie sich herausstellt, möchte er gar keine feste Beziehung, aber ich mache ihm klar, dass es mich nur ganz oder gar nicht gibt. Er braucht vier Wochen, bis er sich auf diesen Grundsatz einlässt und wir offiziell ein Paar werden.

Zu diesem Zeitpunkt ist mir nicht klar, wie sehr ich seinem Beuteschema entspreche. Ich sehe seinen beiden offiziellen Exfreundinnen so zum Verwechseln ähnlich, dass mich seine Freunde zu Beginn öfter mit dem falschen Namen ansprechen.

Dann nimmt die Beziehung ihren Lauf.

Wir studieren. Wir chillen. Wir radeln händchenhaltend durch die Stadt. Wir finden unseren Rhythmus, treffen uns mittwochs und verbringen die Wochenenden miteinander.

Wir kommen beide voran.

Ich besser als er.

Sein Freizeitbedürfnis ist größer, als es dem Studium guttut, und als ihm seine Eltern vom anderen Ende der Republik hinterherziehen, um ihrem einzigen Sohn näher zu sein, nimmt ihm ihre pure Anwesenheit die Luft zum Atmen, und seine Mutter treibt ihn in den Wahnsinn. In seiner Kindheit erdrückte sie ihn zunächst mit ihrer Liebe, doch irgendwann versiegte ihr Interesse und sie begann, sich nur noch mit sich selbst zu beschäftigen. Ihre Fürsorge machte einem verheerenden Desinteresse Platz. Und auch vom Vater, der die Launen seiner Frau beförderte und ihr Wohlbefinden über alles stellte, konnte der Sohn keine echte Unterstützung erwarten.

Ich bestärke Rolf, sein Studium durchzuziehen, als er immer wieder davon redet, sich an der Sporthochschule einzuschreiben – er ist schon zu weit gekommen, um aufzugeben und in einem anderen Fach von vorn anzufangen. Außerdem bin ich so überzeugt davon, dass er ein guter Zahnarzt werden wird, dass mir nicht auffällt, wie leidenschafts- und empathielos er über seine praktischen Erfahrungen berichtet. Für mich ist es einfach der typische Jargon unter Studenten, taffes Gerede, um mit dem Druck und den Anforderungen klarzukommen. Sein Freundeskreis ist diesbezüglich wie von einer unsichtbaren Linie gespalten. Die einen reden hauptsächlich über die späteren Verdienstmöglichkeiten, während die anderen mit Eifer über bestimmte Fachgebiete, Forschungsanliegen oder Spezialisierungsvorhaben diskutieren. Einer seiner Freunde besucht einen Supervisionskreis, bei dem sich Studenten aus Zahn- und Humanmedizin zu ihren Erfahrungen austauschen können und professionelle psychologische Unterstützung erhalten. Darüber macht Rolf sich lustig, zieht es ins Lächerliche, doch ich fange an, die eine Fraktion zu bewundern, und hege leise Zweifel an der Einstellung der anderen.

Ich bin selbst sehr beschäftigt mit meiner Zusatzausbildung in Sozialpädagogik und arbeite ehrenamtlich bei der Telefonseelsorge. Ich liebe mein Fach, doch es ist anspruchsvoll und arbeitsintensiv, und ich bin blind vor Liebe. Deswegen unterstütze ich Rolf, wo ich kann, und schaue weg, wo ich soll.

Ich helfe ihm durch die Prüfungen, lese mich tief in sein Fach ein und stelle ihm selbstverständlich mein Auto für die aufwendige Datenerhebung im Rahmen seiner Doktorarbeit zur Verfügung. Er heftet sich mit gespielter, übertriebener Bewunderung an die Fersen seines Doktorvaters, weil er auf eine spätere Anstellung an der Uni spekuliert. Ich verbringe Wochen mit der Dateneingabe, tippe Befunde, formuliere Untersuchungsergebnisse und feile an seinen Schlussfolgerungen. Als der Professor die Ergebnisse in einem englischen Journal veröffentlichen will, geht die ganze Arbeit von vorn los, doch Rolf ist von seinem Erfolg beflügelt und macht großspurige Zukunftspläne, die mich darin bestärken, an eine gemeinsame Zukunft zu glauben.

Während seiner Unizeit intensiviert sich die Freundschaft zu zwei seiner Kommilitonen, die auch heute noch seine engsten Verbündeten sind. Rolf, Leonhard und Alex haben ein Faible für Techno-Partys und reisen gemeinsam zu den einschlägigen Clubs überall in Deutschland. Dass sie dort harte Drogen konsumieren, ahne ich nicht, denn obwohl Rolf offen übers Kiffen redet, es auch hin und wieder in meinem Beisein tut, was mich weder beeindruckt noch beunruhigt, schaffe ich den Transfer nicht. In dieser Beziehung bin ich so unbefleckt wie pragmatisch: Auf den Fensterbrettern der Studentenbuden gedeihen in Tontöpfen Marihuanapflanzen in der Mittagssonne, wenn sie denn mal scheint, Gras rauchen gehört irgendwie dazu, es ist die Zeit des deutschen Kinofilms *Lammbock* – wir lachen uns halb tot darüber. Ich finde es keine große Sache, wünsche mir sogar manchmal, ich könnte die sagenhafte Wirkung selbst einmal verspüren. Rolf versucht daraufhin, eine Wasserpfeife zu konstruieren, damit ich den Rauch irgendwie inhalieren kann, aber der Versuch scheitert kläglich, ich kriege ihn einfach nicht in die Lunge, und das Thema hat sich für mich erledigt. Doch dass mein Freund bei passender Gelegenheit auch ›echte‹ Drogen nehmen könnte, auf die Idee komme ich nicht.

Wir reden natürlich über Kinder. Seit ich denken kann, will ich eine Familie gründen. Auch Rolf will Kinder haben, später, kein Problem, durch Kinder verändert sich doch nichts. Ich sage, durch Kinder verändert sich alles, doch Rolf meint, man könne mit Kindern genau die gleichen Sachen machen wie vorher, »die laufen einfach so mit«. Später werde ich merken, dass er das tatsächlich genau so gemeint hat. Seine eigenen Bedürfnisse aus Rücksicht auf ein Kind zurückzustellen, kommt für ihn gar nicht infrage, ein Kind hat einfach zu funktionieren.

Als Rolf eines Tages, Wochen vor einer schwierigen Klausur, impotent wird, schiebt er es auf den immensen Druck. Er muss die Prüfung wiederholen und ist wochenlang blockiert. Er nennt es ›Stressimpotenz‹ und meint, dass es seinen Kumpels genauso gehe. Ich habe in der Beziehung keinen Vergleich, nur diese eine Erfahrung mit meinem Exfreund. Doch bei ihm war genau das Gegenteil der Fall, Sex diente ihm gerade bei Stress im Studium und später im Beruf zur Entspannung. Der Sex mit Rolf ist anders, nicht so, wie ich ihn mir wünsche. Von Anfang an bemüht er sich nicht, mich zum Höhepunkt zu bringen, er ist vielmehr heilfroh, dass es mir von selbst gelingt, denn keine andere Frau vor mir hätte es bisher geschafft, überhaupt beim Verkehr mit ihm zum Orgasmus zu gelangen. Wir schaffen es in der Regel nie annähernd gemeinsam, was dazu führt, dass ich mich danach nicht wohlig fallenlassen kann, weil ich mich für ihn weiterbewegen muss – und das kann dauern. Ein bestimmter Rhythmus, eine bestimmte rasende Frequenz, es schlaucht, es ist anstrengend, es tut weh, es reibt mich wund.

Ich gewöhne mir ab, meine Nägel lang und lackiert zu tragen, weil er das ebenso wie roten Lippenstift ekelhaft findet, sortiere ihm zuliebe meine Dessous aus und binde meine halblangen Haare auf seine Bitte hin zu einem kleinen Rattenschwanz, als er mich seinen Eltern vorstellt. Er mag auch keine Schamhaare, immer wieder fängt er damit an, erklärt, Alex' Frau sei auch komplett rasiert. Leise, fast unhörbar tritt so der Vergleich mit ihr in mein Leben. Doch ich rasiere mich erst nach unserer Trennung komplett, denn erst da wird es zu meinem eigenen Entschluss. Zu seinem Missfallen lasse ich bei der Rasur immer etwas stehen, unbewusst zunächst, doch man kann es auch symbolhaft lesen: Es ist mir wichtig, mich als erwachsene Frau zu fühlen und nicht als Mädchen wahrgenommen zu werden, denn so wird er mich in unserer Ehe klassifizieren. Als seine Mutter im Sommer entdeckt, dass ich meine Fußnägel lackiere, bekommt sie einen lautstarken Anfall, der Rolf so peinlich ist, dass ich ab diesem Zeitpunkt wenigstens einen Zehennagellack-Freifahrtschein bekomme.

Trotz all dieser kleinen Missklänge fühlt sich unsere Studentenliebe im Ganzen harmonisch an, es gibt keinen offenen Streit oder ernsthafte Unstimmigkeiten, und ich brauche viel Zeit für mich allein.

Und ich vertraue.

Das ist vielleicht ein Fehler.

Vor dem letzten klinischen Fachsemester benötigt Rolf eine Pause. Er verpackt sie als Famulatur und organisiert sich ein Praktikum in Salvador/Brasilien, weil er hofft, dort vielfältige Gewaltverletzungen kieferchirurgisch behandeln zu dürfen. Er vermietet sein Zimmer unter und stürzt sich ins Abenteuer. Ich sitze während dieser Zeit an meiner Diplomarbeit und bereite mich auf die Abschlussprüfungen vor. In Brasilien kauft Rolf sich ein Auto und mietet ein großes Apartment am Meer. Im Krankenhaus freundet er sich mit einem deutschen Studenten an, der ihn in die Partyszene von Salvador einführt. Rolf ist regelrecht elektrisiert davon, wie einfach man dort an gutes Marihuana kommt, und beschreibt mir glückselige

Momente fauler Sommernachmittage, die er auf Strandstegen mit Blick auf den Südatlantik und vorbeiziehende Delfinschulen genießt.

Ich bin im Prüfungsstress und stehe unter maximaler Anspannung, aber ich gönne ihm die gute Zeit von Herzen und wundere mich auch nicht, als Rolf Alex überredet, ihn für zwei Wochen besuchen zu kommen. Er muss schlagende Argumente haben, denn Alex ist verheiratet und hat drei kleine Kinder, das Geld ist immer extrem knapp, und in seiner Ehe steht es mal wieder nicht zum Besten. Als ich Alex kennenlerne, vertuschen die beiden gerade eine Affäre vor seiner Frau Silke. Ich sollte das damals gar nicht mitkriegen, hatte aber ein Gespräch darüber aufgeschnappt. Die Erkenntnis, dass Alex dasselbe für seinen Freund tun würde, kommt mir blitzartig, und ich erinnere mich, dass ich so etwas schon damals zu Rolf gesagt hatte, halb im Scherz, halb in der Hoffnung auf eine beschwichtigende Antwort, aber die blieb aus – ich verdrängte das ungute Gefühl.

Auch ich fliege nach den Prüfungen nach Salvador, wir hatten diesen gemeinsamen Urlaub schon vorher verabredet. Die Vorfreude bringt mich durch die Prüfungszeit, und als ich nach einem grauenhaften Flug endlich ankomme, freue ich mich auch auf die körperliche Liebe; immerhin haben wir uns wochenlang nicht gesehen. Aber bei Rolf stimmt etwas nicht, wie ausgeknipst sitzt er dabei, während ich nach der langen Reise ein Bad nehme. Ich fühle mich ratlos und wie vor den Kopf geschlagen. Mein Körper strotzt in dieser Zeit vor Östrogen, ich nehme die Pille und habe die perfekteste Pin-up-Figur meines Lebens.

Da Rolf inzwischen regelrecht süchtig nach den Clubs der Stadt geworden ist, bekomme ich die Wahrheit scheibchenweise heraus. Er ist auf den Geschmack von Ecstasy gekommen, die Pillen besorgt ihm sein Kollege über einen Dealer oder von jemand anderem aus seinem großen brasilianischen Freundeskreis. Das war auch der Grund, weshalb Alex ihn so dringend besuchen sollte. Doch Rolf verharmlost die Situation komplett, schwört mir, im Gegensatz zu allen anderen dafür aber niemals zu koksen, redet von einer halben Tablette Ecstasy hin und wieder, zum Wachbleiben und Durchtanzen. Er verspricht, sich vom Kokain fernzuhalten, denn dagegen sei das E eine vergleichsweise harmlose Partydroge. Mit seinem Gerede lullt er mich völlig ein, und ich glaube ihm aufs Wort, dass diese Entscheidung die richtige ist, schließlich lässt er die Hände von dem *wirklich* gefährlichen Zeug.

Ich stehe all dem gegenüber wie ein neugieriger Forscher, der sich auf unbekanntem Terrain befindet, finde seine jugendlichen Freunde zwar durchgeknallt, aber nett, und versuche, nicht die spießige, uncoole, alte Spaßbremse aus der Heimat zu geben. Ich komme zwei-, dreimal mit, die Clubs sind nichts Besonderes, die Musik der übliche Techno und Trance, aber ich lerne, mit einem Blick auf die Pupillen der Gäste zu erkennen, ob jemand etwas genommen hat oder nicht. Die meisten sind voll auf Drogen, haben Spaß, und ich sehe ihnen dabei zu, die kleine Jo-vom-Land in der großen Welt.

Euphorisiert von meinem Uniabschluss, so wunderbar frei, so unendlich weit weg von allem, ist mir bewusst, dass diese Zeit in diesem prächtigen und gleichzeitig so bizarren Land nur wenige Wochen währen wird und dass uns danach das echte Leben erwartet, der nächste Schritt ins Erwachsenwerden.

Und für mich heißt das: Kinder. Eine Familie. Denn jetzt, da ich meinen Traummann gefunden habe, ist die Idee, mich nach meinem Studium selbstständig zu machen, längst verblasst. Mein allergrößter Wunsch ist, Mutter zu werden. Und zwar nicht erst in meinen Dreißigern, sondern bald.

Und alles, was Rolf plant und verspricht, klingt so bombastisch, hat so viel fliegenfängerischen, klebrigen Zuckerguss obendrauf, dass ich völlig euphorisiert bin.

Als wir wieder in Deutschland sind, muss Rolf das letzte klinische Semester absolvieren und für die Abschlussprüfungen lernen. Es dauert ein Jahr, bis endlich alles unter Dach und Fach ist.

Ein Jahr, in dem ich auf Abruf bereitsitze, weil sonnenklar ist, dass wir hinziehen werden, wo auch immer er eine Stelle als Zahnarzt an einer Klinik bekommt – dass das nicht in unserer Unistadt der Fall sein wird, ist spätestens dann beschlossene Sache, als er erfährt, dass sein Doktorvater an ein anderes Klinikum wechseln wird. Rolf setzt alles daran, um dort, wo auch immer das sein wird, ebenfalls unterzukommen. So schnell wie möglich möchte er die Ausbildung zum Fachzahnarzt für Oralchirurgie beginnen, die er mit seiner Weiterbildungsassistenzzeit verbinden kann.

Ich bin in Warteposition, beginne wieder zu zeichnen – lange habe ich diese Leidenschaft nach der Ausbildung in einer privaten Kunsthochschule nach dem Abi zugunsten des Studiums zurückgestellt –, und entwickle ein innovatives Mentorenprogramm für Studenten, für das ich eine eigene Webseite erstelle. Ich muss mich in der Zeit viel um meine Eltern kümmern, Rolf kauft einen Hundewelpen, und mir ist keine Minute langweilig.

Dennoch wirft er mir vor, dass ich mir für die Wartezeit keinen regulären Job suche. Dass das ein sinnloses Unterfangen ist, in einer Stadt, in der Hunderte Uniabsolventen auf ein einziges Jobangebot kommen und wir wissen, dass wir ohnehin in den nächsten Wochen umziehen werden, ist für ihn kein Argument. Dass ich ständig den Hund bei mir habe, weil er zu beschäftigt ist, auch nicht.

Rolf weiß, wie wichtig mir ist, was andere von mir denken. Deswegen hat er leichtes Spiel, indem er mir zum Einimpfen eines schlechten Gewissens genau diesen Spiegel vorhält. Selbst seine Freunde und seine Eltern würden sich über mein Untätigsein wundern, hält er mir vehement und immer wieder vor.

Sein Plan geht auf, es belastet mich, dieses diffuse Gefühl, versagt zu haben, nicht seinen Anforderungen gerecht zu werden, und er merkt, wie ich mich hilflos winde. Aber schließlich weiß er doch, dass ich eine Familie gründen möchte! Er war es doch, der mir von Anfang an ganz klar sagte, dass er mich niemals ›genommen‹ hätte, wenn ich hätte Zahnärztin werden wollen, hege er doch eine tiefe Abneigung gegen diese fürchterlichen, karrieregeilen Weiber, die auf Teufel komm raus versuchen würden, irgendwie alles unter einen Hut zu bekommen, blass und überlastet über familiäre Leichen gehend, bloß um eine überforderte Angestellte ohne Aussicht auf einen weiteren Aufstieg zu werden. Das sei ganz klar nicht seine Vorstellung von Familienleben.

Ich bin 29, als wir endlich umziehen, dem Professor nach, und ich wiege mich in dem festen Glauben, dass Rolf nun zielstrebig seinen Weg zur Fachzahnarztausbildung in Angriff nimmt.

Wir finden eine wunderschöne Altbauwohnung, ich habe ein Händchen für Möbel und Kunst und stürze mich in die Einrichtung unseres ersten gemeinsamen Nests. Er verschiebt seinen Arbeitsbeginn in der Zahnklinik auf den Herbst, hat nun mehrere Monate Zeit, sich zu erholen, in der neuen Stadt anzukommen, sich auszuruhen, während ich über fünfzig Bewerbungen schreibe, Sozialpädagogik-Seminare in der Erwachsenenbildung gebe, mein Mentorenprogramm verwalte und ausbaue, die statistische Datenauswertung für ein Personaldienstleistungsunternehmen übernehme und ein paar gute Deals an der Börse mache. Mit diesen Jobs finanziere ich den Großteil unseres Lebens.

Als wir nach ein paar Monaten für ein Wochenende aufs Land fahren, macht Rolf mir einen Heiratsantrag: Er habe lange mit seinen Freunden darüber geredet und sich nun entschlossen, es durchzuziehen.

Ich scheine mich in den letzten fünf Jahren mit meiner unterstützenden, anpackenden Persönlichkeit bewährt zu haben – problemlösungs- und zukunftsorientiert, verständnisvoll, loyal, einfühlsam – und dabei gerade im richtigen Maß mit hinreichend wenig Selbstwertgefühl ausgestattet, um mir seine Weltsicht ungefragt überzustülpen. »Wife, children, house, everything, the full catastrophy«, zitiert Rolf theatralisch Alexis Zorbas.

Und ich?

Sage Ja! und bin einfach nur stolz und bereit und happy wie nie zuvor. Abitur, Ausbildung, Studium, Hochzeit, Kinder. Fast am Ziel meiner Träume bin ich wie eine dieser amerikanischen College-Barbiepuppen, denen nichts wichtiger ist, als endlich geheiratet zu werden. Jetzt kann das Leben kommen, wie ich es mir für mich erträumt habe. Ich kann nichts dafür, ich bin einfach glücklich.

Die ersten Wolken ziehen auf, als ich versuche, schwanger zu werden, denn wie sich herausstellt, habe ich das erste Mal in meinem Leben ein ernsthaftes Problem – und zwar in einem Bereich, der für mich als so natürlich, positiv und geradezu problemresistent galt, dass ich vollkommen überrumpelt bin. Als ich, zusammen mit dem Heiratsantrag, endlich von Rolf grünes Licht habe, Mutter zu werden, will es einfach nicht gelingen. Stattdessen finde ich mich nach einigen Monaten in Kinderwunschforen wieder, in denen ich mich mit anderen Betroffenen über In-Vitro-Fertilisation, Temperaturmethode und Eisprungzeiten austausche. Ich habe nicht geahnt, wie unglücklich es einen machen kann, wie schwer es mich ergreifen würde, wie tief verunsichern, wenn es Monat für Monat, wieder und wieder nicht klappen will und man die Zeit nicht mehr in Tagen, sondern in Zyklen misst und einem der Anblick schwangerer Frauen auf der Straße die Tränen in die Augen treibt.

Ein Spermiogramm bringt endlich die niederschmetternde Wahrheit ans Licht – viel zu wenige lebende Spermien und ein zu hoher Anteil missgebildeter. Die Wahrscheinlichkeit, dass wir auf natürliche Art und Weise ein Kind zeugen, geht gegen null. Es ist ein sehr tiefes Loch, in das ich falle.

Rolf nimmt es leicht, mein Kummer berührt ihn kaum, er ist irgendwann sogar genervt vom Zeugungsdruck und schiebt seinen schlechten Samenstatus auf den Stress und eine Leistenhernie, die er mit einem kleinen operativen Eingriff beseitigen lässt. Weitere Spermiogramme folgen, und wider Erwarten bessert sich die Lage leicht, weshalb ich mir Optimismus und Sekt vor dem Sex verordne, genauso wie es mein Frauenarzt wahrhaftig vorschlägt.

Die Hochzeit plane und organisiere ich monatelang im völligen Alleingang: Einladungskarten, Menü, Hochzeitstorte, Blumenschmuck, Pfarrer, Kirche, Gäste, Hotel, Anfahrtspläne, DJ, Playlist, Location und hunderttausend weitere Sachen. Rolf zeigt sich nicht sonderlich interessiert und scheint froh, mit dem ganzen Aufwand nichts zu tun zu haben, es sind meine Eltern, die ihm ein Hemd, Manschettenknöpfe und eine zu meinem Hochzeitskleid passende Schleife kaufen.

In der Klinik scheint es nicht gut zu laufen, denn Rolf meldet sich immer öfter krank, scheint genervt und liegt mir weiterhin damit in den Ohren, mir eine ›richtige‹ Arbeit zu suchen. Leider habe ich mit meinen Bewerbungen keinen Erfolg, es gibt kaum Stellen, auch wenn ich durch mein Soziologiestudium quasi universell einsetzbar bin, doch wenn, dann sind sie nicht für Berufsanfänger geeignet. Auch die Sache mit dem Hund blendet er aus, der ist noch ein Kleinkind und kann nicht den ganzen Tag allein bleiben, wie soll das bloß alles zusammenpassen? Rolf stören solche Widrigkeiten nicht, er hält mich weiterhin für uneinsichtig, verwöhnt und arbeitsunwillig. Doch meine Geschäfte laufen gut, ich verdiene zeitweise mehr als er, aber das lässt er nicht gelten. Es ist die Außenwirkung, auf die es für ihn ankommt und die ganz und gar nicht stimmt.

Doch plötzlich ist das Schicksal gnädig, und vier Wochen nach der Hochzeit, nach einem Jahr vergeblicher Versuche, bin ich schwanger. Angesichts der medizinischen Horrorprognose ist und bleibt es das reinste Wunder.

Als die Flugzeuge in die Zwillingstürme krachen, stehe ich im Wohnzimmer und streiche die Wiege, die wir einem Sperrmüllsammler abgekauft haben, während Rolf mit Alex für eine Partywoche in Lloret de Mar ist. Keine Drogen, nur ein bisschen tanzen, hat er mir versprochen.

Ob ich naiv war?

Ja. Und schwanger.

Und ganz ehrlich, was hätte ich machen sollen? Meine So-funktioniert-eine-gute-Ehe-Theorie war: Verbiete ihm nie etwas, je länger sich das Gummiband spannt, desto heftiger kommt er zu dir zurück.

Wie zum Hohn klappt es nach dem Baby auch mit allem anderen, denn ich erhalte eine Stelle als Soziologin, zu der ich sogar den Hund mitnehmen darf. Als die Institution die neue Stelle entgegen ihrer Zusage doch nicht genehmigt bekommt, klappt es ein paar Wochen später erneut, ich werde stundenweise als Privatdozentin für Sozialpädagogik in einem Berufsfortbildungswerk unterrichten können. Es ist die ideale Ergänzung zu meinen freiberuflichen Tätigkeiten, Rolf hat endlich, was er will, und das Ganze wird auch mit Babybauch noch machbar sein.

Doch dann kommt alles anders.

Ohne mich in seine Pläne einzuweihen, kündigt Rolf nach einigen Monaten plötzlich den Job an der Uniklinik, obwohl er nicht mal annähernd seine Assistenzzeit abgeschlossen hat.

Doch das ist nicht die einzige Entscheidung, die er hinter meinem Rücken getroffen hat – wie ich später erfahre, in Übereinstimmung mit Alex, der in bizarrer Parallelität Rolfs Leben nachzueifern scheint: Nicht nur ist seine Frau nur vier Wochen nach mir, im ersten Zyklus ohne Pille, ebenfalls schwanger, sondern auch er verlässt seine Arbeitsstelle in einer Zahnarztpraxis für eine umfassende Neuorientierung, die ihn gemeinsam mit Rolf in die Dentalindustrie führt.

Denn so lautet der schöne, neue Plan: Rolf erklärt mir ungerührt, endgültig festgestellt zu haben, dass er sich in der Berufswahl geirrt habe. Der Job als Zahnarzt in der Weiterbildung sei ihm zu viel Schufterei für zu wenig Geld. Die Dienste seien zu anstrengend, die Patienten zu undankbar und das Professoren-Gebauchpinsele unter seiner Würde. Er habe zu wenig Spielraum und das Forschungsvorhaben seines Professors sei zum Gähnen langweilig.

Deshalb habe er beschlossen, in die Dentalindustrie zu wechseln, Karriere- wie Verdienstmöglichkeiten seien dort fast unbegrenzt.

Jahre später, wir sind schon eine Weile getrennt, rufe ich eine ehemalige Arbeitskollegin an, weil es mir immer noch keine Ruhe lässt. Ich will wissen, ob damals vielleicht etwas Spezielles vorgefallen sei, ein Behandlungsfehler vielleicht? In dieser Beziehung kann sie mich beruhigen, ihre Erklärung ist eine andere.

»Rolf war ein netter Kerl, aber er war kein ›Zahni‹«, meint sie. Seine mangelnde Erfahrung habe er durch Arroganz und Überheblichkeit wettgemacht, sich aufgeführt, als sei er der Weiterbildungsbeauftragte, er habe Arzthelferinnen und Personal herumkommandiert, statt wertvolle Ratschläge und Tipps anzunehmen und daraus zu lernen. Außerdem erzählt sie mir, dass man ohnehin intern beschlossen hatte, seine Anstellung nicht zu verlängern. Rolf ist mit seiner Kündigung also nur der Entlassung zuvorgekommen.

Weil ich an unserer Wohnung hänge und mich die Vorstellung eines Umzugs nach nicht mal zwei Jahren und in meinem Zustand vollständig überfordert, tut Rolf mir den Gefallen, sich auch in der näheren Umgebung bei Dentalunternehmen vorzustellen, doch alle Bewerbungen werden abgelehnt, sodass er sich doch deutschlandweit umsieht. Nach unzähligen erfolglosen Vorstellungsgesprächen, zu denen wir mit meinem kleinen Auto fahren, kann ich nicht mehr. Die Touren sind nicht nur körperlich anstrengend, sondern belasten mich auch psychisch stark. Rolf drängt mich, jeden Bewerbungsort akribisch unter dem Blickwinkel eines möglichen späteren Lebens zu betrachten. Doch ich kann so etwas nicht gut. Oder anders, ich kann es zu gut. Mir vorzustellen, wie es hier wäre, oder hier, oder hier ... Doch solange wir keine Zusage haben, finde ich Diskussionen über Kindergärten, Mietpreise und Hausgrößen müßig. Dieses Reden über ungelegte Eier macht mich fast verrückt, aber ich möchte seinen ungebrochenen optimistischen Elan nicht ausbremsen.

Ich weine viel und gerate in eine ungute Verzweiflungsstimmung. Ich bin mitten im Nestbaumodus, ich kann doch jetzt nicht weg hier!

Es dauert nicht lang, und ich bekomme in der 24. Schwangerschaftswoche vorzeitige Wehen. Immer wieder wird der Bauch hart, ich kann dabei zusehen, wie meine Gebärmutter sich verkrampft, der Zervixkanal verkürzt sich dramatisch.

Es ist fast wie die Rettung in letzter Minute, als Rolf in ein Forschungsprogramm der Firma SanDent aufgenommen wird. Wenigstens wissen wir jetzt, wohin wir umziehen müssen – fast zeitgleich findet Alex ebenfalls eine Stelle bei einem anderen Branchenriesen.

Sobald Rolf die schriftliche Zusage hat, kündigt er unsere Wohnung, und bezieht ein Einzimmerapartment in einem Boarding-House für Pendler, das die Firma am Standort unterhält.

Doch er pendelt nicht. Zu wichtig ist es, gerade als absoluter Newcomer, sich zu bewähren. Auch wenn mir die Unsicherheit über unseren weiteren Weg – wir müssen genau zum errechneten

Geburtstermin ausziehen und haben noch keine neue Wohnung in Aussicht – den Schlaf raubt, zwinge ich mich, Verständnis für seine Situation aufzubringen, schließlich bin ich im Moment handlungsunfähig und auch noch eine ganze Weile vollständig von ihm abhängig.

So verbringe ich die einsamsten drei Monate meines Lebens, denn in der 27. Woche haben die Frühwehen ganze Arbeit geleistet, und die Zervix ist fast verstrichen – mir droht eine Frühgeburt, und mein Frauenarzt verordnet mir für die nächsten zwölf Wochen strengste Bettruhe, die ich entweder in der Frauenklinik oder zu Hause zu verbringen habe.

Mein Lebensrhythmus verschiebt sich komplett.

Ich versuche, aus der Ferne ein Haus zu organisieren, lese und sehe bis tief in die Nacht fern und wache erst am frühen Nachmittag wieder auf – passend zum Beginn des nachmittäglichen Talkshow-Marathons dieser Zeit, den ich mir auf allen TV-Kanälen zu Gemüte führe.

Ich bin streng mit mir, tapfer und diszipliniert. Ich jammere nicht, und ich beschwere mich nicht. Ich will dieses Kind nicht gefährden, das zu empfangen so unwahrscheinlich erschien, deshalb bereite ich mir meine Mahlzeiten für den gesamten Tag direkt nach dem Aufstehen zu und stehe nur noch für den Gang zur Toilette auf.

Die Wehen werden weniger, das zumindest.

»Sie müssen sich Ihr Baby erliegen«, sagt der Frauenarzt, wenn ich alle paar Wochen zur Kontrolle in die Praxis schleiche, in Gedanken meinen Muttermund zusammenkneifend, damit mir das Kind unterwegs nicht auf den Gehweg plumpst.

Einmal in der Woche kommt meine Mutter vorbei, um Lebensmittel zu bringen, zwei-, dreimal in der gesamten Zeit fährt sie mich zu Rolf, den Hund haben meine Eltern in Pension genommen. Ich liege, ich stricke, ich schaue fern, ich antworte auf

Immobilienanzeigen, ich mache mir Sorgen. Ich sehe zwölf Wochen so gut wie keine Menschenseele, aber ich weiß, wofür ich es tue. Ich behüte mein Kind.

Kurz vor der Geburt haben wir immer noch keine Bleibe gefunden, und ich drehe langsam durch.

Rolf tut die Arbeit bei SanDent gut. Er hat ein eigenes Büro und eine Assistentin, man scheint ihm einiges zuzutrauen, vielleicht war es doch die richtige Entscheidung. Eines Tages schreibt er verbotenerweise auf Firmenbriefpapier einen örtlichen Privatinvestor an, das funktioniert, dieser hat ein Haus aus der Verwandtschaft zu vermieten.

Endlich, endlich ist alles gut. In dem kleinen Ort, nur wenige Autominuten von der Firma entfernt, gibt es alles, was man fürs tägliche Leben braucht, das Haus ist hellblau, hat Holzböden, brombeerrote Fensterläden, und unser Garten ist der verwunschenste Ort, den man sich vorstellen kann.

Jetzt kann die Kleine kommen.

Und das tut sie, nur wenige Tage später, in der 38. Woche, nach einem Blasensprung, 13 Stunden Wehen und einer PDA, da ich durch die wochenlange Bewegungslosigkeit vollkommen geschwächt bin, eine heftige Bronchitis habe und unter der Geburt hohes Fieber entwickle.

Nach wenigen Tagen im Krankenhaus bringt Rolf uns in die alte Wohnung. Er hat sich eine Woche frei genommen, die er hauptsächlich mit Schlafen und sich Erholen verbringt – nur einmal bringt er mir Anne zum Stillen nachts ans Bett. Ohne dass ich es ahne, werden die wenigen Tage bis zum Umzug, die ich mit dem Baby und dem Hund ganz allein verbringe, zum Vorboten dafür, was ich in Sachen Kinderbetreuung von ihm erwarten kann.

Nach einem knappen Monat ziehen wir um.

Und diesmal ist es wirklich ein Klacks, nicht zu vergleichen mit der gewaltigen Anstrengung vor zwei Jahren, als wir in einer Eintagesaktion zwei Wohnungen ausräumten, aus diversen Haushalten, Dachböden und Elternhäusern gespendeten Trödel, Möbel und Hausrat zusammensuchten und mit einem geliehenen Transporter gegen die Stundenpreise anrasten. Die Firma zahlt einen Full-Service, ich brauche lediglich einen Koffer zu packen, das Baby und den Hund zu nehmen und zwei Tage zu meinen Eltern zu ziehen. Tatsächlich kommt am übernächsten Tag jedes noch so kleinste Teilchen liebevoll in kilometerlange Papierbahnen gewickelt in unserem neuen Zuhause an.

Meine Muttermilch fließt in Strömen, ich lerne, dass man an Übermüdung nicht sterben kann, und der Hund macht sich in der neuen Umgebung schneller bekannt als wir. Der Garten ist voller wilder Schlüsselblumen, die ich vermehre, als würden sie morgen aussterben, und Rolf baut sich einen Whirlpool in den Keller.

Er verdient exzellent und genießt es, abends von mir zufrieden und gut gelaunt mit einem warmen Essen und einem frisch gewickelten Baby empfangen zu werden. Denn genau so hat er es sich immer gewünscht, ausdrücklich, und ich freue mich auf ihn und auf seine Berichte aus einer fremden Businesswelt.

Es macht ganz den Anschein, als seien wir in unserem Leben angekommen.

»Nie wieder«, sagt Rolf zu mir, als er seine Zahnarztklamotten in eine Tüte verpackt und ganz tief in einen Kellerschrank schiebt, »nie wieder werde ich dieses OP-Zeug anziehen.«

Dass der Aufbau unseres gemeinsamen Lebens in Wirklichkeit der Aufbau seines Lebens ist, fällt mir im Traum nicht auf.

KAPITEL 2

»Ich will drei Kinder – zwei, und eins zum Ersatz.«

Wie sich herausstellt, ist Anne kein Anfängereltern-Baby, sondern eine starke kleine Persönlichkeit mit ihren ganz eigenen Vorstellungen von Tag- und Nachtrhythmen. Wieder einmal werde ich von der Realität überrascht. Genauso schwer, wie ein Baby zu bekommen, ist es offensichtlich auch, eines zu haben. Ich bin zu einhundert Prozent für Anne zuständig, Rolf glaubt fest an das Deine-Aufgabe-meine Aufgabe-Prinzip, und weil das Babyfon mich für die nächsten drei Jahre im Durchschnitt jede Nacht vier- bis fünfmal ins Kinderzimmer taumeln lässt, zieht er für eine Weile ins Arbeitszimmer, um die Nächte durchschlafen zu können.

Dennoch verlangt er weiterhin volle Aufmerksamkeit für sich.

Als er eines Tages eine Motorfräse ausleiht, um den Garten umzugraben, weil er das Gras neu säen möchte, liegt Anne auf dem Sofa und macht ein Mittagsschläfchen. Es ist Sommer, ich habe ihre Beinchen bloß mit der Sofadecke aus Plüschfell zugedeckt. Die Fräse ist laut, doch ich höre trotzdem, wie Anne nach einer Weile zu weinen beginnt.

Ich will gerade zu ihr hineingehen, da hält Rolf mich auf und besteht darauf, dass ich ihm weiter bei seiner Heldenarbeit zusehe. Um meine Flucht zu verhindern, stellt er mir hundert unnötige Fragen zur Form meines Gemüsebeets, obwohl wir alles vorher ausführlich besprochen haben, die Umrisse mit einem Spaten gezogen sind und ich einen Plan gezeichnet habe. Die Fräse läuft tosend im Leerlauf, ich bin ungehalten und nervös.

»Sie schreit doch bloß, alles okay«, sagt er und redet weiter. Da hört Anne plötzlich auf. »Guck, wieder eingeschlafen«, meint Rolf, doch ich habe ein komisches Gefühl, denn Anne ist noch nie wieder eingeschlafen, wenn sie gerade erst kreischend aufgewacht ist. Sie ist auch kein Kind, das sich in den Schlaf weint. Wenn Anne brüllt, dann brüllt sie. Also renne ich einfach los und lasse ihn mitten im Satz stehen. Ich muss außen rumlaufen, und als ich ankomme, ist es totenstill im Wohnzimmer. Durch Annes Gestrampel beim Schreien hat sich die Decke Zentimeter für Zentimeter aufwärtsgeschoben, ist bis über ihren Kopf gewandert und hat das Baby vollständig mit dem schweren Stoff bedeckt. Ich höre mich wimmern, neinneinnein!, und kurz bevor ich die Decke von ihrem Körperchen ziehe, habe ich diese alles verschluckende, grauenhafte Millisekunde tiefe, kalte, bodenlose Angst vor dem, was ich gleich entdecken könnte. Ich reiße die Kleine an mich, sie ist dunkelrot im Gesicht und japst nach Luft. Sie ist fürchterlich heiß und erschöpft, ich habe sie gerade noch rechtzeitig gefunden.

Dass Rolf mich so nah wie möglich an seiner Seite haben möchte, zieht sich durch unsere ganze Beziehung. Ich bewundere ihn ehrlich dafür, dass er praktisch alles bauen, reparieren und konstruieren kann, was man sich nur wünscht. Aber es macht mir Bauchschmerzen, bei diesen Tätigkeiten anhimmelnd neben ihm stehen zu müssen. Er lässt mich einfach nicht weg, ich stehe dabei und benicke jeden Hammerschlag, jedes Loch. Ich möchte nichts über Typenbezeichnungen von Schrauben lernen, habe keine Lust, mich mit Bits, Gewinden oder Lochbohrungen zu befassen. Ich assistiere, fixiere, reiche an, die Werkzeuge mit dem Griff zuerst, wie eine gute Zahnarzthelferin. Wenn ich ihn um etwas bitte, sagt er, ich solle schon mal das Werkzeug holen und das Material zusammensuchen. Denn den OP vorzubereiten, bevor der Herr Doktor Spritze und Bohrer erhebt, ist das Mindeste, was er erwartet, und es nervt mich.

Nach einer Weile kauft Rolf zwei Gartenliegen, auf denen er gern das Wochenende verbringt. Er stellt sie ganz eng aneinander und möchte, dass ich mich neben ihn lege, um ihm beim Ausruhen Gesellschaft zu leisten. Mich macht diese Zwangserholung nervös, dieses bewegungslose Rumgeliege, denn Lesen kann ich auch nicht, Anne hat ja keinen Ausschalter. Aus diesem Grund wurschtele ich mich lieber durch die Rabatten, endlich einmal, ohne ganz allein ein Kleinkind beaufsichtigen oder beschäftigen zu müssen. Doch Rolf kann es nicht ausstehen, dass ich mich anders erholen möchte als er. Wenn ich gärtnere, kann er nicht in Ruhe ein Nickerchen machen, die Kleine möchte dann seine Aufmerksamkeit, das ist natürlich schrecklich anstrengend. Immer wieder klopft er herausfordernd auf die Liege neben sich, gehorsam lege ich mich wieder hin und bekomme Bauchschmerzen vor Groll, während ich ihm beim Schlafen zusehe und Anne bespiele.

Rasch erlahmt das väterliche Interesse an seiner Tochter – in gleichem Maße wie das eheliche Interesse an mir. Abends ist er für Zärtlichkeiten zu erschöpft, und auch sonst stimmt immer etwas nicht. Nach dem Essen kann er nicht, weil er zu satt ist; vor dem Essen geht es nicht, weil er dann zu hungrig ist. Er kann nicht, wenn er am nächsten Tag früh raus muss und schon gar nicht auf Kommando oder wenn das Kind bald wach werden wird ... Wenn er mal möchte, dann schlafe ich meist schon tief, entsprechend lange brauche ich, um in Stimmung zu kommen. Ich vermute, dass er vorher

Pornos guckt, in seinem Regal im Arbeitszimmer finde ich einen Stapel DVDs, die ihm ein Arbeitskollege geliehen hat.

»Das ist normal bei Männern«, sagt er, und ich möchte mich nicht weiter damit beschäftigen.

Danach kann ich oft stundenlang nicht einschlafen, ich bin hellwach und höre Rolf beim Schnarchen zu. Außerdem macht er mir immer häufiger den Vorwurf, er müsse in sexueller Hinsicht einfach zu viel leisten, ich hingegen wäre nur passiv, hätte den Anspruch, mich verwöhnen zu lassen. Diese Diskussion haben wir während des Studiums schon einmal geführt. Wochenlang habe ich mich damals damit herumgequält, was an meiner Art, mit einem Mann zu schlafen, nicht in Ordnung sein könne - mein Exfreund hat sich in dieser Beziehung nie beschwert, obwohl ich zu seiner Zeit noch völlig unerfahren war. Dass ich, aus dem Tiefschlaf geweckt, nur zu mittelmäßiger Performance fähig bin, interessiert Rolf nicht. Der Grund, dass er seine Erektion nur noch für kurze Zeit halten kann, liegt ganz eindeutig bei mir.

Mein Selbstbewusstsein ist in dieser Zeit gerade noch ausreichend groß, für die Oxytozin-Ausschüttung sorgt der Körperkontakt mit Anne, meine Auslastung mit Hund, Garten, Haus und Nebenjobs ist am Limit, sodass ich diese Probleme zunächst verdränge. Nachts gebe ich Daten ein und verwalte meine Webseite, während Anne quietschvergnügt auf ihrer Krabbeldecke liegt und sich über zwei Dinge freut: dass ihre Mutter endlich eingesehen hat, dass vier Uhr morgens absolut keine geeignete Babyschlafenszeit ist und dass sie sie jetzt auch noch mit mir gemeinsam verbringen darf.

Rolf ist den ganzen Tag außer Haus, und ich versuche, im Dorf Anschluss zu finden. Doch es gibt keinen Krabbeltreff oder sonstige Babykurse, bei denen ich andere Mütter kennenlernen könnte. Deswegen hänge ich in dem kleinen Supermarkt kurzerhand eine »Freundin-gesucht!«-Anzeige ans Schwarze Brett und bin gespannt, wer sich für einen Spaziergang mit Kinderwagen und Hund meldet.

Als Rolf davon erfährt, reagiert er mit blankem Entsetzen und gerät völlig außer sich. Sein Ausbruch kommt aus heiterem Himmel, und ich kann nicht nachvollziehen, was in ihn gefahren ist. Ganz besonders deswegen nicht, weil er es ist, der sich beschwert, dass ich zu wenig Sozialkontakte habe. Es ist das erste Mal, dass ich ihn derart ausflippen sehe. Rolf verbietet mir, auf diese Art und Weise jemanden kennenzulernen, zu groß erscheint ihm die peinliche Schmach, würde man bei SanDent von der Aktion erfahren.

Ich verstehe ihn nicht, gebe die Sache um des lieben Friedens willen jedoch auf und spreche irgendwann eine Frau über den Gartenzaun an. Ich habe ihre Kinder schon öfter dort spielen sehen, und so finde ich den Anschluss, den ich gesucht habe. Ein paar Jahre später lerne ich beim Spazierengehen meine Herzensfreundin kennen, die mir bis heute zur Seite steht.

Ich fühle mich wohl in unserem Haus, obwohl es in regelmäßigen Abständen Ärger mit dem Vermieter gibt, der unsere Nerven blankliegen lässt. Immer wieder droht er mit Eigenbedarfskündigungen, die Sorge davor wird mein permanenter Begleiter. Ich komme mit dieser Bedrohung schlecht klar, weil ich ein tiefes Bedürfnis nach Sicherheit habe und ein Zuhause brauche, um meine Rolle weiterhin zuverlässig ausfüllen zu können.

Und das wird von mir auch erwartet.

Denn Rolf kommt zunehmend schlechter mit der immer gleichen Routine und den Anforderungen des Alltags zurecht, der Belastung durch einen Säugling, seinen beruflichen Pflichten. Deswegen delegiert er alle lästigen Aufgaben an mich.

Wenn ich morgens hinunterkomme, liegt bereits ein DIN-A4-Zettel bereit, auf dem Rolf akribisch meine Arbeiten für den

Tag notiert hat. Ich muss frühmorgens bei Discountern spezielle Angebote ergattern, Besorgungen erledigen, Umtausche, Reparaturen und Überweisungen tätigen, seine Videos zurückgeben, Pakete und Post verschicken und abholen und vielerlei andere Kleinigkeiten mehr, die ich, weil sie überhandnehmen, immer schwerer in meinen Alltag integrieren kann, zu oft muss ich dazu mit dem Kind in die Stadt fahren oder habe andere Umstände. Sind die Aufträge abends nicht erledigt, reagiert Rolf ungehalten und enttäuscht über meine Unfähigkeit, wenigstens diese paar Gefälligkeiten für ihn zu erledigen, während er schließlich den ganzen Tag sehr viel schwerer beschäftigt ist als ich. Ich widerspreche ihm nicht, er arbeitet wirklich lang und scheint zudem recht erfolgreich zu sein. Rolf erzählt gern, wie beliebt, geschätzt und kompetent er ist und wie wahrscheinlich es ist, dass er sehr bald in eine Führungsposition befördert wird. Dagegen müssen sich meine Tage für ihn wie die reinste Erholung ausnehmen, auch wenn ich alle paar Stunden ein Kind an der Brust habe, den Garten anlege, tonnenweise Kies auf Hof und Terrasse verteile, Kinderarzttermine wahrnehme und stundenlang den Kinderwagen durch die Felder schiebe, damit der Hund rauskommt ...

Aber ich beschwere mich nicht, ich hinterfrage nichts, ich merke nicht mal, wie er bezüglich seiner Wünsche und Forderungen stetig die Dosis erhöht, auch wenn meine Eltern immer deutlicher ihr Missfallen zum Ausdruck bringen, weil sie das genaue Gegenteil empfinden: Jo kümmert sich um alles, während Rolf ›nur‹ arbeiten geht.

Doch der Management-Job verändert ihn. Rolf treibt seit Jahren keinen Sport mehr und ist längst ins Übergewicht gerutscht, aber seine Uniform aus Businessanzügen, Hemden und Krawatten verleiht ihm eine Aura der Macht und Wichtigkeit. Er reist mit Kollegen und Assistentinnen zu Kongressen, Messen und Veranstaltungen auf der ganzen Welt, hält Vorträge und leitet Symposien. Manchmal habe ich den Eindruck, als seien diese Reisen nur das notwendige Übel, um danach in den Clubs und Bars der Luxushotels bis in die frühen Morgenstunden feiern zu können. Immer wenn Rolf den Eindruck hat, mir zu oft von den Gelagen zu berichten, betont er zum Ausgleich, wie anstrengend es sei, nach den Tagesveranstaltungen bis spät nachts an der Hotelbar zusammensitzen zu müssen, um wichtige Kontakte zu knüpfen. Das sei kein Spaß, sondern harte Arbeit. Doch jeder weiß, dass man nirgendwo so gut Dinge tun kann, von denen zu Hause niemand erfahren soll, wie auf Geschäftsreisen. Aber meine Naivität ist grenzenlos.

Mittlerweile ist Rolf drei von vier Wochenenden unterwegs, und ich bin zu einer verheirateten, alleinerziehenden Mutter geworden. Anne ist anstrengend, fordernd, kein leichtes Kind, und sie sucht sich ihre Krankheitszeiten immer nach der Abwesenheit ihres Vaters aus, sodass ich an allen Fronten zu kämpfen habe, während Rolf an der Copa Cabana, in den USA oder den großen europäischen Metropolen unterwegs ist. Wenn er heimkommt, ist er vom Jetlag erschlagen, ich wasche mich verständnisvoll durch seine Klamottenberge, bemitleide ihn gebührend, lasse ihn ausschlafen, habe Verständnis, wenn er sich einen oder zwei weitere Tage krankmeldet und ermahne die Kleine zur Rücksicht, weil Papa sich erholen muss.

Unerschütterlich stehe ich hinter ihm. Ich denke, dass das von einer Ehefrau erwartet wird, so bin ich erzogen worden. Meine Mutter sprang früher vom Fernsehen auf, wenn sie hörte, dass mein Vater nach Hause kam, und kämmte sich noch rasch die Haare, bevor sie ihn begrüßte. Daran ist sicher nichts verkehrt, es zeigt die Wertschätzung dem anderen gegenüber. Aber sie muss gegenseitig sein.

Doch während ich ihm jede Anerkennung gebe, bekomme ich nichts Vergleichbares von ihm zurück.

Also schöpfe ich die Kraft aus mir selbst, aus der Freude, die es mir macht, Anne aufwachsen zu sehen, und manchmal aus dem Lob seiner Kollegen, für eine Torte, die ich rasch noch nachts gebacken habe, oder ein Tablett voll Schnittchen, das ich frühmorgens zaubere, weil Rolf vergessen hat, dass er für eine Feier etwas mitbringen muss.

»Ich möchte drei Kinder - zwei, und eins zum Ersatz«, drängt Rolf, als sein Cousin, mit dem er seit Kindertagen in ständiger Konkurrenz steht, zum zweiten Mal Vater wird. Wenn seine Eltern uns besuchen, reden sie ununterbrochen von diesen und später den weiteren Kindern, wobei sie gleichzeitig unermüdlich den Erziehungsstil und die Umgangsformen in der Familie kritisieren. Sie brüsten sich damit, die Kleinen unter ihre Fittiche genommen zu haben, loben, preisen und rühmen sie, während Anne keinerlei Beachtung findet. Rolf kränkt dieses Verhalten zutiefst, umso wichtiger ist es, mitzuhalten.

Ich bin entsetzt über diesen Spruch.

Er klingt für mich wie ein böses Omen, doch das kann er nicht verstehen. Annes nächtliche Kapriolen, die ich nicht in den Griff bekomme, lassen bei mir noch keinen neuen Kinderwunsch zu: Ich brauche einen größeren Abstand zwischen den Kindern – zwei, und keines zum Ersatz!

KAPITEL 3

»Du bist doch nur schwanger geworden, um nicht arbeiten gehen zu müssen!«

Der Druck in der Firma wird größer, vielfältige Umstrukturierungen zwingen Rolf, seine Karrierepläne immer wieder an neue Vorgesetzte anzupassen, die diesmal ganz sicher dafür sorgen werden, ihn bei der nächsten Beförderung zu protegieren. Zusätzlich formieren sich die Teams neu, die Mitarbeiter ziehen in andere Bürogebäude, das Arbeiten im Großraumbüro wird für Rolf zur persönlichen Belastungsprobe, seine Krankheitszeiten steigen.

Abteilungsleiter und Vorgesetzte, die ihm förderlich sein können, lädt Rolf zu uns nach Hause ein und schmeichelt ihnen. Vorher werde ich gebrieft, soll hier und da dieses und jenes einfließen lassen und auf keinen Fall zu schweigsam oder schüchtern sein, sondern offen, freundlich und oberflächlich. Rolf gibt seinen Gästen das Gefühl, dass er sich für sie interessiert; er imitiert perfekt den angeregten Zuhörer, täuscht Aufmerksamkeit vor und tastet sie darauf ab, wie er sie sich später einmal zunutze machen kann. Ich erfülle meinen Part mit einem Kleinkind auf dem Arm, sorge für die perfekte Kulisse, wenn es darum geht, sich mit einem stabilen familiären Hintergrund zu präsentieren.

Später dann, wenn alle gegangen sind, beginnt Rolf, über sie zu lästern: zu fett, zu unsportlich, zu unfähig, zu cholerisch, zu führungsschwach. Mir missfällt das zutiefst, aber ich wage nicht, es auszusprechen, schließlich tut er das alles nur für uns.

Im Laufe der Zeit ist Rolf privat in mehrere Rechtsstreitigkeiten und Haftpflichtfälle involviert. Passend dazu freundet er sich mit dem Syndikusanwalt des Unternehmens an, wobei er selbstverständlich nicht das Geringste von dessen beruflicher Expertise hält – wie kann man nur einen depressiven Alkoholiker anstellen? Dabei ist Rolfs eigenes Rechtsempfinden bestenfalls als bruchstückhaft zu bezeichnen. Was für andere gilt, ist für ihn längst keine Option; ich bin immer wieder erstaunt, wie komplikationslos er sich durch ein paar ziemlich krumme Aktionen wurschtelt. Aber ich bin es gewohnt, den Mund zu halten, und habe viel zu viel Angst, es könne irgendwann eine seiner Versicherungsmauscheleien auffliegen. Denn so wenig ich erkenne, dass Rolf auch mich belügt, so klar ist mir von Anfang an, dass er dies offen in Gesprächen mit anderen tut. Er lügt, und ich stehe daneben, nicke, lächle. Nie habe ich ihn bloßgestellt, er weiß das und nutzt es weidlich aus. Wenn ich später doch einmal nachfrage, hat er immer die gleiche Ausrede parat: Es ist nur zu ›unserem‹ Nutzen – ich lerne, eine gute Schauspielerin zu sein.

Als Anne gute zwei Jahre alt ist, lasse ich mir wieder eine Spirale einsetzen, obwohl ich sie nicht gut vertrage. Doch ich bin immer noch nicht bereit für ein zweites Kind, und Rolfs extreme Abneigung gegen Kondome hemmt unser spärliches Sexualleben zusätzlich.

Zur selben Zeit führen wir oft Diskussionen über seine Vorstellungen, wie es »mit mir beruflich weitergehen soll«, wenn Anne in den Kindergarten kommt. Dies wird zwar noch eine ganze Weile dauern, weil die Kinder in unserem Dorf nach Dringlichkeit aufgenommen werden. Doch unter Rolfs Druck lasse ich sie in einem anderen Kindergarten auf die Warteliste setzen, um meine freiberuflichen Arbeiten früher wieder intensivieren zu können und Rolf damit ein wenig zu besänftigen. Ich weiß mir sonst nicht zu helfen, denn Rolf hat sehr klare Vorstellungen davon, wie die perfekte Familie auszusehen hat. Auf keinen Fall, so betont er unablässig, möchte er, dass ich so werde wie seine Mutter – eine an ihrem Kind desinteressierte, unzufriedene Frau, die morgens nicht mit aufstand, sondern bis in den Vormittag schlief, ihn mit gelieferter Tiefkühlkost ernährte und niemals nachfragte, wie es denn in der Schule gewesen sei. Ich kann nicht annähernd verstehen, warum Rolf die emotionalen Probleme mit seiner Mutter auf mich überträgt. Unzählige Male höre ich diesen Satz: »Ich will nicht, dass du mal wirst wie meine Mutter.« Und so harmlos er klingen mag, er macht mich seltsam schwach. Sieht er denn nicht, dass zwischen mir und seiner Mutter Welten liegen? Ich jammere nicht, ich beschwere mich nicht, ich trage ihm den Hintern nach wie eine gute Hausfrau der Fünfzigerjahre. So instruiert er mich beispielsweise, die Falte aus seinen Hemdenärmeln herauszubügeln, was eine hanebüchen zeitaufwendige Nutzlosigkeit ist, besonders weil er seine Hemden täglich wechselt und ich kaum hinterherkomme. Wenn ich ihn frage, was genau er mit diesem unsinnigen Muttervergleich denn bezweckt, kann und will er es mir nicht erklären, lässt mich mit dem offensichtlichen Widerspruch einfach stehen oder verdreht mir die Worte im Mund. Es ist, als ob man einem ehrgeizigen, erfolgreichen Sportler immer wieder einredet, bloß kein versoffener Versager zu werden, statt ihn in seiner Disziplin zu fördern – ich kriege es einfach nicht klar.

Ich kann auch nicht nachvollziehen, warum es ihn so wütend und geradezu panisch macht, dass ich keine konkrete Arbeitsstelle vorweisen kann. Mit vehementer Wucht und in regelmäßigen

Abständen bricht es aus ihm heraus, und ich habe keine Chance, Rolfs Belehrungen und Forderungen zu entkommen.

Als ich einmal in der Badewanne liege und seinen Tiraden nicht ausweichen kann, bricht er erneut eine solche Diskussion vom Zaun, schreit herum, rennt hinaus und wieder herein, will Antworten, Verbindlichkeiten und kommt schließlich wutentbrannt mit Stift und Papier ins Bad zurück. Handschriftlich hat er darauf notiert, welche Maßnahmen er von mir erwartet und bis wann ich mindestens ein halbes BAT2A-Gehalt nach Hause zu bringen habe. Diesen Vertrag soll ich in seinem Beisein unterschreiben, mit Datum, jetzt sofort, in der Wanne, hier der Kuli. Ich bin so wütend, dass ich ihn am liebsten bitten würde, mit sich selbst Geschlechtsverkehr zu haben, aber ich kann nicht derart ausfallend werden. Ich unterschreibe aber auch nicht, woraufhin er sein Ultimatum bis zum nächsten Tag verlängert. »F*** you« schreibe ich auf das Papier und klebe den Zettel am nächsten Tag in die Innentür seines Arbeitszimmerschrankes zu seinen anderen Notizen; seltsamerweise bleibt mein vulgärer Ausrutscher dort jahrelang unkommentiert hängen.

Nur damit wir uns nicht falsch verstehen: Selbstverständlich habe ich nichts dagegen, in meinem Beruf zu arbeiten. Doch erstens verdiene ich nebenher, nachts und in jeder freien Minute, und zweitens tut mehr auch gar nicht Not. Rolfs Jahresgehalt mit Boni ist groß genug, ich kaufe Lebensmittel nur im Discounter, Kinderkleidung und Spielzeug auf Secondhand-Börsen, ich besitze kein einziges Markenteil oder sonstige Luxusgüter, wir machen Urlaub in den Ferienhäusern unserer Eltern und fahren zwei uralte Autos. Wenn ich mich entschieden hätte, keine Kinder zu haben, hätte ich mich als Unternehmensberaterin etabliert, selbstständig zu arbeiten war meine Idealvorstellung zu Beginn des Studiums. Ich wage es, zu fragen, wie er sich meine Berufstätigkeit denn logistisch vorstellt – die Kindergärten unseres Dorfes haben noch keine verlängerten Öffnungszeiten, die Kinder müssen bis halb eins abgeholt werden.

Er müsste Anne im Wechselmodell ebenso holen und bringen und noch zu vielen weiteren Kompromissen bereit sein, die man eingehen muss, wenn man den Anspruch hat, sich die Organisation des Berufs- und Familienlebens zu teilen. Doch selbstverständlich lehnt er eine Mithilfe kategorisch ab, wie soll das gehen, morgens vor der Firma beim Kindergarten vorbei? In der Mittagspause nach Hause und dann ...? Es fällt ihm nicht auf, wie widersprüchlich seine Argumentation ist. Und ich? Bekomme Bauchschmerzen bei der Vorstellung, wie ich all das ganz allein hinbekommen soll, nur um es ihm rechtzumachen. Tagelang beschäftige ich mich mit der theoretischen Planung. Denn mittlerweile bin ich quasi fest davon überzeugt, dass Rolf schon irgendwie recht hat, *anderen Frauen* bekommen das hin, vielleicht bin ich wirklich faul und verwöhnt. Es tut weh, dass ich ihn so enttäusche, und ich komme schlecht damit klar, in seinen Augen versagt zu haben.

Ein halbes Jahr nach Einsetzen der Spirale lasse ich sie wieder entfernen. Das Umfeld erwartet ein zweites Kind, schon eine ganze Weile: Wollt ihr nicht mal, der Abstand wird sonst zu groß ... Ich spüre, dass die Kraft noch nicht reicht, doch urplötzlich ist sie wieder da, diese unbändige, intensive, durch nichts zu verscheuchende Sehnsucht und die absolute Gewissheit, dass jetzt der richtige Zeitpunkt für ein Geschwister gekommen ist – und das ist für mich das einzig Ausschlaggebende.

Diesmal klappt es unverhofft rasch.

Rolf hadert trotz meiner Schwangerschaft weiterhin mit seiner Rolle als Ernährer der Familie und betont unermüdlich, gebetsmühlenartig, dass er nicht vorhat, auch in Zukunft weiterhin allein für die Finanzierung unseres Lebens verantwortlich zu sein. Ich bin hin- und hergerissen zwischen meiner inneren Stimme und dem nagenden Gefühl, ein Reinfall zu sein, obwohl ich schwanger bin, obwohl ich mitverdiene, obwohl er ein hervorragendes Einkommen hat. Rolf trägt seine permanente Unzufriedenheit wie ein Schild vor sich her, stellt seine Realität anderen gegenüber aber in den schillerndsten Farben dar. Er wird nicht müde, im Familien- und Freundeskreis über seine beruflichen Erfolge zu prahlen, seine Verbindungen zu höchsten Stellen und seine berauschenden Karriereaussichten so glaubwürdig darzustellen, dass man vor Ehrfurcht nur erstarren kann. Besonders ich bewundere ihn unerschütterlich, bin stolz, wenn alles gut läuft, seine Präsentationen gelobt werden, seine Aufgaben anspruchsvoll sind und seine Arbeit dem Patientenwohl nützt. Ich habe keine Ahnung davon, dass meine Verwandtschaft Rolf für einen größenwahnsinnigen Blender hält, spüre nichts vom stetig wachsenden Misstrauen meiner Eltern. Erst sehr viel später erfahre ich von ihren Bedenken, obwohl ich in dieser Zeit oft ihren Rat einhole, weil mich das schlechte Gewissen zerreißt, Rolfs Forderung nach einer regulären Berufstätigkeit nicht nachzukommen. Besonders meinen Vater erzürnt es regelrecht, dass mein Mann die Stirn hat, seine familiären Verpflichtungen auf seine schwangere Frau abzuwälzen. So bin ich gefangen in Rolfs widersprüchlichen Anspruchshaltungen und bekomme zum ersten Mal das vage Gefühl, zu einer Art Staffage geworden zu sein. Nichts passt zusammen, diese innere Widersprüchlichkeit zermürbt, sie ist wie ein Schwelbrand in unserer Beziehung, was immer ich tue oder sage, ich kann es ihm nie recht machen.

Ich bin in der elften Woche, als er das Thema erneut aufs Tapet bringt. Wie besessen redet er auf mich ein, ich sitze gerade mit Anne im Arm beim abendlichen Vorlesen, er stört uns, unterbricht, kommt immer wieder ins Kinderzimmer, macht diffuse Vorschläge, fordert eine endgültige Zusage, einen Plan, eine Unterschrift, läuft vor unserem Sessel auf und ab, laut, ungestüm, verstörend.

Als ich mich überwinde und ihm sage, dass ich es ablehne, mich in seiner Firma als Sekretärin zu bewerben (Jo, das kriegst du hin, da gibt's Dümmere), verlangt er kurzerhand, dass ich dann eben beim Discounter an der Kasse arbeiten solle. Mittlerweile sei es ihm egal, ob ich von Kollegen erkannt werden würde, Hauptsache, ich würde mich nicht länger wie das verwöhnte Prinzesschen aufführen und »endlich, endlich etwas zum Familieneinkommen beisteuern«.

Im Laufe dieser lautstarken, beleidigenden Belehrung bekomme ich ein erneutes Ultimatum gestellt, und die Verachtung, mit der er auf mich, das Kind im Arm und ein Bilderbuch auf dem Schoß, heruntersieht, die schiere Fassungslosigkeit über meine Dickköpfigkeit, Borniertheit und Faulheit gräbt sich tief in mein Bewusstsein.

Ich habe nicht das Geringste gegen Arbeit, ich liebe meinen Beruf, und wenn es hart auf hart käme, würde ich noch ganz andere Jobs annehmen. Ich wäre mir nicht zu schade, als Kassiererin zu arbeiten. Doch es ist diese Vehemenz, diese Unnachgiebigkeit, mit der er mich ganz unten sehen will, stets weiter zu degradieren versucht. Mit Genugtuung würde er mit ansehen, wie ich stundenlang Waren über einen Scanner ziehe, selbst wenn das komplette Gehalt für die Kinderbetreuung wieder draufginge, Hauptsache, ich »halte nicht die Hand auf«. Rolf bekäme es nicht mal mit, wenn ich jeden Tag für fünf Stunden in einem Supermarkt säße. Er würde abends genauso seine Mahlzeit und einen hübschen Cocktail verlangen, von gut gelaunten Kindern begrüßt werden und eine aufmerksame Zuhörerin am Tisch mit seinen Tageserfolgen zutexten wollen.

Anne ist längst geflüchtet, und ich sitze nur da und heule, die Hände auf meinem Bauch, wo sich gerade in rasender Geschwindigkeit das Wunder des Lebens offenbart. Zellen teilen sich, teilen sich, teilen sich, und ich lasse mich von meinem Mann anschreien, weil ich nicht zu Aldi an die Kasse will. Mit tut alles weh, ich habe ein schlechtes Gewissen, fühle mich gleichzeitig hilflos und gekränkt, obwohl ich doch einfach nur möchte, dass er endlich aufhört, rausgeht, Ruhe gibt.

Doch Rolf hat noch etwas auf Lager, das er unbedingt loswerden will, ein Schlusswort, etwas, worüber ich nachdenken kann.

»Du bist doch nur schwanger geworden, um nicht arbeiten gehen zu müssen!«, speit er auf mich hinunter, bevor er das Zimmer verlässt.

Ein paar Tage später bekomme ich Blutungen. Still und ohne dass ich es spüre, stirbt der Fötus in mir.

»Da ist nichts mehr«, sagt der Frauenarzt unbeholfen in die Stille des Raumes hinein. Ich starre auf den Bildschirm, wo das winzige Herzchen nicht mehr schlägt wie beim letzten Termin, und beginne zu schluchzen.

»Warum weinst du, Mama?«, fragt Anne erstaunt, ich erinnere mich genau an den Ton ihres rauen Kinderstimmchens.

»Weil das Baby jetzt in der Zauberwelt ist«, fällt mir gerade noch ein.

Der Arzt legt mir ein Papiertaschentuch für das Ultraschallgel auf den Bauch und verlässt wortlos das Zimmer, während meine Welt zerbricht. ›Intrauteriner Abort‹ wird in meinen Mutterpass eingetragen.

Ich fahre direkt von der Praxis in die Firma, und es gelingt mir zu bewerkstelligen, dass man Rolf informiert. Als ich ihm sage, was passiert ist, hat er keine Zeit für Trost, muss rasch wieder hinein zu einer Besprechung, sagt, er habe schon befürchtet, dass ich Zwillinge erwarte.

Nach der Ausschabung in der Klinik kommen zu Hause die Blutungen, und bei jedem Gewebeklumpen, den ich ausscheide, quäle ich mich mit dem Gedanken, dass es sich um Teile meines toten Babys handeln könnte. Es kostet mich fast übermenschliche Kraft, sie mir nicht genauer anzusehen. Tage später öffne ich die Post aus dem Krankenhaus und halte den OP-Bericht in der

Hand. »Reichlich Abortmaterial«, lese ich, und diese Worte beschäftigen mich noch heute.

Ich tue in dieser Situation intuitiv das, was für mich das Beste ist. Als ich mich wieder stark genug fühle, will ich es so schnell wie möglich erneut versuchen. Rolf ist zunehmend mit sich selbst beschäftigt und so oft beruflich und partymäßig unterwegs, dass er häufig nur für eine kurze Stippvisite nach Hause kommt. London, München, Köln, Bern, Rom, Berlin, Wien, Hamburg, Genf, Athen, dazwischen etliche Partytermine mit Alex.

Ich überwinde mich und bitte ihn zwischen zwei Veranstaltungen um einen Beischlaf. Doch Rolf ist gereizt, gestresst, muss in wenigen Stunden wieder los und haut mir das typische männlich-weinerliche »Zuchtbullen«-Argument »er sei doch kein Zuchtbulle« um die Ohren, schließlich solle ihm die ganze Sache ja auch Spaß machen! Ich bemühe mich, seine Gefühle nachzuvollziehen, aber er ist so ohne Anteilnahme für meine Situation, so herzlos - oder hat er vielleicht recht? Darf man so etwas nicht ›einfordern‹? Andererseits ist es vielmehr eine Bitte, ein Flehen, ein Liebesbeweis, ein Seelenpflaster nach dem, was geschehen ist. Ich fühle mich hohl und schrecklich einsam, ich möchte so gern wieder etwas in mir wachsen spüren. Und, endet es für ihn nicht sowieso mit Spaß? Soweit ich mich erinnere, hat er mir den Gefallen dann doch getan ...

»Ich bin ...«, schreibe ich aus hunderten brennenden Teelichtern in den dunklen Garten, als der Schwangerschaftstest positiv ausfällt, dann führe ich ihn auf die Terrasse, als er irgendwann spätabends nach Hause kommt.

KAPITEL 4

»Ich bin ein Dosenmacher.«

Auch bei der zweiten Schwangerschaft droht durch die Verkürzung des Gebärmutterhalses eine Frühgeburt, ich muss mich schonen, und wir engagieren eine Putzhilfe. Für eine kurze Zeit kommt sie sogar zweimal pro Woche für zwei Stunden, doch anders, als ich dachte, will Rolf, dass ich in dieser Zeit arbeite - nicht mich ausruhe.

Er präsentiert mir einen neuen Einkommensplan, in dem er mir eine Übergangsfrist zugesteht, um über meine Nebentätigkeiten und mithilfe der Illustratoren-Ausbildung zum geforderten Akademikergehalt zu gelangen. So finde ich mich also mit hochgelegten Beinen am Schreibtisch wieder, Zeichenblock und Tastatur auf dem Bauch, skizzierend, Ideen sammelnd, Entwürfe umreißend, während die Putzfrau herumklappert und Anne sich an den Kindergarten gewöhnt.

Bei einem wichtigen Kontrolltermin ist Rolf dabei, wir wollen das Geschlecht unseres zweiten Kindes erfahren. Als der Arzt nichts finden kann, was auf einen Jungen hindeutet, versteinert sich Rolfs Miene. Er kann seine Enttäuschung nur schwer verbergen, später sehe ich, wie ihm die Tränen kommen. Ich hingegen bin so freudig überrascht, dass ich es mir nicht verkneifen kann, die

Arzthelferin zu fragen, ob sich der Arzt schon jemals in seiner Prognose geirrt hat. Doch sie lächelt nur milde und schüttelt den Kopf.

»Niemals«, sagt sie.

Ich werde eine Töchtermutter, jubelt es in mir, und ich weiß kaum, wohin mit meinem Glück.

»Ich bin ein Dosenmacher«, sagt Rolf voller Bitterkeit, ein frauenverachtendes Wort, das ich nie vergessen werde.

So glücklich ich bin, so unglücklich ist er. Ich versuche, seine Gefühle nachzuvollziehen, Verständnis aufzubringen. Ginge es mir ähnlich, hätte ich jetzt einen zweiten Sohn bekommen?

Keinen Sohn gezeugt zu haben, passt nicht in Rolfs Weltbild, und ich bin mehr als einmal froh, dass nicht ich für die Entstehung des Geschlechts verantwortlich bin. Dass Julika kein Junge ist, macht ihm zu schaffen, er findet einfach keinen Zugang zum Mädchensein seiner Töchter. Ihm zum Gefallen melde ich Anne später sogar im Basketballverein an, sie ist das einzige Mädchen im Club, tapfer schleicht sie Woche für Woche zum Training. Doch selbst das hilft nichts, nur widerwillig schaut Rolf ein-, zweimal zu, und als er auch keinen Elan zeigt, sie am Wochenende zu Spielen zu begleiten, anzufeuern, mit ihr zu üben oder sie wenigstens mal vom Training abzuholen, beende ich den Versuch, vielleicht auf diese Weise das Interesse an seiner Ältesten zu wecken.

Ich stelle das Fußende meines Lattenrosts nach oben, sodass ich nachts fast wie eine Fledermaus schlafe, weil in meiner laienhaften Vorstellung so am gründlichsten dafür gesorgt ist, dass das Gewicht des Fötus wenigstens für ein paar Stunden nicht den Muttermund belastet. Verrückterweise scheint meine Methode zu funktionieren. Statt den üblichen vier bis fünf Zentimetern bleibe ich stabil zwischen zehn und zwanzig Millimetern, und das ist ein großer Sieg.

Nach der Geburt bin ich im Babyglück, denn Julika ist im Gegensatz zu ihrer Schwester so still und unkompliziert, dass ich am Anfang Panik habe, sie einmal irgendwo in ihrer Babyschale zu vergessen. Wenn sie aufwacht, kreischt sie nicht wie am Spieß, sondern brabbelt zufrieden eine Weile vor sich hin, bevor sie sich bemerkbar macht, ich kann es kaum fassen! Anne kommt gut im Kindergarten zurecht, sie ist eine stolze und hinreißend liebevolle große Schwester, auch wenn sie mit starkem Willen weiterhin meine gesamte Aufmerksamkeit und Leistungskraft einfordert. Doch obwohl ich nachts nun selten länger als eine Stunde am Stück schlafe, kommen wir drei in einen einigermaßen gut funktionierenden Rhythmus.

Rolf auch. Bei seinen Partyterminen, ganze 15 in diesem Jahr, er trägt seine Abwesenheiten gewissenhaft in unseren Familienplaner ein, damit auch nichts dazwischenkommt.

Nur in der Firma klappt es nicht.

Seine Karrierepläne stagnieren. Er kommt immer später nach Hause, oft erst tief in der Nacht, manchmal fährt er morgens um sechs schon in die Firma. Er erzählt mir von heftigen Auseinandersetzungen mit seinen Vorgesetzten, es kommt zum offenen Streit. Er bewirbt sich in anderen Abteilungen, wann immer er der Meinung ist, es könnte seinen Aufstieg befördern. Stundenlang proben wir die Bewerbungsgespräche, ich helfe ihm, die besten Formulierungen auf typische Einstellungsfragen nach Motivation, Stärken, Schwächen, Zielen und Persönlichkeit zu finden, wir schleifen an Scherzen und Anekdoten, die er einfließen lassen kann, wenn es zu Stress- oder Fangfragen kommt. Ich coache ihn, geduldig, ausdauernd, auf den Zehenspitzen wippend, das Baby auf dem Arm und Anne am Bein. Einmal muss er eine wichtige Rede halten, er weckt mich mitten in der Nacht, damit ich ihm helfe, sie zu schreiben und einzuüben, obwohl ich so schon kaum Schlaf bekomme. Die Migräneanfälle, die mich seit dem Studium plagen, werden schlimmer.

Der Wechsel in andere Schwerpunktbereiche klappt in der Regel, so wie Rolf es geplant und intern vorbereitet hat, irgendwann wird er Produktmanager. Doch die erhoffte und angestrebte Beförderung in eine Position mit Führungsverantwortung bleibt weiterhin aus. Aber Rolf braucht Menschen um sich herum, auf die er herabschauen kann, von vornherein, oder wenn das nicht der Fall ist, redet er sie klein oder macht sie lächerlich. Er versteht es meisterlich, mich mit seinen Abhandlungen über andere Menschen tief zu verunsichern, er höhlt und bohrt und sät so lange Zweifel, bis ich meiner eigenen Meinung nicht mehr traue. Fast gelingt ihm das sogar bei meinen Eltern - ob ich denn nicht merken würde, dass sie mir nicht guttun, mich zu sehr beanspruchen, unsere Beziehung belasten, meine Zeit rauben, mich unglücklich machen? Warum macht er sie schlecht, versucht, mich von ihnen zu isolieren? Auch alle neuen Personen, die in mein Leben treten oder die mir nahestehen, weiß er übel dastehen zu lassen oder mischt sich am besten sofort in die Beziehung ein. Wenn ich, was selten genug vorkommt, Freundinnen zu Besuch habe, versucht er, sie zu vereinnahmen, setzt sich ausgedehnt zu uns an den Tisch, redet über sich und stiehlt mir die kostbare Zeit mit ihnen.

Als im Ort ein Sportstudio eröffnet, entdecke ich, dass es einen Samstagnachmittagskurs gibt, der mir die Möglichkeit gibt, am Wochenende wenigstens für eine Stunde mal rauszukommen. Aber Rolf ist der Meinung, meine häusliche Abwesenheit würde unseren Tagesablauf durcheinanderbringen, wir könnten dann nichts mehr planen oder unternehmen, und er findet es nicht gut, dass, wo er schon so selten zu Hause ist, jetzt auch noch die gemeinsame Zeit für meinen Sport draufgeht. Er setzt auf meinen Mutterinstinkt, indem er mein schlechtes Gewissen auf die Spitze treibt. Da Julika von Anfang an quasi an mir festgewachsen zu sein scheint, macht er sich ihren Trennungsschmerz zunutze.

»Die Mama geht jetzt«, sagt er, wenn ich aufbreche. »Guck, die Mama geht. Aber der Papa ist ja da …« Dann kommt er mit dem kreischenden Kind auf dem Arm mit zur Haustür, folgt mir auf den Treppenabsatz und sieht mir nach, wenn ich mit dem Rad wegfahre. Ich kann das Baby die Straße zusammenbrüllen hören. Es bricht mir das Herz, ich bin empört und wütend, aber ich schaffe es, mich nicht erpressen zu lassen. In Wirklichkeit passt es ihm nur nicht, mit den Kindern allein zu sein, während ich mich für eine Stunde vergnüge. Er unterstellt mir permanent, dass ich mich nicht genug um ihn kümmere, ihm nicht genug Aufmerksamkeit entgegenbringe, Zeit widme. Rolf fühlt sich unaufhörlich von mir vernachlässigt, ich muss jede freie Minute mit ihm verbringen, augenblicklich und immer zur Verfügung stehen. Dass ich abends lieber im Bett ein Buch lese, als mit ihm fernzusehen, macht ihn regelrecht wütend. Was immer ich in meinem Sinne tue, interpretiert er als aktive Abgrenzung und mangelnde Wertschätzung. Sonntagsmorgens, wenn er nach dem Frühstück noch mit uns beisammensitzen will, darf ich nicht dabei stricken, weil ihn das Geklapper der Nadeln nervt und er das Gefühl hat, ich konzentriere mich nicht voll auf die Familie. Ich gerate in eine Zwickmühle, die im Laufe der Jahre immer problematischer wird, weil ich meine Bedürfnisse zugunsten von seinen zurückstelle, nur damit ich nicht ständig mit dem Vorwurf konfrontiert werde, ich hätte kein Interesse mehr an ihm.

Er kann es auch nicht ertragen, wenn ich mich am Sonntag für eine Stunde hinlege. Ich brauche den Schlaf, bin am Limit mit der Kraft. Manchmal kann ich tagsüber die Augen kaum offen halten, aber Rolf bringt es stets zuverlässig fertig, die Kinder, kaum habe ich mich hingelegt, in einen so mauligen Grundzustand zu versetzen, dass ich dringend wieder zu übernehmen habe: »Hier, Jo, ich schaff das nicht.« Er kommt mit ihnen ins Schlafzimmer, ich bin gerade eingeschlafen, lädt sie auf meinem Bett ab. »Ich gehe Inliner fahren«, sagt er und verschwindet.

Um keine familiären Aufgaben übernehmen zu müssen, verschanzt sich Rolf für Stunden in seinem Arbeitszimmer. Ich kann nicht nachvollziehen, was es dort ständig zu erledigen gibt, obwohl er nicht müde wird zu betonen, dass eigentlich ich aufwändige Versicherungs- und Steuerangelegenheiten erledigen sollte, da ich ja sonst nicht sonderlich viel zu tun hätte. Silke würde Alex all das komplett abnehmen, sie würde nicht verlangen, dass er diese Dinge auch noch neben seinem Job zu regeln habe. Stets hat Rolf zahlreiche Beispiele auf Lager, wie es in den Familien seiner Freunde und Kollegen laufe. Deren Frauen kümmerten sich, im Gegensatz zu mir, gern um die finanztechnische Verwaltung, erledigten selbst die kompliziertesten Steuererklärungen, hätten zudem alle ordentliche Jobs und würden es nicht wagen, ihren noch schwerer arbeitenden Ehemann mit solchen Bagatellen zusätzlich zu belasten. Ja, und übrigens: In den Familien seiner Freunde säße man auch morgens ganz entspannt beim Frühstück, ein gedeckter Tisch, eine angekleidete Frau, fröhliche Kinder, die den Vater für den gemeinsamen Start in den Tag erwarten. Mein Herz verkrampft sich bei seinen Aufzählungen, doch Rolf entlässt mich erst, wenn ich vor Verzweiflung zu weinen beginne.

Und zwar vor Verzweiflung, weil ich das alles einfach nicht hinkriege.

Denn ich glaube ihm.

Ich glaube ihm, dass *andere Frauen* es fertigbringen, all diese Dinge noch vor sieben Uhr morgens erledigt zu haben. Den Tisch am Abend vorher gedeckt, die Kinder aus dem Schlaf gerissen, gewickelt, gefüttert, angezogen, Kaffee und Tee und Toast und Eier ... Ich glaube ihm, dass sie alle es täglich schaffen, die ganze Familie zur Gesellschaft des frühstückenden Familienoberhauptes antreten zu lassen, jeden Tag, noch vor Kindergartenöffnung. Dass Rolf morgens sowieso bis zur letzten Minute schläft, das Haus dann hektisch ohne Frühstück verlässt, zählt einfach nicht, wird komplett ausgeblendet. Aus lauter Beschämung versuche ich natürlich, ihm den Gefallen zu tun, schaffe es zwei-, dreimal eine solche frühmorgendliche Idylle herzustellen, halbtot vor Müdigkeit. Doch selbstverständlich ist es von vornherein zum Scheitern verurteilt, denn kaum ist dieses Ziel erreicht, passt irgendetwas anderes nicht. Am Küchentisch ist es zu eng, Anne kommt zu spät herunter und überhaupt, Jo, kannst du dich nicht setzen, es macht mich völlig verrückt, wenn du die ganze Zeit herumwuselst, nun setz dich hin, wie *andere Frauen* das auch machen, setz dich einfach nur ruhig hin, und sei doch bitte so lieb und iss auch was! Aber ich kann in der Hektik nichts essen, während ich ein Kind mit Brei füttere und dem anderen die Kindergartenbox füllen muss, das Brot streiche oder eine Frisur flechte. Verständlich, dass Rolf unter solchen Umständen überhaupt keinen Spaß daran hat, mit uns den Morgen zu verbringen.

Rolf fängt nun auch an, meine eigene Stimmung in seinem Sinne umzuinterpretieren.

An manchen Tagen ist es fast unerträglich, dass er schon morgens beginnt, mir zu sagen, wie ich mich fühle oder in welchem Gemüts- oder Gesamtzustand ich gerade bin: zu gereizt, zu missmutig, zu schlecht gelaunt oder zu ernst. Blass, unzufrieden, unausgeglichen, nervös, wenn ich ruhig und gemütlich etwas erledige – du bist dies, du bist das ... Nein, ich bin in der Regel das lebende Gegenbeispiel, keine seiner Interpretationen trifft zu, aber mein Protest gegen seine Unterstellungen macht es nur noch schlimmer. Wenn ich ihn darauf aufmerksam mache, dass seine Einschätzung völlig falsch ist, und ihn bitte, mir nicht irgendwelche Befindlichkeiten oder Gemütszustände anzudichten, lacht er nur verächtlich und weiß es besser.

Rolf kritisiert fast alles an mir; meine Haare kitzeln ihn im Gesicht, und wie ich küsse, ist unerträglich. Er zeigt mir, wie ich die Lippen formen soll, nicht so schmal, mehr stülpen und mit mehr Speichel, Jo, deine Hasenküsse fühlen sich fürchterlich an – er reagiert auf jeden Kuss mit ausführlicher Manöverkritik, das verunsichert mich dermaßen, dass ich kaum noch spontan sein kann. Auch die Farben meiner Kleider sind eine Katastrophe, er kann die Länge, Weite und Art meiner Röcke nicht leiden, mein ganzer Stil missfällt ihm, die rötliche Tönung meiner Haare sowieso.

Als Sahnehäubchen garniert er seine Redeflüsse mit Silke-Geschichten. Sie dient Rolf als Inkarnation des perfekten Gegenbeispiels, und er weiß, wie weh er mir mit diesen Vergleichen tut. In all den Jahren der Freundschaft zwischen Alex und Rolf, sind Silke und ich uns nicht den kleinsten Schritt nähergekommen, auch nicht, wenn unsere Familien sich treffen. Wir pflegen ein angestrengt freundliches, aber oberflächliches Miteinander, zum Gefallen für unsere Männer, obwohl wir uns nicht das Geringste zu sagen haben.

Vordergründig betrachtet hat Messlatten-Silke zunächst und unbestritten zwei große Pluspunkte: Als Verkäuferin findet sie erstens stets schnell einen Job, wo immer es Alex hinzieht. Zum zweiten lässt sie sich von Alex »von hinten f***«, wie Rolf mir gern berichtet.

Dass er mir diese Sexsache, die Silke so viel besser macht als ich, immer wieder aufs Brot schmiert, auch noch, als er längst nicht mehr mit mir schläft, ist für mich kränkend und ungehörig.

Das Tragischste an diesen Silke-Vergleichen ist jedoch, dass die Wahrheit eine ganz andere ist. Sie schlägt ihre Kinder, das erzählen sie mir oft, und dennoch lässt Rolf nichts auf sie kommen.

KAPITEL 5

»Die Arschlöcher haben sich abgesprochen und mich durchs Assessment-Center fallen lassen.«

Rolf ist so mit sich selbst beschäftigt, dass er nicht erkennt, wie er in der Firma wirklich dasteht. Bisweilen sind ihm die üblichen, seiner Ansicht nach intriganten Machenschaften durchaus aufgefallen, aber er hatte niemals damit gerechnet, selbst ins Getriebe zu geraten. Und genau das passiert jetzt.

Als die passende Position als Abteilungsleiter in greifbare Nähe rückt, sieht er sich am Ziel seiner jahrelangen Bemühungen. Doch wie in solchen Bewerbungsverfahren üblich, lässt die Firma die Kandidaten ein mehrtägiges, strukturiertes Personalauswahl- und Bewertungsverfahren durchlaufen, das von geschulten Assessoren durchgeführt wird. Ein solches Auswahlverfahren ist die mitunter härteste berufliche Prüfung überhaupt. Rolf liest sich im Internet ein, telefoniert mit meinem Studienfreund Paul, der solche Verfahren mit seiner Consulting-Firma durchführt, bleibt trotz der Beschreibung aller

Herausforderungen gelassen und siegesgewiss. Zu gut kennt er die beteiligten Beobachter und ist sich relativ sicher, die Tests nur pro forma hinter sich bringen zu müssen.

Am Ende scheitert er grandios, die Stelle bekommt ein Kollege, den er bis dato kaum wahrgenommen hat.

Als Rolf nach Hause kommt, tobt er wie ein Stier. Alles an ihm ist in Aufruhr. Er ballt die Fäuste, brüllt und wütet in seinem Arbeitszimmer herum, schlägt auf das Mobiliar ein und unterstellt den Unternehmensmitarbeitern, dass sie ihn absichtlich haben durchfallen lassen. Es sei eine abgekartete Sache gewesen, er habe von vornherein keine Chance gehabt. Noch abends im Hotelzimmer habe er bei geöffneter Zwischentür das Gespräch einer der Assessorinnen mit der Firmenleitung mitgehört, bei der sie angab, ihn wie besprochen aussortiert zu haben!

Tagelang kommt er mit immer neuen Verschwörungstheorien nach Hause. Ich bin ehrlich entsetzt über das Geschehen, und Rolf tut mir leid. Überhaupt realisiere ich damals zu keinem Zeitpunkt, dass vieles, was Rolf mir erzählt und berichtet, seiner Fantasie entspringt.

Dass die Fähigkeit zur übertriebenen Selbstdarstellung, die ständige Betonung der eigenen Großartigkeit und Besonderheit das Ur-Wesen eines psychopathischen Narzissten ausmacht und er förmlich dazu gezwungen ist, sein unrealistisches Idealbild durch zwanghaftes Lügen aufrechtzuerhalten, durchschaue ich nicht. Heute kann ich unsere gemeinsame Zeit nicht mehr ohne diesen Filter betrachten, und das vergiftet sie zusätzlich: Rolf hat mir niemals die komplette Wahrheit über irgendetwas gesagt, warum sollte er auch?

In den nächsten Wochen nach der Niederlage beim Auswahlverfahren fühlt sich Rolf auch weiterhin in der Firma gemobbt und bei Weitem nicht genügend geschätzt. Schließlich legt man ihm dringend nahe, ein Jahr als Pharmaberater in den

Dental-Außendienst zu gehen. Habe er sich erst einmal die Sporen beim Klinkenputzen in Zahnarztpraxen und Krankenhäusern verdient, stünde einer Beförderung nichts mehr im Wege. Rolf versichert mir im Brustton der Überzeugung, dass es sich bei dieser Aktion um einen Karrierefort- und nicht um einen Rückschritt handelt, er verpackt es so, als habe wirklich jedes Mitglied der Führungsriege von SanDent so begonnen.

Für mich ist diese Veränderung eine ziemlich schlechte Nachricht, und ich kämpfe überraschend hartnäckig um mein Hoheitsgebiet. Wenn Rolf ein ganzes Jahr frustriert von zu Hause aus arbeitet, sehe ich den filigranen Familienfrieden in Gefahr. Ich schlage ihm deshalb vor, einen Büroraum außerhalb des Hauses anzumieten, wo er in Ruhe arbeiten, Produkte und Unterlagen aufbewahren und seine Touren planen kann. Er ist stinksauer und fürchterlich beleidigt, weil ich ihm das Gefühl gebe, uns hier zu Hause zu stören. Doch dass ich mit meinen Befürchtungen gar nicht so falschliege, melden mir sämtliche weibliche Bekannte, ob jung oder alt, zurück: Ein ganzes Jahr den Mann im Haus, wo doch schon eine einzige Männergrippe das Familienschiff zum Kentern bringen kann, du Arme ...!

Und leider behalte ich recht.

Es wird eine fürchterliche Zeit.

Unser Keller steht deckenhoch mit Kartons voller Werbematerialien, wir besitzen zeitweise zehntausend Zahnbürsten, an einem Tag erhalten wir 35 Pakete mit Broschüren und Zahnpastatuben.

Doch das sind nur die Randerscheinungen, denn plötzlich habe ich ein drittes Kind daheim, einen aufsässigen, trotzigen Teenager, der in den Tag hinein chillt, ausschläft und am liebsten mit nichts behelligt werden will. Innerhalb weniger Wochen hat Rolf ein System erarbeitet, das es ihm erlaubt, seine außendienstlichen Verpflichtungen auf zwei, höchstens drei Tage in der

Woche zusammenzuschrumpfen. Die restliche Zeit verbringt er mit Erholung bei Videospielen, bis ich ihn bitte, Kopfhörer zu benutzen, weil ich die ständigen Maschinengewehrsalven, Handgranatenexplosionen und das Todesgeröchel aus dem Arbeitszimmer nicht mehr hören kann.

Außerdem frustriert ihn seine neue Tätigkeit extrem, die langen Autofahrten und die immergleichen Vertretergespräche, die Messestandbetreuung und Kundenakquise öden ihn an. Wenn er von einer Tour wieder nach Hause kommt, verbreitet er Unzufriedenheit, Unordnung und Chaos. In seinem Arbeitszimmer sieht es aus wie bei einem Messie; das ständige Hin und Her zwischen Packen, Aufbruch, Heimkehr und erneuter Abreise stresst uns alle. Mein mühsam konstruierter Tagesablauf gerät durcheinander, weil wir uns an seinen Rhythmus und seine Bedürfnisse anpassen müssen.

So gut es geht, manage ich in dieser Zeit das Familienleben, Kindergeburtstage, Taufen, Hobbys, Feiern, Auftritte, Einschulungen, Vorsorgeuntersuchungen, Musikschule, Elternabende um den seltsamen Gast im Arbeitszimmer herum.

Und obwohl ich Rolf so selten wie möglich mit Familienangelegenheiten belästige, lässt er mich trotzdem nicht in Ruhe, steigert sich regelmäßig in die Vorstellung hinein, ich würde ihn übervorteilen, säße auf seine Kosten tatenlos herum, und regt sich schrecklich auf, wenn ich mich, was selten vorkommt, über etwas beschwere. Die Haar-Sache ist so ein Beispiel.

Rolf wünscht, dass ich ihm regelmäßig die Haare schneide. Er hat sich daran gewöhnt, hält es für eine Selbstverständlichkeit. Und meist fällt es ihm sonntagsabends ein, wenn ich bereits im Bett liege. Mit der Zeit fällt es mir jedoch immer schwerer, seinen Anblick zu ertragen, feist, nur mit dem Umhang bekleidet, sitzt er mit nacktem Hintern auf einem Hocker im Wohnzimmer. Doch Rolf sieht nicht ein, dass ich das nicht mehr möchte; er regt sich fürchterlich auf und macht mir ein schlechtes Gewissen, denn es sei schließlich meine Aufgabe, außerdem habe er doch den Staubsauger, mit dem ich hinterher saubermache, schon aus dem Keller geholt. Er stoppt sogar die Zeit, na, Jo, sind doch nur zwölf Minuten dreißig, sogar eine Minute schneller als letztes Mal, jetzt noch die Ohrhaare ausrasieren, schließlich »gehe ich mir morgen wieder den Arsch aufreißen«.

Ein einziges Mal weigere ich mich.

Er ist verabredet, mit seinen beiden Freunden, ein Trip nach Marseille, ein bisschen Party, ein bisschen Strand, mal zwischendurch raus. Mitten in der Nacht soll ich ihm die Haare schneiden, der Koffer ist noch nicht gepackt, er verbreitet hektischen Lärm, nimmt keinerlei Rücksicht. Die Kinder sind endlich eingeschlafen, doch sie spüren die Unruhe im Haus. Ich bin erschöpft, muss mich dringend hinlegen. Meine Weigerung macht ihn sauer, und er bricht einen »Silke hätte Alex die Haare geschnitten«-Streit vom Zaun, in den er sich immer weiter hineinsteigert. Ich weiß nicht, warum ich meine Weigerung durchhalte, wahrscheinlich liegt es an den gemeinen Beleidigungen, die Rolf mir im Laufe des Streits an den Kopf wirft – ich muss mich schleunigst aus der Schusslinie bringen, so außer sich vor Wut macht er mir Angst. Nach zwei Stunden Dauerbeschuss nehme ich mein Bettzeug und schlafe im Arbeitszimmer. Als ich am nächsten Morgen aufstehe, ist Rolf weg.

Beim Schlafen entlädt sich der Druck in meine zusammengepressten Kiefer, ich zermalme zwei Aufbiss-Schienen, meine Zahnprobleme werden schlimmer. »Manchmal gibt es Zeiten im Leben, da muss man halt die Zähne zusammenbeißen«, kommentiert mein Ehemann. Innerhalb der letzten fünf Jahre benötigte ich mehrere Wurzelbehandlungen, wochenlang leide ich unter den bestialischen Schmerzen, wenn sich wieder eine Zahnwurzel entzündet, muss Antibiotika einnehmen, ein Großteil der übrigen Zähne benötigt Anschlussbehandlungen. Eines Tages sind die Schmerzen in einem wurzelbehandelten Zahn so schlimm, dass sie durch Antibiotika nicht mehr in den Griff zu kriegen sind. Gleichzeitig ist Julika krank, sie hat hohes Fieber und erbricht sich ständig. Es bleibt mir nichts anderes übrig, als sie mit zum Zahnarzt zu nehmen, Rolf möchte sich dafür nicht extra freinehmen.

Julika liegt also mit ihrem Kuscheltier im Arm im Behandlungszimmer auf dem Boden, während mir der Zahnarzt mit Schweißperlen auf der Stirn und einer Zange, die aussieht wie aus seinem Werkzeugkasten, den maroden Zahn zieht. Als der Zahn endlich nachgibt, knallt der Arzt mit dem Instrument an meinen Schneidezahn, ich habe Glück, dass dabei nichts abbricht. Darauf folgen Monate der Weiterbehandlung, ein Implantat wird gesetzt, die restlichen Sorgenzähne melden sich immer wieder.

Und meine Kopfschmerzen werden ebenfalls immer heftiger.

KAPITEL 6

»Diese Dankbarkeit und Wertschätzung!«

Es dauert nicht lang, und Rolf beginnt, mir mein Zeichenstudio unter dem Dach zu neiden. Jahrelang hat der Vermieter dort sein altes Gerümpel untergestellt, er kam hin und wieder vorbei, um sich einige Sachen zu holen.

Als ich mit Julika schwanger bin, mieten wir den Raum endlich dazu, mein Arbeitszimmer soll zum zweiten Kinderzimmer werden. Endlich habe ich ein helles Studio, in dem zwei lange Zeichentische und die große Staffelei aus massivem Holz Platz finden, die meine Mutter auf einem Flohmarkt in Südfrankreich entdeckt hat. Die Miete überweise ich regelmäßig von meinem eigenen Verdienst auf unser Familienkonto, die Renovierung zahle ich von meinem Ersparten.

Im Sommer sitze ich oft in Unterwäsche vor meinen Illustrationen, weil sich das Zimmer aufheizt wie eine Sauna, im Winter friere ich unter vier Wolljacken, da Rolf nicht erlaubt, die Heizung auch nachts laufen zu lassen, damit unsere Heizkosten nicht ins Astronomische steigen. Wenn das Thermostatventil morgens anspringt, braucht die schmale Heizung Stunden, um den Raum auf maximal 17 Grad zu bringen. Als ich mir nach Jahren des Frierens das erste Mal erlaube, den Heizkörper unten in der Diele, der bis dahin ein absoluter No-go-Heizkörper war, anzudrehen, halte ich den anschließenden Streit darüber tapfer aus.

Nun wird Rolf zunehmend unzufrieden mit seinem eigenen Raum, findet ihn im Vergleich zu meinem Luxusapartment zu klein, zu dunkel, auf der falschen Hausseite und seiner Stellung als Familienoberhaupt nicht angemessen – in Wirklichkeit ist er hübsch und perfekt für seine Belange. Rolf kann es jedoch nicht ertragen, dass ich mir ein Refugium geschaffen habe, das meinem Rangplatz nicht entspricht: Ich throne oben, er sitzt unten, ich Dach, er Erdgeschoss, wo es doch genau andersherum sein müsste.

Wir verbringen Stunden mit der Diskussion darüber, dass Rolf es eigentlich verdient habe, diesen Raum zu bewohnen. Er weiß genau, wie sehr ich an dem Studio hänge, wie groß mein Horror ist, nur noch einen Bruchteil meiner Sachen um mich haben zu können. Ich flehe ihn an, mir das Studio zu lassen. Aber Rolf macht mir klar, dass er es absolut überheblich findet, zu meinen, mir stünde dieser prächtige Platz zu, wo ich darin doch nur einem Hobby nachgehe, während er ernsthafte, bezahlte Arbeit zu verrichten habe.

Das Familienleben wird anstrengender, je unzufriedener Rolf mit sich und seinem Leben ist. Es stört ihn alles, selbst der ›Menschenschlag‹ der Gegend geht ihm zunehmend auf die Nerven, weil er das Gefühl hat, die Leute brächten ihm nicht genug Freundlichkeit und Aufmerksamkeit entgegen. Dass er selbst daran Schuld trägt, keine Freunde oder Bekannten zu haben, reflektiert er nicht.

Wäre da nicht Alex.

Was für eine Erleichterung, als Rolf ihn endlich überreden kann, ebenfalls zu SanDent zu wechseln! Nun zieht Alex mit seiner Familie in den Nachbarort. Als dann auch noch Leonhard ganz in der Nähe die Zahnarztpraxis seiner Mutter übernimmt, hat Rolf endlich seine treuesten Soldaten um sich geschart. Zu dritt lassen sie ihre Studentenfreundschaft wiederaufleben, treffen sich zum Whirlpoolen, kiffen in Sommernächten in unserem Garten und tanzen ihren Berufs- und Familienfrust in den Clubs der Republik ab.

Weil ich cool sein möchte, eine tolerante und verständnisvolle Ehefrau, und weil ich froh bin, hin und wieder ein paar Tage für mich zu haben, lasse ich es gern zu, dass Rolf und Alex mich für ihre Zwecke einspannen. Hielte Rolf mir nicht ständig seine Silke-Vorträge, hätte ich mich vielleicht nicht dazu bringen lassen, hinter ihrem Rücken zu paktieren. Wüsste Silke über die Art der Ausflüge der beiden Männer Bescheid, ließe sie nämlich nicht zu, dass Alex so oft und so regelmäßig mit Rolf auf Tour geht, zu gesund ist ihr Selbstwertgefühl und ihr Anspruch an Alex' Verantwortlichkeit der Familie gegenüber.

Die beiden instruieren mich, welche(n) Kongress/Veranstaltung/Fortbildung ich im Falle eines Anrufs seiner Ehefrau vorzuschieben habe. Der Ablauf beim Aufbruch zu einem Partywochenende ist immer derselbe: Alex kommt zu uns, ich stelle die Standardfrage: »Was weiß Silke?«, sehe zu, wie die beiden routiniert ihren Proviant packen, Wodka, Orangensaft, Schokoriegel und Knabberzeug fürs Vorglühen und die Afterparty, und Alex präsentiert seine neuesten Aufreißer-Klamotten. Als ich mich einmal überwinde, die beiden offen nach Drogen frage, winken sie lachend ab. Nein, nur Alkohol, vielleicht ein bisschen Gras. Ecstasy hätten sie abgeschworen, obwohl es das geilste Zeug auf Erden wäre und sie es am liebsten dauernd schlucken würden. Aber sie hätten geschworen, davon in Zukunft die Finger zu lassen, weil es sie zu viele Gehirnzellen kosten würde. Auch das Koks, das ein weiterer Freund stets in großen Mengen parat habe, bräuchte mir keine Angst zu machen, sie hätten es einfach nicht nötig, auf diese Anmacherdroge zurückzugreifen. Die beiden klingen vernünftig, erwachsen, verantwortungsbewusst, auch wenn sie sich auf ihr Event freuen wie kleine Jungs auf Weihnachten. Ich wechsle Julika auf die andere Hüfte, stibitze einen Schokoriegel für Anne und bin beruhigt.

Ich vertraue meinem Mann noch immer.

Und ich sehe nicht, wie meine willige Komplizenschaft mich nur noch mehr an ihn kettet, mich abhängig macht. So sehr bin ich davon überzeugt, dass er sieht, was er an mir hat, an uns, meinem Großmut, meiner Toleranz. Dass er dieses Familienglück niemals riskieren oder gefährden würde. Einmal sehe ich ihn vor dem Waschbecken stehen, wo er ausführlich seine Schamhaare trimmt. Ich wundere mich über diese Anwandlung, schaffe es aber nicht, mir irgendetwas dabei zu denken.

Es kommt nur ein einziges Mal vor, dass ich stutzen muss. Und auch das erst im Nachhinein.

Als ich Jahre später tatsächlich Kokain bei Rolf finde, erinnert mich der stechende Geruch der Substanz, der auch in seinen Klamotten hängt, an die Art, wie eines seiner schwarzen Clubhemden einmal stank, als ich es nach einer der Partys in die Waschmaschine geben wollte. Damals suchte ich nach einer logischen Erklärung: Disconebel? Tabak? Marihuana?, oder viel schlichter die Verbindung von Polyester und Schweiß? Der Gestank ist so intensiv, er löst akute Atemnot aus, ich muss ein Asthmaspray einnehmen. Und ich notierte in mein Tagebuch: *19 Uhr, allergischer Anfall, Hemd, Zig.rauch Rolf?* Ich finde den Eintrag, als mir der Geruch Jahre später zum zweiten Mal begegnet …

Als Rolfs Außendienstzeit vorbei ist, wird sein Bedürfnis nach der perfekten Familie wieder größer. An den Wochenenden möchte er lange Ausflüge in die Gegend unternehmen, möglichst wenig Zeit zu Hause verbringen. Rolf will, so formuliert er es, *als Familie* unterwegs sein. Ich kann diese Formulierung immer weniger leiden, weil ich der Meinung bin, dass wir eine Familie *sind*. Doch dahinter steckt etwas anderes. Bevor wir aufbrechen, müssen die Mädchen herausgeputzt und frisiert werden, er fordert geflochtene Zöpfe und hübsche Kleidchen. Ich muss Proviant kaufen und für den ganzen Tag vorbereiten. Ewig stehe ich in der Küche, fülle Dosen, Thermoskannen und Trinkflaschen. Rolf bepackt das Auto generalstabsmäßig mit Picknickzubehör und terrorisiert uns mit der Einhaltung von Abfahrtszeiten, als hätten wir irgendwo dringende Termine. Erst wenn wir alle im Auto sitzen, beginnt er, die Route auszudrucken, was meistens dauert, und ich würde nichts lieber als aussteigen und ihn allein fahren lassen.

Im Auto bestreiche ich die Brötchen auf den Knien, weil Rolf das Frühstücken während der Fahrt so gemütlich findet, während die Kinder fragen, wann wir endlich angekommen sind. Die beiden sind keine guten Autofahrerinnen, ihnen wird rasch sterbensschlecht, wie übrigens auch dem Hund, der die ganze Zeit verzweifelt hechelnd in den Fahrgastraum starrt und zitternd vor Übelkeit die Rückenlehne vollsabbert.

Wir diskutieren wegen der Kosten für jede Pommes und jedes Getränk, wir liegen in feuchtem Gras auf matschigen Kuhwiesen, ich wickle das Baby auf Picknickdecken und soll gleichzeitig neben Rolf »einfach nur daliegen und entspannen«. Bei diesen Ausflügen *als Familie* geht es nicht um uns, nicht um mich, nicht um die Kinder, nicht um eine Gemeinsamkeit. Es ist das Bild, das wir abgeben, Rolf, ein niedlicher Hund und drei hübsche Mädchen. Und in der Firma hat er etwas zu erzählen, wenn es um die nach oben offene Wochenenderlebnis-Rankingliste geht.

Wenn wir wieder zu Hause sind, müssen die Sachen getrocknet, die Klamotten gewaschen, die Picknickreste entsorgt, die Kinder gebadet und das Abendessen gekocht werden. Das übliche Chaos eben, es kostet Kraft und Nerven, es erschöpft mich, weil ich nicht das Gefühl habe, auch mir hätte dieser Tag etwas gebracht. Ja, ein paar Aussichten, selten kulturelle Einsichten, frische Luft, aber nichts für meine Seele, ich und die Kinder haben Rolf eigentlich nur begleitet.

Und er?

Hat sein Event gehabt und zieht sich in sein Arbeitszimmer zurück, kaum hat er mir den Flur mit drei Plastikkörben voller Restmüll, matschigen Schuhen, Windeltüten, Jackenbergen, dem riesigen, dreckstarrenden Silberfolien-Picknickdeckenknäuel und einem kotzenden Hund zugemüllt.

Glücklicherweise läuft es nach seiner Rückkehr in die Firma eine Weile gut, er betreut ein wichtiges dentalchirurgisches Produkt, das kurz vor der Marktreife steht. Dafür soll er zusammen mit einem Eventmanager nach Barcelona fliegen, um den Launch in einem Kongresshotel vorzubereiten. Rolf war vor Jahren bereits einmal da und schwärmt von der Stadt und dem Hotel (später erfahre ich, dass er dort »den besten Sex seines Lebens« hatte). Völlig überraschenderweise lädt er mich ein, ihn für die Vorbereitungen zu begleiten, Flug und Übernachtungskosten übernimmt die Firma, schließlich ist er die Hauptperson in der ganzen Sache. Ebenfalls überraschenderweise sage ich zu und erkenne mich dabei kaum wieder, denn ich habe massive Flugangst, und die Vorstellung, dass etwas passieren könnte, macht mir von der ersten Sekunde an Bauchschmerzen. Dennoch kann ich nicht widerstehen, möchte nach all den Jahren auch mal in einem schönen Hotel übernachten, gleich zwei Männer an meiner Seite – einer davon mein Ehemann, am Ziel seiner Träume –, ich will stolz auf ihn sein. Und ich freue mich darauf, zwei Tage einfach mal rauszukommen. Nur ein-, zweimal haben Rolf und ich für eine Nacht in einem Hotel übernachtet, während die Kinder bei seinen Eltern waren. Doch dann hatte Rolf keine Lust mehr auf solche Trips, er schliefe sowieso schon so oft auswärts. Meine Eltern wollen die Kinder nehmen, gönnen mir die Auszeit und Rolf den beruflichen Erfolg von Herzen. Ich genieße es, mir ein paar Tage über so urweibliche, fast in Vergessenheit geratene Dinge wie Reisegarderobe und Schuhe Gedanken machen zu können. Ich plane die Logistik der Kinderübergabe und nehme mir vor, ein schönes Nachthemd zu kaufen, denn ich bin schließlich schuld daran, dass Rolf beim Anblick meiner fürchterlichen Pyjamas keinen mehr hochkriegt. Noch nie war ich eine Flugreise von den Kindern entfernt, es ist das erste Mal, und es erfordert all meinen Mut, aber insgeheim bin ich unheimlich stolz, dass ich mich traue.

Doch wenige Tage vor der geplanten Reise zerplatzt die schillernde Seifenblase. Die gesamte Veranstaltung wird von einer Minute auf die andere abgesagt, da die Firma die Zulassung nicht bekommen hat – so oder ähnlich, ich kann mich an die genaue Begründung nicht erinnern, zu erschüttert bin ich, wie sich die Ereignisse plötzlich überschlagen und in einer riesigen Flutwelle alles mitreißen, was vorher noch unumstößlich schien.

Ich bin verwirrt, stelle Fragen: Müssen sich solche Schwierigkeiten nicht bereits viel länger im Vorfeld ankündigen, kommen Entscheidungen der beteiligten Behörden wirklich so unvorhergesehen, plant man eine Markteinführung mit hunderten Teilnehmern tatsächlich bereits derart konkret, bevor man die Basics in trockenen Tüchern hat? Und planen und organisieren solch ein Event wirklich nur zwei Leute? Rolfs Erklärungen sind, wie üblich, ebenso nachvollziehbar wie verwirrend, ich verstehe überhaupt nichts mehr, und je länger ich darüber nachdenke, desto seltsamer erscheint mir alles. Doch bis heute kann ich mir keinen Reim auf die Ereignisse machen. Ich erlebe Rolf jedoch weniger aufgebracht oder enttäuscht, als ich es unter diesen Umständen vermutet hätte.

Seine Gelassenheit wiegt mich in Sicherheit, ich bin heilfroh, dass er nicht wieder ausrastet, die Sache vernünftig wegsteckt.

Deshalb hake ich es ab, ahne nicht im Entferntesten, was er eigentlich vorhat.

Als Rolf zum Besuch seines alten Studienfreundes Olli aufbricht, wundere ich mich lediglich über die seltsam ›spießige‹ Anwandlung, das Wochenende lieber bei ihm im Gästezimmer zu verbringen, Familienanschluss und Babygebrüll inklusive, statt auf einer Techno-Party. Aber ich habe vollstes Verständnis, er wird seine Wunden lecken müssen, ein paar Geister aus der Vergangenheit wiederaufleben lassen wollen.

Kaum ist Rolf wieder da, berichtet er mir euphorisch von den Reichtümern seines Freundes, der ein gigantisches schuldenfreies Haus besitze, dessen Energiesystem er von der Arbeit aus vollautomatisch über den PC steuern könne. Außerdem habe er sich vor Kurzem einen fabrikneuen Sportwagen gekauft, und seine Frau verwöhne ihn rund um die Uhr.

Abgesehen davon habe Olli auch eine gut gehende Fachzahnarztpraxis für Oralchirurgie, deren Führung ihm nicht sonderlich viel medizinisches Know-how abverlange, ihn dafür aber mit einem berauschenden Verdienst und unendlicher Dankbarkeit und Wertschätzung vonseiten der Patienten versorge.

»Diese Wertschätzung!«, ereifert sich Rolf. »Olli sagt, es sei so geil, zu spüren, wie dankbar die Patienten seien. Diese Wertschätzung und Dankbarkeit! Olli meint, das sei unbezahlbar, das sei das beste Gefühl überhaupt.«

Rolf kann sich gar nicht mehr beruhigen, wiederholt diese Sätze immer und immer wieder, aber ich verstehe die Hinweise trotzdem nicht. Rolf hat Olli schon während des Studiums glühend um dessen Wohlstand beneidet, ein Erbe, das er zu vermehren wusste, nun ist er wohl richtig reich geworden. Rolf redet davon, wie optimal Olli seine Praxisabläufe organisiert habe, er rechnet mir vor, welche Patiententaktung bei welcher OP welchen

Verdienst ergibt, welche Anzahl an Patienten pro Stunde, Tag, Woche und Quartal man mindestens durchschleusen müsse, um mit dieser und jener Methode so und so viel Zeit einsparen zu können.

Ein paar Tage später kündigt Rolf bei SanDent und teilt mir mit, dass auch er eine eigene Zahnarztpraxis eröffnen wolle.

Nichts beschützt einen angesichts solcher Nachrichten besser vor dem Durchdrehen als Kinder. Sie halten mich in einem Kokon der Unerschütterlichkeit umfangen und verhindern, dass ich meinem Mann an den Kopf werfe, dass er ja wohl den Verstand verloren habe.

Denn im selben Moment, als er mir offenbart, doch wieder die medizinische Laufbahn einzuschlagen, sind viele andere Würfel gefallen. Vor der eigenen Praxis steht die Facharztausbildung, und die dauert mehrere Jahre. Außerdem will Rolf natürlich nicht hier in der Gegend eine Praxis eröffnen, zu verhasst sind ihm Land und Leute. ›Mein‹ geliebtes Haus wird also doch nicht mein eigenes werden, all die Arbeit, die ich in den Garten gesteckt habe, wird jetzt einer anderen Familie zugutekommen – ich kann den Gedanken kaum ertragen, so verwurzelt bin ich hier inzwischen.

Doch Rolf hat alles genau berechnet, und ich habe ohnehin keine Chance, irgendetwas an seiner Entscheidung zu ändern.

Es sind sieben Jahre vergangen, als Rolf die Tüte mit der Zahnarztkleidung wieder aus dem Kellerschrank kramt, um zu prüfen, ob die alte Kombination vielleicht doch noch passt.

KAPITEL 7

»Der kann froh sein, dass er mich hat ...«

Rolf lässt alte Kontakte aufleben und findet recht schnell eine Klinikstelle in der weiteren Umgebung. Seinen ursprünglichen Spezialisierungswunsch wird er mit einigem Gemauschel gerade noch so realisieren können, zwischen Beginn und Wiedereinstieg dürfen nicht mehr als acht weiterbildungsfreie Jahre vergangen sein, und Rolf hat nicht mal die Assistenzzeit abgeschlossen. Er muss noch einmal fast von vorn anfangen, vier Jahre wird die Ausbildung dauern. Doch mir ist vor allem wichtig, dass es irgendwie weitergeht, dass Rolf endlich seinen Weg findet, tut, was ihn zufrieden und glücklich macht, damit unser Schiff wieder in ruhiges Fahrwasser gerät.

Doch wie sollen wir diese Zeit bloß finanzieren?

»Von unseren Ersparnissen«, ist seine Antwort. Rolfs Einstiegsgehalt als Vorbereitungsassistent wirft uns in die alten Zeiten zurück. Monat für Monat bezuschussen wir seine Ausbildung mit ein- bis zweitausend Euro, und unsere Reserven aus der SanDent-Zeit gehen zur Neige. Zum Zeitpunkt unserer Trennung ist davon nichts mehr übrig.

Selbstredend, dass Rolf pünktlich zu seiner Entscheidung auch wieder damit beginnt, mich mit einem aushäusigen Job unter Druck zu setzen. Dass allein die Vorstellung, ich könne in der neuen Berufskonstellation, die bei ihm mit langen Anfahrtszeiten, Not-, Bereitschafts- und Wochenenddiensten verbunden ist, eine Halbtags- oder Dreiviertelstelle bedienen, nur schwer umsetzbar ist, wischt Rolf wütend vom Tisch. In zähen Verhandlungen kann ich schließlich einen Handel herausschlagen: Ich darf weiter versuchen, mich als Illustratorin zu etablieren, denn Julika kommt in den Kindergarten, ich werde also zum ersten Mal die Möglichkeit haben, mich einen Vormittag lang vollständig auf meine Arbeit zu konzentrieren. Rolf willigt ein, verlangt aber, dass ich mich als Sozialpädagogin mit einer Beratungspraxis selbstständig mache, sollte sich ein entsprechend hohes Einkommen von ungefähr anderthalbtausend Euro netto bis zu einem bestimmten Zeitpunkt nicht realisieren lassen, und ich verspreche es, einfach nur um meine Ruhe zu haben. Ich muss von unserem Gespräch ein Protokoll anfertigen, eine Kalkulation anfügen, mit welchen Honoraren ich wann für welche Illustrationsaufträge rechne, und es ihm unterschrieben auf den Schreibtisch legen. Ich grüble, erfinde fiktive Zahlen, notiere Fantasiehonorare zu Fantasieaufträgen und unterschreibe.

Doch bevor ich mich an die Arbeit mache, gestehe ich mir heimlich noch vier freie Wochen zu. Zum einen muss ich mich erst dran gewöhnen, dass mir eine ganze Weile lang morgens ein panisches Kind aus dem Arm gerissen wird, und außerdem habe ich Lust auf ein paar ganz normale Frauendinge: Ich gehe das erste Mal seit über zehn Jahren zum Frisör, und ich lasse mir French-Nails machen, im Endeffekt beides keine gute Idee, aber für den Moment sehr berauschend.

Meine Eltern schenken mir Geld für einen neuen Bildschirm, der mir die Bearbeitung meiner Zeichnungen erleichtern soll. Rolf hatte sich vor Kurzem ebenfalls einen gekauft, um den ich ihn beneide, aber das Geld ist knapp. Und nur derjenige, der es verdient, darf es ausgeben – »Wie kannst du annehmen, du hättest das Recht auf einen neuen Bildschirm, Jo!?« In diesem Sinne handhabt Rolf seit Jahren meine PC-Versorgung, stets bekomme ich seine ausgedienten Modelle, während er sich die schnellsten Rechner leistet.

Doch dann lege ich los. Je mehr Rolf unser Familienleben durch seine unkalkulierbare An- und Abwesenheit durcheinanderbringt, umso disziplinierter ziehe ich mich in mein Studio zurück und nutze die Abwesenheit der Kinder von der ersten Sekunde an. Schon lange hatte ich die Idee, mit liebevollen Zeichnungen verschiedene Themen aus meinem Mutter-Kind-Alltag in ein humorvolles Comic-Format zu bringen. Da ich nicht weiß, wie man ein solches Projekt vermarkten kann, fertige ich eine Arbeitsprobe an und schicke sie an verschiedene Verlage und Agenturen. In der ersten Zeit erhalte ich nur Absagen, die meisten antworten nicht einmal. Doch irgendwann nimmt mich ein junger Agent unter Vertrag, dem meine Ideen gefallen. Auch wenn ich zu diesem Zeitpunkt noch nicht ahnen kann, dass in der Buchbranche ein »Wir melden uns« mit einer durchschnittlichen Wartezeit von zwölf Monaten verbunden ist, ist es doch ein erster Erfolg, und ich spüre, wie in mir ein winziges Flämmchen zu lodern beginnt.

Für Rolf hingegen läuft es auf der Zahnstation nicht rund. Zu wenig passt ihm die Rolle, als Rangniedrigster selbst hinter den erfahrenen Zahnarzthelferinnen zurückstehen zu müssen. Die Arbeitszeiten schlauchen, der Verdienst ist ihm zu gering, und Rolf gerät schnell an seine Grenzen. Leider übersteigt es meine Kräfte, sein Gejammer auszuhalten und ihm die richtigen Ratschläge zu geben.

Das kann Alex besser, und es dauert nicht lang, da kündigt auch er bei SanDent, folgt seinem Freund treu in den Zahnarztberuf und beginnt mit der Weiterbildung zum Fachzahnarzt für

Parodontologie. Rolf engagiert sich an seinen jeweiligen Ausbildungsstätten stets für die Belange der Assistenzärzte, wendet sich mit zahlreichen Beschwerden an übergeordnete Behörden, gerät regelmäßig mit der Klinikleitung aneinander und muss in seiner Ausbildungszeit mehr als einmal den Arbeitsplatz wechseln.

Nach einiger Zeit gelingt es Rolf und Alex jedoch, im selben Institut unterzukommen, was für Rolf eine große Erleichterung ist, denn die Anwesenheit seines Freundes hilft ihm, die Ausbildungszeit überhaupt durchzuhalten.

In der Zwischenzeit komme ich voran, langsam aber stetig, übe mich in stoischer Geduld und gebe nicht auf, auch wenn ich manchmal vor Frustration und Enttäuschung am liebsten durchdrehen würde. Doch es dauert nur knapp ein Jahr, da erhalte ich meinen ersten Vertrag: Mein Comic hat tatsächlich einen Verlag gefunden, und mein Agent kann die ersten kleineren Illustrationsaufträge bei Zeitschriften-, Gesundheitsratgeber- und Schulbuchverlagen an Land ziehen. Mein Bleistiftverbrauch steigt ...

Doch natürlich habe ich die Rechnung ohne Rolf gemacht.

Je mehr Erfolg ich habe, desto häufiger beginnt Rolf, sich darüber zu beschweren, dass wir viel zu wenig Zeit miteinander verbringen. Er belehrt mich darüber, dass *andere Frauen* ihre Männer nicht dermaßen vernachlässigen würden. Er wünscht sich von mir mehr gemeinsame Freizeitaktivitäten, mehr Spaziergänge, mehr gemeinsame Abendessen ...

Er wünscht sich MEHR.

Während Rolf sich mehr Einsatz, mehr Bewunderung und mehr Dankbarkeit wünscht, komme ich mir vor wie ein heliumgefüllter Folienballon, aus dem stetig Luft entweicht, so langsam, dass man es ihm von außen kaum ansieht, weil seine Hülle immer noch prall ist, der aber irgendwann, fast unmerklich zunächst, zu sinken beginnt. Zentimeter für Zentimeter.

Mir geht im wahrsten Sinne des Wortes langsam die Luft aus.

Julika und Anne werden größer, und die Organisation ihrer Angelegenheiten wird anstrengender, es gibt Schul- und Kindergartenveranstaltungen, Hausaufgaben, Übernachtungen, Elternabende, Kieferorthopädie, Sehschule und Augenarzttermine, Wandertage, Aufführungen, Ein- und Umschulungen, Geburtstagsfeiern, neue Hobbys mit langen Anfahrtszeiten und viele weitere organisatorische Dinge und Verpflichtungen, die die Nachmittage ausfüllen, manchmal zu sprengen drohen. Unsere alten Familienkalender dieser Jahre zeugen davon. Sie quellen über vor Einträgen, und ich erinnere mich wieder, warum ich abends so oft müde und erschlagen war, einfach nur meine Ruhe haben wollte und keine Energie aufbrachte, mir Rolfs Heldentaten anzuhören.

Ich werde geizig mit meiner Zeit, diesen zwei Stunden zwischen Kinder-ins-Bett-bringen und selbst schlafen gehen, ich schenke sie Rolf nicht mehr so ohne Weiteres, ich brauche ein wenig Raum für mich.

Doch Rolf insistiert, fragt, stichelt, warum um Himmels willen ich abends so müde sei, denn das sei wirklich nicht normal, sodass ich mich bald nicht mehr traue, meine Erschöpfung überhaupt zuzugeben. Denn seit Rolf nach Abschluss der Klinikzeit bei einem niedergelassenen Zahnarzt arbeitet, fühlt er sich wieder obenauf. Da der alte Zahnarzt fürchtet, keinen Nachfolger für seine kleine altertümliche Praxis auf dem Land zu finden, nimmt er Rolf hoffnungsvoll auf, sieht in ihm seinen kollegialen Ziehsohn und stellt ihm gern die offizielle Bescheinigung über die üblichen vierzig Arbeitsstunden aus, die aber in Wahrheit nur 28 sind, die restlichen anderthalb Tage hat Rolf frei, es gibt einfach nicht mehr zu tun. Voller Elan stürzt Rolf sich in die Restrukturierung des veralteten Computersystems, bringt die Praxis auf den neuesten technischen Stand, optimiert die maximal auslotbare

Summe pro Krankenschein, Eingriff und Quartal und macht sich innerhalb kürzester Zeit in der Praxis seines neuen Duzfreundes unentbehrlich. Rolf ist in seinem Element, übernimmt den Großteil der chirurgischen Eingriffe und genießt die Bewunderung für seine rasche Auffassungsgabe, seine Managementerfahrung und seine zügige Arbeitsweise. Den Zynismus, mit dem er sich zu Hause über die winzige Praxis und seinen kauzigen Inhaber äußert, bekommt der Chef ja nicht mit.

Die Wochenenden sind nun durch eine Vielzahl von Ausbildungskursen besetzt, in denen Rolf und Alex spezielle Zertifizierungen erlangen, weil sich durch solcherlei private Zusatzleistungen später am meisten Geld verdienen lässt und es sich auf dem Praxisschild gut macht - selbstverständlich wollen die beiden eine Gemeinschaftspraxis gründen. So besuchen sie tage- und wochenweise Weiterbildungen in Implantologie, Endodontologie, Ästhetische Zahnheilkunde, Prothetik, Lasertherapie, Alterszahnmedizin, Akupunktur und Homöopathie, obwohl zumindest Rolf von der Wirksamkeit alternativer Behandlungsmethoden alles andere als überzeugt ist.

Doch auch sein Vorwärtskommen hält ihn nicht davon ab, unaufhörlich meinen Mangel an Zuwendung und Aufmerksamkeit zu kritisieren. Kaum ist er zu Hause, muss ich mich nur noch um ihn bemühen, und je mehr er es fordert, desto widerwilliger tue ich es. Rolf bemerkt meinen schleichenden Rückzug, meine immer größer werdende Erschöpfung, es reizt ihn, dass ich nicht mehr ständig zur Verfügung stehe.

Aus Empörung darüber treibt er seine Forderungen beständig weiter. Und wenn ich nicht hören will, dann muss ich eben fühlen. Er beschließt, ab sofort sämtliche Unterstützung in Haus und Garten einzustellen, damit ich endlich sehen könne, wie das sei, wenn *er* nicht mehr zur Verfügung stünde ...

Ich kann mir nicht erklären, was er mit dieser Strafe bezweckt, und weil ich zu geschafft bin, etwas zu ändern, beiße ich wie üblich einfach die Zähne zusammen und mache weiter.

Obwohl ich eigentlich am liebsten weglaufen würde.

In gewissem Sinne tue ich das auch, gehe oft laufen, eine große Runde durch die Felder, um den Kopf freizukriegen. Doch irgendwann bekomme ich Rückenprobleme, und ein Muskel beginnt, sich seltsam zu verformen. Immer wieder habe ich Schmerzen und muss das Laufen zeitweise einstellen.

Bei einer Fahrradtour bricht Rolf schließlich einen Streit vom Zaun, der anders ist als alle bisherigen. Ich weiß nicht, was ihm konkret über die Leber gelaufen ist. Vielleicht hat er den Eindruck, es ginge mir zu gut?

Es sind zunächst die üblichen Dinge, die er mir an den Kopf wirft, mangelnde Wertschätzung seiner beruflichen Bemühungen und den permanenten Boykott gemeinsamer Ausflüge. Dass wir uns gerade auf einem solchen befinden, interessiert ihn nicht. Mit den beleidigendsten und demütigendsten Worten, die er jemals gegen mich eingesetzt hat, macht er seinem Frust Luft, indem er mich angreift, hart und gnadenlos. Ich erinnere mich nicht an das, was er wirklich sagte, aber daran, wie ich zusammengebrüllt wurde, in der Sonne, am Ufer eines Sees.

Dann spuckt er endlich aus, was er mir wohl schon lange hatte sagen wollen, brüllt wie ein Wahnsinniger, dass ich psychisch krank sei, verrückt, unnormal und total gestört.

Und gerade weil seine Vorwürfe so ungeheuerlich sind, erhascht mich während seiner Tirade ein winzig klarer Moment der Erkenntnis: Es ist ein Spiegel, den er da vor sich hält, aber nicht ich bin darin zu sehen, sondern er selbst. Alles, was er mir vorwirft, worüber er sich lustig macht oder lästert, sind nicht meine Fehler, sondern seine eigenen. Er beschreibt sich in seinen

Vorwürfen an mich so gut selbst, dass ich mich wundere, warum mir das noch nicht früher aufgefallen ist.

Für einen Augenblick gelingt es mir, ganz ruhig zu werden. Wie eine Mauer steht mein Moment der Erkenntnis zwischen uns, und ich sage ihm, dass er seine Probleme, seine Unzufriedenheit mit sich und dem Leben, nicht zu meinen machen soll. Dass ich im Gegensatz zu ihm ein gefühlvoller Mensch bin, der jeden guten Augenblick genießt, der vor allen Dingen dankbar ist und der nicht schuld an seiner Unzufriedenheit ist. Ich kann nichts dafür, dass Rolf nichts aus sich selbst herausziehen kann, immer den Applaus der anderen braucht.

Da wird er rasend und kommt mir zugleich völlig hilflos vor. Ist es vielleicht Neid? Dass ich genießen kann? Freude empfinde oder Stolz? Dass ich hingebungsvoll sein kann? Etwas bricht in dieser Situation auf, ich spüre es unter der Oberfläche, sodass ich für einen Augenblick ganz gelassen bin. Vielleicht, weil mir dieser unfassbar klare Gedanke, dass er ein Problem hat, nicht ich, hilft, seine Worte mit Abstand zu betrachten. Trotzdem lässt diese Eskalation eine Leere in mir zurück, ich fühle plötzlich nur noch Kälte und wünsche ihm dennoch so sehr, dass er endlich mehr Erfüllung in seinem Leben verspürt.

Plötzlich ändert Rolf seine Taktik, fleht mich an, dass er doch nichts lieber wolle, als gemeinsam mit mir alt zu werden. Ich habe den Eindruck, dass er ins Straucheln gerät, ihm die Felle wegschwimmen, die Zeit. Und vielleicht auch ein Stück seiner Macht.

Doch auch die folgenden dramatischen Ereignisse werden nichts daran ändern, dass Rolf durchsetzt, was er sich vorgenommen hat ...

KAPITEL 8

»… aber da ist noch was.«

Inzwischen haben wir bereits seit mehreren Jahren so gut wie keinen sexuellen Kontakt mehr. Sein schlapper Schwanz zeigt mir mehr als deutlich, was er von mir als Frau noch hält, und selbstverständlich gebe ich mir die Schuld an seiner unausgeprägten Libido. Bei den seltenen Gelegenheiten kann ich tun, was ich will, anziehen, was ich will, ihm welche Position auch immer ›anbieten‹, letztlich gelingt ihm eine Erektion nur, wenn ich ihn masturbiere oder oral befriedige. Ich benutze Kondome mit Geschmack, das lenkt mich ab vom Würgereiz, den ich kaum mehr aushalten kann, weil er darauf besteht, dass ich es ›deep throat‹ mache, eine typische Pornosache, wie mir später jemand erklärt. Doch auch das funktioniert selten, keiner von uns beiden kommt zum Orgasmus. Als Ziel der Begierde habe ich also schon lange ausgedient, jeder Versuch fühlt sich nur noch demütigend an. Um das Ganze auf die Spitze zu treiben, erzählt Rolf mir ungerührt von Alex' unstillbarem sexuellem Verlangen – als wolle er mich neidisch machen.

Ich wundere mich, dass er die Verweigerung, Ablehnung oder schlicht Interesselosigkeit an der sexuellen Komponente unserer Ehe so offensichtlich zulässt und nicht mit einer blauen Tablette vorbeugt. Wie wäre das Ganze eigentlich umgekehrt, würde ich mich so konsequent verweigern? Ich mag mir nicht ausdenken, zu welchen Maßnahmen er mich zwingen würde oder was ich mir sonst darüber anhören müsste.

Dieser Mangel an sexuellem Verlangen, wie ich es von meinem Mann nicht erwartet hätte, treibt mich um, weil ich es nicht nachvollziehen kann, keine plausible Erklärung finde. Meine Brüste zu berühren, würde ihn halt nicht mehr anmachen, erklärt er mir gelassen. Mein Körper errege ihn einfach nicht mehr so stark wie am Anfang. Um ehrlich zu sein, hatte ich bis dahin den Medien geglaubt, wenn in Berichten betont wurde, dass Menschen bis ins hohe Alter sexuelle Freuden verspüren können, lustvolles Verlangen haben und es auch ausleben. Haut spürt Berührungen, egal, wie alt sie ist.

Ich empfinde das völlige Verschwinden von Sexualität in unserer Beziehung als außerordentlich belastend - aber ich will mit niemandem darüber reden, zu sehr fürchte ich mich vor konkreten Fragen, die mir noch klarer vor Augen führen, dass bei uns etwas nicht stimmt - einmal pro Jahr, wem kann ich das schon erzählen?

Wie bizarr, dass ich überhaupt noch Sex von ihm will, doch mein eheliches Treueverständnis sitzt so tief, dass ich nicht mal in meinen Träumen fremdgehe. Ich möchte zwar keine Frau sein, die keinen Sex hat, aber wenn ich an Sex denke, dann nur mit Rolf oder gar nicht. Also packe ich die ›schlimmen‹ Gedanken in einen entfernten Winkel in meinem Kopf, weg damit, weitermachen, das wird schon wieder, wenn er erst mal sein eigener Chef ist, wenn er erst mal seine Zahnarztpraxis hat ...

Als er beim Fernsehen mal wieder die Hand in seiner Hose vergraben hat, um seine Geschlechtsteile zu kneten, reißt mir der Geduldsfaden. Ich habe ihn wohl schon tausend Mal gebeten, diese Art von zwanghafter, autoerotischer Stimulation nicht in meinem Beisein zu vollziehen und seine Hand aus der Unterhose zu nehmen, wenn er sich mit mir unterhält oder die Kinder es sehen können – es widert mich an. Doch er tut es dauernd, am PC, beim Telefonieren mit Freunden und Eltern, während er aufräumt, liest, isst oder arbeitet. Eines Tages sah ich Anne, wie sie wie selbstverständlich ihr Ärmchen tief in ihre Pyjamahose gesteckt hat, während sie in ihrem Kinderzimmer herumwuselt. Ohne zu wissen, was ihr Vater in Wirklichkeit mit der Hand dort machte, imitierte sie ihn perfekt. Ich hätte mich beinahe übergeben.

Doch das ist es nicht, was plötzlich über mich kommt. Mein Gehirn macht eine Rechnung auf: Ich bin 42 und werde noch einmal dieselbe Zeit mit Rolf verbringen (müssen) – ohne Sex. Und dafür finde ich mich entschieden zu jung. Genau das sage ich ihm und füge im selben Atemzug hinzu, dass, wenn er sich keine Lösung für sein Problem einfallen lässt, ich mir in naher Zukunft einen Liebhaber suchen werde.

Ich weiß nicht, woher das auf einmal kommt, ich habe vorher nicht darüber nachgedacht oder an meinen Sätzen gefeilt. Der Gedanke ist plötzlich da, und er ist schockierend.

Rolf ist, gelinde gesagt, sprachlos, und er besinnt sich in typischer Rolf-Manier. Zwei Wochen lang bedrängt er mich bei jeder Gelegenheit, stets in Situationen, in denen ich unmöglich kann und auch nicht will – fünf Minuten haben wir doch noch, bevor Julika nach Hause kommt; du musst doch erst in zehn Minuten zum Orthopäden ... Ich fühle mich wie der Esel, dem eine Karotte vor die Nase gehalten wird, – ohne dass er sie jemals bekommt.

»Siehst du, wenn ich schon mal will, dann willst du nicht«, sagt er grinsend. Und es wird zwei ganze Jahre dauern, bis er wieder in mich eindringt, aber anders, als ich mir das wünsche.

Um den Schlamassel perfekt zu machen, erhalten wir die Kündigung für das Haus. Es kommt auf den freien Markt, soll verkauft werden, lang genug hat der Vermieter uns das Vorkaufsrecht eingeräumt.

Es ist, als ob sich unsere Geschichte immer und immer wiederholt: Mitten in der Fachzahnarztausbildung, ohne Aussicht auf eine verbindliche Zukunftsperspektive, stehen wir nun bald ohne Haus da. Als ich das realisiere, fühle ich mich, als sei dies die Erfüllung meines schlimmsten Albtraums, doch da soll ich mich, wie in so vielem bis jetzt, gründlich getäuscht haben.

Nun beginnt die Suche nach einem geeigneten Praxisstandort, wir recherchieren zu Zahnarztdichte, Patientenzahlen und Bevölkerungsstrukturen im ganzen Bundesland. Alle paar Tage meint Rolf einen idealen Standort gefunden zu haben, doch für mich steht von vornherein fest, dass ich in meine alte Heimatstadt zurückmöchte. Viel zu lange haben meine Eltern die Kinder nur sporadisch gesehen. Ich will, dass die beiden mit ihren Großeltern in der Nähe aufwachsen, die Bindung zwischen ihnen ist sehr innig – und ich vermisse das Meer. Zwanzig Minuten von meinen Eltern entfernt liegt eine große Kreisstadt, die tatsächlich alle von Rolfs gestellten Bedingungen erfüllt, und das ist endlich mal eine gute Nachricht für uns alle.

Aber nicht für Rolf.

Er will eine allzu große Nähe zu seinen Schwiegereltern vermeiden. Ich weiß, dass meine Mutter nicht sonderlich viel von ihm hält, mir zuliebe hält sie ihre Bedenken aber zurück. Mein Vater reagiert jedoch immer spontaner und ehrlicher auf Rolfs abstruse Ideen, und dieser Gegenwind gefällt ihm überhaupt nicht. Als er sich erdreistet, eine unverschämt formulierte Forderung im Zusammenhang mit der wie selbstverständlich von meinen Eltern erwarteten finanziellen Unterstützung für einen geplanten Hauskauf an ihn zu richten, flippt mein Vater aus.

»Du tickst ja nicht mehr richtig«, brüllt er und verlässt den Esstisch.

Einen solchen Eklat hat es bei uns noch nie gegeben, es ist wie eine Szene aus einem französischen Film. Auf der Heimfahrt lässt Rolf seine Wut an mir aus – ich habe Bauchkrämpfe vor

Entsetzen und Scham, wie Rolf sich benommen hat. Und mir ist elend dabei, wie sehr ich zwischen den Stühlen sitze.

Ruckzuck habe ich keinerlei Mitspracherecht mehr, und es bleibt mir nichts anderes übrig, als mich seinem Wunsch, wo wir nach einem Haus suchen, zu fügen. Zusätzlich zu meiner Arbeit verbringe ich die nächsten Monate damit, jeden Morgen das Internet zu durchforsten, Kaufgesuche aufzugeben, Inserate zu lesen und Makler anzuschreiben. Mit der Zeit wird diese Aufgabe fast zum Fulltime-Job, ich telefoniere, maile, organisiere, doch der Markt gibt nicht viel her. Alex und Silke geht es nicht anders, auch sie suchen und entzweien sich darüber beinahe, weil Silke nicht dorthin ziehen möchte, wo Rolf es für passend hält. Eine waghalsige Aktion ohne Sicherheit und doppelten Boden. Zusätzlich zur Anspannung, ein Haus zu finden, bevor unseres endgültig verkauft ist, entwickelt Rolf die Idee, viel lieber selbst eines zu bauen, statt eine bestehende Immobilie zu erwerben. Mit Rolf ein Haus zu bauen – diese Idee ist für mich der blanke Horror. Von der Grundstücksbesichtigung bis zur Diskussion um jede Steckdose auf den Architektenzeichnungen – der reinste Albtraum! Außerdem mag ich Häuser mit Seele, in die ich hineinschlüpfe wie in einen gut eingetragenen Lederhandschuh. Mir ist es egal, wenn eine Wand krumm ist oder die Dielenböden ächzen. Im Gegenteil. Dennoch verbringe ich Stunden damit, auf sumpfigen Äckern herumzustehen, den Sonnenlauf zu beobachten, schwindelerregende Hänge zu erklimmen, an denen ein Haus zu errichten in die Millionen ginge, und Fertighausausstellungen zu besuchen, wo man versucht, uns vom Charme eines Niedrigenergiehauses zu überzeugen, das von innen aussieht, als wäre es gerade aus dem 3D-Drucker gekommen. Rolf ist Feuer und Flamme, ich bin der reinste Löschschaum, nicke und sage »toll!« und tue beeindruckt, dass man mit seiner umgewandelten Atemluft scheinbar auch Wäsche waschen kann. Aber tief in meinem Inneren will ich einfach nicht in ein solches Gebäude ziehen – wo das doch auch gar nicht nötig ist, denn wir könnten auch einfach überhaupt nicht umziehen und unser ›eigenes‹ Haus ebenso gut selbst erwerben.

Dann hat Rolf eines Tages einen Bauplatz gefunden, weit draußen im Nirgendwo. Obwohl ich nicht bauen will, wird er ihn kaufen, das Grundstück liegt perfekt, hier nur Kuhweide, dort nur Wald, und je entsetzter ich bin, desto vehementer startet er seine Ultimatum-Maschinerie: Die Anzahlung muss gemacht werden, es gibt tausende von Interessenten, es ist unsere einzige und letzte Chance ... Ich biete all meine Kräfte auf, um ihn von dieser Idee abzubringen, irgendwie gelingt es mir tatsächlich und die Idee ist plötzlich so schnell vom Tisch, wie sie aufgetaucht ist.

Als ich völlig überraschend zu einem Verlagsbesuch eingeladen werde, weil mein ›Strich‹ gefällt, bin ich aufgeregt wie nie zuvor. Mein erstes Abenteuer seit Brasilien. Es ist, als ob sich plötzlich die Welt bei mir gemeldet hätte, um mir mitzuteilen, dass es da draußen noch ganz andere Themen gibt ...

Rolf muss sich freinehmen, was kein Problem ist, ihm aber missfällt. Zum ersten Mal habe ich wegen meines Berufes Verpflichtungen, die er ebenso mittragen muss wie ich seine. Ich bestelle mir sogar ein Kleid, und als ich packe, schleicht Rolf um mich herum und macht sich über meine Garderobe lustig. Ich sei doch bloß eine Illustratorin und keine Businessfrau in Etuikleid und hohen Schuhen, das würde nicht zu mir passen, das sei gar nicht ich, das wäre fehl am Platze, overdressed, ich würde mich gänzlich lächerlich machen. Rolf schafft es, mich innerhalb von Minuten so zu verunsichern, dass ich an meiner Entscheidung zweifle. Was, wenn er recht hat und ich mich wirklich blamiere? Ich packe das Kleid und die Schuhe ganz unten in den Koffer, dann genieße ich den Trip, vom ersten Schritt aus der Haustür heraus.

Angekommen habe ich sogar noch Zeit, einen kurzen Stadtbummel zu machen, bevor das erste Kennenlernen ansteht. Als ich mich gerade in einem laut beschallten Klamottenladen umsehe, höre ich mein Handy nicht und entdecke Rolfs Anruf erst, als ich mich in ein stylisches Bistro gesetzt und eine Kleinigkeit bestellt habe. Ich bin noch ganz beseelt von all den neuen Erfahrungen, die ich gerade mache, – denn obwohl ich den unnötig teuren Pullover mit dem Logo wohl niemals anziehen werde, hat es trotzdem Spaß gemacht, ihn auszusuchen, und allein etwas essen gegangen bin ich auch noch nie –, als Rolf erneut anruft. Er ist außer sich vor Wut – und beschimpft mich, weil ich mal wieder nicht erreichbar gewesen sei. Von der Arbeit ruft er in der Regel mehrmals am Tag zu Hause an. Er ist es gewohnt, dass ich sofort zur Verfügung stehe. Und gerade diesmal sei es wahnsinnig wichtig gewesen, schließlich wollte er mir sagen, dass Anne nicht aus der Schule heimgekommen sei.

Ich sehe auf die Uhr. Es ist kurz nach eins, die sechste Stunde endet gleich, sie müsste innerhalb der nächsten Minuten zu Hause eintrudeln. Ich kann das Problem nicht ganz nachvollziehen, doch es zeigt sich ein Fehler auf dem ausführlichen Plan, den ich für Rolf vorbereitet habe. Ich hatte notiert, dass Anne nach der fünften Stunde aushat, sie müsste also schon gut eine Dreiviertelstunde zu Hause sein. Mein Herz explodiert, am liebsten würde ich ihn anschreien, warum er dann so viel Zeit verplempert und die nicht mal zweihundert Meter von unserem Haus entfernt liegende Schule aufsucht. Denn wenn Anne wirklich, und ich bin in diesem Moment so verwirrt, dass ich mich kaum konzentrieren kann, bereits so lange verspätet ist, hätte ich mir längst Julika geschnappt und wäre ihr entgegengelaufen – das Kind braucht selbst im Trödelmodus allerlängstens sieben Minuten für den Heimweg! Als ich Rolf das Missverständnis im erregten

Flüsterton erklärt habe, bin ich schweißgebadet, mein Essen ist kalt geworden, Anne ist nach Hause gekommen, und ich bin fürchterlich sauer, weil er mir diesen Spezial-Entspannungsmoment nach zehnjähriger Mamatätigkeit so dermaßen versaut hat. Eine ganze Weile bin ich mit ziemlich unflätigen Gedanken über ihn beschäftigt. Den Termin beim Verlag bringe ich mit schlechtem Gewissen hinter mich, weil ich mich wegen des Organisationsfehlers schuldig fühle. Aber ich habe Erfolg, bekomme Zuspruch und fühle mich plötzlich so erwachsen wie nie.

Kurz darauf werden meine Rückenschmerzen schlimmer. An manchen Tagen kann ich kaum mehr gehen. Auch an Schlaf ist fast nicht zu denken, weil ich mich nicht bewegen kann, ohne vor Schmerzen aufzuwachen. Zur selben Zeit redet Rolf von nichts anderem als von seinem Wunsch, in den Pfingstferien eine einwöchige Radwanderung zu machen. Die Mädchen sind sieben und elf, es wäre ein großes Abenteuer.

Für Rolf und die Kinder sicher, für mich jedoch nicht. Doch ich bin sehr dafür, dass Rolf diese Sache allein mit den Kindern macht, eine richtige Vater-Töchter-Sache, das wäre toll. Natürlich stellt meine Weigerung ein Riesenproblem für ihn dar. Leider sind Alex und Silke begeisterte Radwanderer und Mountainbiker, und auch Rolfs Cousin verbringt regelmäßig mit Frau und Kindern die Sommerferien auf diversen Bike-Trails in ganz Europa. Rolf hat natürlich noch weitere Gegenbeispiele parat und kennt kein einziges Paar, bei dem die Frau eine solch verwöhnte Luxusgöre ist wie ich.

Wie soll ich dagegen nur ankommen? Seine Enttäuschung und seine Frustration, dass ich all seine Vorschläge immer nur ablehne, statt selbst Pläne zu machen, dass ich nicht willens bin, ihm einen Gefallen zu tun, überhaupt nie seinen Wünschen entspreche, zermürben mich. Deshalb schließe ich einen Pakt mit mir: Ich werde es ein! einziges! Mal mitmachen, und mir danach nie wieder anhören, ich sei ein ständiger Spielverderber.

Als wir wenig später überraschend Besuch von Rolfs Freund Leonhard bekommen, bringt er seine drei Kinder mit, das jüngste noch ein Baby. Ich nehme es ihm ab, trage es auf dem Arm herum, während ich einen Blitzkuchen backe, Kaffee mache, den Tisch decke, die Kinder bespaße, damit die beiden Freunde sich in Ruhe unterhalten können. Mein Rücken schmerzt immer heftiger, ich glaube, ich habe mir etwas eingeklemmt, und brauche dringend eine Pause. Ich setze mich zu ihnen, und irgendwann kommt das Gespräch auf den geplanten Radwanderurlaub. Als Rolf etwas erledigen muss, erzähle ich Leonhard, dass ich überhaupt nicht gern mitfahren möchte, Rolf dafür aber kein Verständnis habe. Leonhard schweigt einen Augenblick und sagt dann den wahrlich magischen Satz: »Das würde meine Frau auch nie machen.«

Da ist er wieder, dieser kleine Hinweis, dass erstens nicht alles stimmt, was Rolf mir erzählt, und ich zweitens doch nicht ganz so unnormal bin, wie er mich immer hinstellt.

Am nächsten Morgen kann ich mich vor Rückenschmerzen kaum mehr bewegen, das Babytragen war endgültig zu viel, und Rolf rät zu einem MRT, das ich wenig später durchführen lasse.

Als der Apparat mich gescannt hat, erklärt man mir, die Aufnahme müsse wiederholt werden, mit einem größeren Untersuchungsfeld und einer Kontrastmittelgabe, die man mir spritzt. Es dauert lang, bis ich endlich aufgerufen werde, aber ich kenne die Zeitabläufe in einer Radiologischen Praxis nicht, deswegen mache ich mir keine Sorgen. Als ich an der Reihe bin, teilt mir der Radiologe mit, dass ich einen Bandscheibenvorfall habe. Während ich noch mit der Diagnose hadere, erklärt mir der Arzt, es gebe da jedoch noch etwas, das er mir mitteilen müsse. Man habe

›zufällig‹ auch einen Tumor entdeckt. Dicht an der Lendenwirbelsäule, sechs Zentimeter lang, drei breit und zwei tief. Höchstwahrscheinlich nicht bösartig, aber ich solle das möglichst rasch in einer Klinik für Gefäßchirurgie untersuchen lassen.

Dann bin ich entlassen.

»Höchstwahrscheinlich nicht bösartig« wird mein Mantra der nächsten Tage. Rolf zeigt sich von der Diagnose nicht sonderlich erschüttert, beginnt jedoch professionell mit der Organisation der Abklärungsuntersuchung, indem er einen Studienfreund aus der Humanmedizin kontaktiert, der eine Uniklinik für Gefäßchirurgie leitet, und macht einen Termin für mich.

Doch um mich herum drehen alle durch vor Sorge. Die Vorstellung, es könnte sich ebenso gut um ein Lipo- oder Myosarkom handeln, extrem bösartige Tumore mit entsprechender Prognose, schwebt über allem. Ich erlebe diese Zeit wie in einer Wolke und hoffe einfach nur das Beste, weil etwas anderes nicht sein darf.

Ich fahre zur Untersuchung in die Klinik, und der Chirurg erläutert mir, er müsse einen Muskel spalten, um den Tumor zu erreichen. Es wird also eine größere Sache werden. Aber auch er äußert sich vorsichtig optimistisch, dass es sich um einen gutartigen Tumor handeln könne, und ich schöpfe wieder etwas Mut.

Gerade so viel, dass ich in der Lage bin, ein längst verloren geglaubtes Gefühl wahrzunehmen. Zunächst ist es nur flüchtig in mir, kaum greifbar und erst im Nachhinein erklärbar, aber als ich für die kurze Zeit der Besprechung vor dem Professor sitze, der mir ruhig und konzentriert erklärt, wie das genaue Procedere abläuft, merke ich, wie ich plötzlich wieder sichtbar werde: Ich rede, und jemand hört mir zu. Ich habe eine Frage, und jemand antwortet mir. Ich äußere Zweifel, jemand greift sie auf und erwidert etwas. Wir führen ein Gespräch! Dieser Mann hört und sieht mich. Auch wenn er das muss, weil ich seine Patientin bin, habe ich doch das Gefühl, er sieht mich auch anders.

Er sieht auch eine Frau.

Mir kommt es vor, als habe ich mich gerade materialisiert, als sei eine Wand, die zwischen mir und der Welt stand, gefallen.

Die Tatsache, dass ich dieses Gefühl gespürt habe, überhaupt wieder ein Gefühl wahrnehme, das nicht negativ ist, keine Angst auslöst, keine Sorge, keine Hilflosigkeit, gibt mir die nötige Kraft, die nächsten Tage durchzustehen.

Als ich nach der Operation im Aufwachraum zu mir komme, steht der Professor an meinem Bett.

»Frau Winter, Sie haben keinen Krebs«, sind die ersten Worte, die ich höre, und ich muss weinen.

Die Operation hat mehrere Stunden gedauert, die Wunde ist tief, ich spüre meine Beine kaum, und aus einer Drainage tropft Blut und Sekret in einen Beutel. Ich bin von den Schmerzmitteln so betäubt, dass ich selbst die grotesk durchgelegene Matratze meines Bettes bequem finde und einfach nur daliegen und in die Zweige der mächtigen Linde schauen möchte, die direkt vor meinem Fenster in den Himmel wächst. Aber Rolf ist ungeduldig, seine Eltern haben in der Stadt ein Ferienapartment, und schon am nächsten Tag macht er seinem Kollegen klar, dass er sich dort viel besser um mich kümmern könne. Ich möchte eigentlich gern noch eine Nacht im Krankenhaus bleiben, bin benommen, habe Schmerzen. Die kontemplative Ruhe dieser kleinen schmucklosen, nüchternen Zelle erscheint mir genau das Richtige nach dem Psychostress und der Angst der letzten Tage. Aber Rolf will, dass ich schnell wieder fit werde, schließlich steht die Radtour an. Der Professor gibt zögernd sein Einverständnis, und ich füge mich.

Als der Arzt jedoch einmal kurz bei mir hereinschaut, überwinde ich mich, ihn zumindest wegen des geplanten Urlaubs, Rafting und Paddeln inklusive, anzusprechen. Ich erzähle ihm von Rolfs Plan, für den ich in zehn Tagen fit genug wäre, halte aber auch meine Zweifel daran nicht zurück. Der Professor sieht mich an, als hätte ich ihn gebeten, mir die Fußnägel zu lackieren, und äußert sich dann zurückhaltend, aber skeptisch zur Einschätzung seines ehemaligen Kommilitonen.

»Diesen Zeitrahmen finde ich sportlich«, sagt er. »Außerdem ist Ihr Mann Zahnarzt, und Sie sind meine Patientin. Und ich nehme meine Einschätzungen gern selbst vor.«

Er klingt ziemlich sauer, und das lässt er Rolf auch spüren. Bis zum Schluss schaffen es die beiden nicht, zum studentischen Du zurückzukehren. Zwischen ihnen klafft ein deutlicher Graben, nicht zuletzt auch aufgrund des hierarchischen Gefälles. 14 Jahre nach Studienende hat Rolf immer noch keinen ordentlichen Abschluss, und ich glaube, noch nie war ihm das so deutlich bewusst wie in diesem Moment.

Aber wenigstens muss ich nicht mit auf Tour.

Meine Eltern haben die Kinder zu sich geholt, und ich halte mich überwiegend auf dem Sofa auf. Ich kann mich kaum aufrichten, und die Schwellungen gehen nur langsam zurück. Wenigstens verheilt die Narbe gut, zwölf Zentimeter Intrakutan-Naht. Ich benutze von Anfang an keine Krücken, damit ich gezwungen bin, mich normal zu bewegen. Aber ich bin insgesamt ziemlich angeschlagen und habe wenig Appetit.

Meine hilflose Situation ausnutzend, stürzt Rolf sich auf ein Thema, mit dem er mir schon vor der Operation zugesetzt hat. Und ich, gefangen in meiner Bewegungsunfähigkeit, kann seinen Redeflüssen nicht ausweichen.

Seit Wochen versucht er, mir eine Magersucht anzudichten, obwohl sich in den letzten Jahren weder mein Gewicht noch meine Essgewohnheiten verändert haben. Er verlangt sogar, dass ich mich vor seinen Augen wiege, damit er meinen Body-Mass-Index errechnen kann. Als ich mich dagegen verwehre, greift er zum Killerargument aller Laien, wenn sie jemandem eine psychische Störung andichten wollen: »Das zeigt doch nur, dass du tatsächlich krank bist, denn das Fehlen der Krankheitseinsicht ist ja ein typisches Symptom.«

Aus diesem teuflischen Argumentationskreislauf kommt man nicht so leicht wieder heraus. Je mehr ich mich wehre, desto mehr verstärke ich seine fixe Idee. Eine Situation, die mich erschöpft und zusätzlich krank macht. Ich möchte mich einfach bloß ausruhen, das Gebrumme in meinem Kopf leiser werden hören, Tee trinken, Zeitschriften lesen, Fernsehen, Kekse essen, lesen und Lasagne oder irgendein anderes ungesundes Soulfood löffeln. Vielleicht sogar vom Pizzadienst, aber das ist ja zu teuer. Obwohl ich alle Flyer sammle, die in unserem Briefkasten liegen, habe ich noch nie etwas dort bestellen dürfen.

Nur mühsam bessert sich der Befund, die Schmerzen sind zermürbend. Immerhin kann ich nach einigen Tagen einigermaßen laufen. Die Treppenstufen rutsche ich zwischen Erd- und Obergeschoss auf dem Po rauf und runter, es sind exakt 13, und es ist die sicherste Art und Weise, mich fortzubewegen, weil jeder Schritt sich anfühlt, als würde mein Rücken in Flammen stehen.

Da Rolf Urlaub hat, das Radfahren ins Wasser gefallen ist und ich in seinen Augen wieder quietschgesund bin, fliegt er kurzerhand mit Alex für eine Woche in ein Clubhotel in Ägypten. Großzügig bietet er mir immer wieder an, mitzukommen, »Jo, das täte dir gut«, sagt, ich solle mich in die Sonne legen, vielleicht ein bisschen schnorcheln. Aber ich lehne das großzügige Angebot dankend ab. Endlich bin ich für ein paar Tage ganz für mich allein.

KAPITEL 9

»Frau Winter, wir haben da was entdeckt ...«

Irgendwann sehe ich im Internet das Angebot eines Hauses, das meinen Vorstellungen entspricht, doch ich wundere mich, als auch Rolf darauf anspringt, denn es handelt sich um eine alte Villa, restaurierungsbedürftig und so weit von einem cleanen, multifunktionalen Fertigbau oder einem Designer-Architektenhaus entfernt wie eine Schnecke von einem Porsche. Doch da Rolf nichts wichtiger ist als eine adäquate Präsentation seines Status und sich die Immobilie in einem der repräsentativsten Viertel der Stadt befindet, hat er sie in Gedanken schon gekauft, bevor wir sie uns überhaupt angesehen haben.

Als wir zur Besichtigung kommen, schieben sich die Menschen in Massen durch das Haus, der Keller ist in einem schimmeligen, desaströsen Zustand, und auch sonst ist das Gebäude aus der Gründerzeit ziemlich heruntergewirtschaftet.

Ich mag es, meine Eltern hassen es, Rolf liebt es, ganz im Gegensatz zu seinen »Niemals einen Altbau«-Reden von vor ein paar Wochen.

Doch für mich ist von vornherein klar, dass wir uns dieses Haus nicht leisten können, zusammen mit den umfassenden

Renovierungsarbeiten ist es unbezahlbar und die ganze Sache eine Nummer zu groß für uns.

Rolf sieht das entschieden anders und telefoniert bereits auf dem Parkplatz mit seinen Eltern, um ihnen die Vorzüge der Lage zu schildern und sich ihre Mithilfe bei der Renovierung und finanzielle Unterstützung zu sichern. Anscheinend teilen auch die anderen Interessenten meine Meinung, nur ein Einziger meldet sich beim Makler, zieht sein Angebot aber bald wieder zurück, weil der Verkäufer nicht über den Kaufpreis verhandeln will.

Es ist, wie es immer ist, ich habe von Anfang an keine Chance und nur marginales Mitspracherecht. Rolf zerredet mich in tausend Fetzen, sodass ich irgendwann nicht mehr dagegen ankomme. Er sichert sich beim Makler die Kaufoption und bei mir die Zusage, dass ich den ausgefallenen Radwanderurlaub im Sommer mit ihm nachholen werde.

Ich schwimme einfach so mit.

Die Sorge, wie wir das alles schaffen wollen, ist wie eine Strömung, gegen die ich nicht mehr ankomme, auch, weil ein weiteres Damoklesschwert über mir hängt: Der Chirurg hat nach erfolgter Histologie mitgeteilt, dass es sich um einen speziellen Tumor handele, der besonders im Kindesalter im Gehirn aufträte. Er rät mir, nach Absprache mit Kollegen aus der Uni-Kinderklinik, jedoch davon ab, ein Kontroll-MRT des Schädels zu machen, zu unwahrscheinlich sei es, in meinem Alter eine solche Gefäßanomalie dort zu finden. Aber natürlich lässt mir der Gedanke keine Ruhe. Irgendwann ruft mir ein Onkel in Erinnerung, dass er über Aneurysmen promoviert habe, jene Gefäßausstülpungen, die wie eine Zeitbombe im Kopf ticken und einem in Sekunden zum Verhängnis werden können. Was ich an der Wirbelsäule hatte, kann auch im Kopf vorkommen, ist das, was also auch er mir sagen will.

Wecke ich lieber schlafende Hunde, oder macht mich nicht heiß, was ich nicht weiß?

Ich möchte Gewissheit haben.

Fünf Wochen nach der Operation liege ich erneut in einem MRT, diesmal mit dem ganzen Körper, es ist eines dieser modernen, patientenfreundlichen Geräte. Mein Kopf wird in eine Art Korb gepackt, ich erhalte Ohrenschützer, in meinen Händen halte ich den Panikknopf, ein roter Gummiball aus stumpfem Hartplastik, ich höre Musik und bekomme eine Spiegelbrille, die mir den Blick an meinen Füßen entlang in den Behandlungsraum ermöglicht.

»Da wird nix sein«, klingt die Stimme der Arzthelferin in meinem Kopf, als sie den Überweisungsschein an eine Kollegin weiterreicht. Dann versuche ich, nicht die Decke der Röhre zu fixieren, die, so fröhlich sie in zuversichtlichem Hellgrau auch gestrichen sein mag, trotzdem nur zehn Zentimeter über mir ist.

Anschließend lese ich mich durch alle Klatschzeitschriften des Wartezimmers, und wieder dauert es eine volle Stunde, bis ich aufgerufen werde.

Als ich das Besprechungszimmer betrete, starrt mich die schwarz-weiße Aufnahme meines Schädels bereits vom Computermonitor aus an, und noch während ich stehe, mich über den großen weißen Fleck wundere, der wie ein fetter Daumenaufdruck neben meinem linken Ohr prangt, sagt mir der Radiologe, sie hätten da was entdeckt, ich solle mich setzen.

Vielleicht war die Reihenfolge auch andersherum, ich höre jedenfalls nur seine nächsten Worte: »Sie haben einen Gehirntumor.«

Ich kann mich entsinnen, was ich in diesem Moment gedacht, nicht aber daran, was ich gesagt habe. Vielleicht habe ich auch gar nichts gesagt, zu beschäftigt war ich mit der Frage, die in meinem Kopf herumraste: Wie reagiert man auf eine solche Nachricht?

Umkippen, schlägt mein Kopf vor, aber ich sitze ja schon. Vermutlich habe ich geguckt wie ein Reh im Scheinwerferlicht, denn der Arzt sagt, wahrscheinlich gutartig, aber ich solle es dringend in einer Klinik für Neurochirurgie abklären lassen.

Déjà-vu, feixt mein Verstand, und der Radiologe ergänzt, es handle sich übrigens nicht um dieselbe Art von Tumor wie der, der am Rücken gefunden wurde und Anlass dieser Untersuchung gewesen sei, nein, dies hier sei ein Zufallsbefund.

Dann bin ich entlassen.

IchhabeeinenGehirntumor, ichhabeeinenGehirntumor, ichhabeeinenGehirntumor. Das, nur das kann ich eine ganze Weile denken. Ich bin in einer fürchterlichen Ausnahmesituation und weiß trotzdem noch genau, was ich anhatte, wie sich die hohen Schuhe anfühlten auf dem Weg zum Parkplatz, dass ich mich gut fühlte in meiner weißen Skinny-Jeans und den schwarzen Wedges – was für ein Wahnsinn!

Dieser Aberwitz, diese krasse Verkettung von unglaublichen Zufällen, Fügungen, karmischen Kreisen – ich habe einen Bandscheibenvorfall, dabei wird ein Wirbelsäulentumor entdeckt, der eigentlich sonst nur im Gehirn vorkommt; ich mache ein MRT, bei dem die Ärzte einen artfremden Tumor finden, den ich wohl erst bemerkt hätte, wenn die ersten Ausfallserscheinungen aufgetreten wären, – darüber mache ich mir erst Gedanken, als ich vor der Hirn-OP eine Art Abschiedsbrief an all meine Freunde, Bekannten und Kolleginnen aus dem Illustratorinnen-Forum schreibe. Einfach nur, um nicht durchzudrehen und nicht allein zu sein. Rolf wird mein Schreiben peinlich und unangemessen finden, Alex auch. Jahre später traue ich mich, meine Freundin darauf anzusprechen, frage, ob es wirklich so grauenhaft gewesen sei. Sie fällt aus allen Wolken. Selten habe ein Text sie so berührt.

Irgendwie komme ich nach Hause, das Auto kennt den Weg. Die Kinder sind allein, weil Rolf vergessen hat, dass er einen

Termin wahrnehmen muss. Ich gebe ihnen Müsli und Süßigkeiten und setze sie gemeinsam vor den Fernseher.

Jetzt weiß ich wenigstens endlich, warum mir ständig schwindlig ist und woher die schweren Kopfschmerzen kommen, an denen ich schon seit Jahren leide und die ich für Migräne gehalten habe. Sie wüten genau dort, wo der Tumor ist, und wenn ich jetzt meine Finger auf die Stelle lege, weiß ich, was sich drunter befindet.

Als Rolf irgendwann nach Hause kommt, sage ich ihm, was ich zu sagen habe. Er starrt mich einfach nur an. Er weiß nicht, wie er reagieren soll, zeigt keinerlei spontanes Gefühl. Erst als ich ihn bitte, mich zu umarmen, mich zu halten, löst er sich aus seiner Starre.

Er telefoniert mit dem Arzt, lässt sich den Befund erklären, liest sich in die Thematik ein und empfiehlt mir dann einen Schweizer Neurochirurgen, den er mal zufällig auf einem Kongress kennengelernt hat und den er für höchst kompetent hält, nett, sympathisch, gut aussehend und hoch qualifiziert.

Die nächsten Tage überstehe ich, paralysiert durch den Schock, stoisch und tapfer, ich weine nicht mal viel. Den Kindern fällt nichts auf, das ist mir wichtig. Ich klammere mich geradezu an den Alltag, dessen Banalitäten mir als das größte Geschenk erscheinen.

Das hilft – und ebenso die Gewissheit, dass ich bereits in ein paar Tagen einen Termin bei dem Professor habe, der zu den renommiertesten Schweizer Koryphäen im Bereich der Neurochirurgie zählt. Ich google ihn und weitere Kliniken, vereinbare im Anschluss an das Gespräch in der Schweiz noch zwei in Deutschland, um mich dann erst für weitere Maßnahmen zu entscheiden. Seit der Operation am Rücken weiß ich, wie wichtig es ist, absolutes Vertrauen in den Chirurgen zu haben. Abgesehen davon, sieht dieser Schweizer tatsächlich verdammt gut aus.

Ich fliege das erste Mal völlig angstfrei, ein Riesenvorteil dieses Hirntumors. Selbst als die Maschine lange nicht starten kann, weil etwas mit der Bordelektronik nicht stimmt, bin ich nicht im Geringsten verunsichert. Die werden das schon wieder hinkriegen, ein Absturz? Bleiben wir doch bitte mal auf dem Teppich! Was mir sonst Angst gemacht hätte, lässt mich nun völlig kalt. Nach der Ankunft warte ich geduldig auf meine Audienz, weil der Professor im OP ist. Doch als ich nach dem Gespräch in der heißen Sommersonne auf der Straße stehe, weiß ich, dass ich die anderen Termine absagen kann. Ich benötige keine Zweit- oder Drittmeinung, denn ich vertraue ihm von der ersten Minute an. Der Tumor liegt ziemlich ungünstig und muss wegen seiner Größe tatsächlich operativ entfernt werden. Wir legen einen Termin fest, und ich habe nun drei Wochen Zeit, mich darauf vorzubereiten, dass möglicherweise hinterher nichts mehr ist wie vorher und dass ich jemandem mein Leben anvertrauen muss.

Beides hat mich tiefgreifend verändert.

Der Alltag zu Hause läuft ganz normal weiter. Tschüss, Anne-Maus, Fahrradhelm an?, komm gesund wieder (IchhabeeinenGehirntumor). Meine Güte, Jula, der Schulranzen wiegt ja mehr als du (IchhabeeinenGehirntumor), sechs Brezeln, bitte (ichhabeeinenGehirntumor), Zapfsäule, äh, drei, glaub ich, das schwarze Auto (sorryichhabeeinenGehirntumor), guten Morgen, ich wollte nur kurz Bescheid sagen, dass Julika Winter, Klasse 1a, krank ist (... UNDICHEINENGEHIRNTUMORHABE ...).

Keiner der vielen Gedanken, die ich mir in dieser Zeit mache, ergibt irgendeinen Sinn, wenn ich im Nachhinein darüber nachdenke. Jede Tätigkeit, jede Ablenkung, jede vergrübelte Stunde, hätte ich mit diesem oder jenem sinnvoller ausfüllen können. Ich stelle mir vor, wie man nach einer solchen OP, wenn man sie nicht überlebt hat oder im Koma liegt, auf seinen Körper hinunterschaut und sich ärgert, statt A nicht B gemacht zu haben, statt C nicht D und so weiter. Es ist eine fast unmögliche Aufgabe, sich selbst in einer solchen Situation gerecht zu werden. Und ich sage bewusst *sich*, weil meine Umwelt kaum wahrnimmt, dass diese Person, die vorher Johanna Winter hieß, durch einen ferngesteuerten Klon ersetzt wurde, der fast fehlerfrei die Aufgaben der alten Jo übernimmt. Unterschwellig stehe ich aber unter Strom, mein Adrenalinpegel befindet sich in einem unguten Allzeit-Hoch, weshalb ich mich dringend bewegen muss. Wie aufgezogen renne ich durch die Gegend, meine Bandscheibe tut mir den Gefallen und legt eine Gefechtspause ein, erträgt jaulend wenigstens drei Kilometer, aber ich muss einfach rennen. Rennen gegen die Gedanken, rennen gegen den Tumor, rennen gegen die Erstarrung.

Rolf möchte, dass ich mir in den drei Wochen, die noch zur OP bleiben, die Bandscheibe operieren lasse, er macht bereits in meinem Namen einen Termin aus, drängt mich, redet, hetzt, sagt, das müsse dringend gemacht werden, ich solle doch bitte auf ihn hören. Er bringt mich in die Bredouille, obwohl ich doch wieder laufen kann! Wieder ist es mein Onkel, der mir letztlich dringend ans Herz legt, dieses Risiko nicht einzugehen. Ich sage ab und bin heilfroh darüber.

Ein paar Tage nach meinem Gespräch in der Schweiz, schickt der Professor eine Nachricht für mich auf Rolfs Handy: *Es wird alles gut,* schreibt er, und ich weine heimlich vor Dankbarkeit über diese kleine Phrase, die mir so viel Zuversicht gibt.

Ich bitte Rolf, falls mir etwas passieren sollte, mit den Kindern hier im Haus zu leben, nicht umzuziehen, damit sie in ihrer gewohnten Umgebung bleiben können. Als er darauf nicht eingeht, flehe ich ihn an, dann wenigstens in meinen Heimatort zu ziehen, die Nähe zu ihren Großeltern wäre das Mindeste, das man ihnen dann bieten müsse. Doch er bleibt dabei: Er werde, komme was wolle, das anvisierte Haus kaufen. In diesem Moment beschließe ich, dass Sterben oder etwas ähnliches unnötig Dramatisches keine Option darstellt.

Rolf bleibt von meinem Zustand relativ unberührt, ist vielmehr ärgerlich, dass ich die Treckingpläne schon wieder mit einem Tumor durchkreuze. Er macht unbeholfene Scherze, in denen mehr Wahrheit steckt, als er vielleicht offenlegen will, bedauert etwa, dass die Rückgabezeit für mich ja leider abgelaufen sei, gerade jetzt, wo sich endgültig herausgestellt habe, um welch ein Mängelexemplar es sich bei mir handeln würde. Ja, er hat recht, was nutze ich ihm krank denn noch? Ich bin zu einer Belastung geworden und kann meine Funktionen jetzt noch unbefriedigender erfüllen als sowieso schon.

Beruflich ist Rolf weiterhin wie beflügelt von seiner Weiterbildungsstelle, der alte Arzt hat ihn mit offenen Armen in seine Familie aufgenommen, er verbringt die Mittagspausen bei ihm zu Hause, lernt die erwachsenen Kinder und deren Partner kennen. Begeistert erzählt er mir vom Familienzusammenhalt und den spannenden Touren in Wald und Heide, die regelmäßig alle miteinander unternehmen. Immer dringender wird daher sein Wunsch, ihnen auch seine Familie zu präsentieren, und er meldet uns für einen großen gemeinsamen Ausflug an, bei dem auch Alex und seine beiden jüngsten Söhne mit dabei sein werden.

Die Gruppe will sich mehrere Kilometer einen gewaltigen Fluss entlangtreiben lassen, an dessen Ende ein gemeinsames Picknick wartet. Ich will einfach nur zu Hause bleiben, ich habe seit Jahren Angst davor, dass er so eine Aktion mal vorschlagen wird. Der Fluss ist breit, die Strömung nicht zu unterschätzen und die Mädchen sind noch so klein …

Rolfs Verständnis ist gleich null, er will diese Gemeinschaftsaktion auf Teufel komm raus mit der ganzen Familie machen. Ich habe eine solche Angst um die Kinder, dass ich mich bereiterkläre mitzukommen, wenn ich einfach nur im Schlauchboot mitfahren darf.

Es ist der heißeste Tag des Jahres, als wir aufbrechen, und ich bereue die Aktion in jeder Hinsicht. Rolfs Freunde sind professionell mit Schwimmsäcken für die Kleidung ausgestattet, alles erfahrene Trecker, während ich in meinem Leben noch nicht mal Schlauchboot gefahren bin. Der Fluss treibt schnell, hat heftige Wirbel, und ich muss doch Augen auf die Kinder haben! Ich paddle rechts, ich paddle links, die Sonne knallt herunter, mir wird schlecht, und die Gruppe treibt davon. Zum Glück hat einer von Alex' Söhnen mehr Spaß daran, das Versorgungsboot zu steuern, als sich einfach nur treiben zu lassen, deswegen wird der Kleine mein Skipper, und ich überlasse ihm, ohne zu zögern, die Ruder. Er macht das Ganze ziemlich professionell, ich kann meinen Rücken entlasten und bin endlich in der Lage, Julika aus den Fluten zu fischen, die bereits nach wenigen Metern vor Kälte blau angelaufen ist und bibbernd in ihrer Schwimmweste hängt. Nach Stunden in der prallen Sonne bringt uns Alex Junior sicher ans Ufer. Mir ist schwindlig und übel, und ich stehe, im Gegensatz zum Rest der Gruppe, kurz vor einem Sonnenstich.

Das Picknick zieht sich hin, aber wir sitzen immerhin im Schatten, wie Unmengen anderer Leute, die dieselbe Idee hatten, ebenfalls. Als ich mir drei Stunden lang angehört habe, welch spannende Touren Rolfs neue Wahlfamilie schon unternommen hat, frage ich ihn, wann wir nach Hause gehen. Er möchte noch bleiben, und auch sonst macht niemand Anstalten zum Aufbruch. Plötzlich ist mir das alles zu viel. Ich werde in einer Woche operiert und will jetzt nicht hier unter all den Leuten herumsitzen, bei der Hitze, bei dem Lärm, im Grillqualm ...

Als ich aufstehe, um Rolf zu sagen, dass ich jetzt wirklich dringend gehen möchte, spüre ich, wie ich zur Seite kippe und meine Beine nachgeben. Jemandem gelingt es, mich aufzufangen, als ich ohnmächtig werde.

Endlich darf ich nach Hause.

KAPITEL 10

»Mann, siehst du scheiße aus!«

Wir fliegen am Freitag, drei Tage vor der geplanten Operation, in die Schweiz. Der Abschied von den Kindern ist kaum auszuhalten – gleichzeitig bin ich erleichtert, es endlich hinter mich zu bringen.

Ich habe für zwei Nächte ein Hotelzimmer gebucht. Im späteren Scheidungsverfahren werden mich die Hotelkosten noch einmal ungut einholen, weil Rolf sie verwendet, um mich vor dem Richter als Steuerbetrügerin darzustellen. Mein Agent hat in der Schweiz eine Dependance, und Rolf möchte, dass wir die Kosten für Flug, Taxi und Hotel später in der Steuererklärung als berufliche Reisekosten geltend machen. Ich lehne das entschieden ab, weil ich dann ja die Agentur aufsuchen müsste. Doch dafür habe ich jetzt keine Kraft. Und es sind sowieso meine Eltern, die Flüge und Taxi bezahlen, für etwas mehr als zweihundert Euro Hotelkosten möchte ich keine weiteren Umstände haben.

Am nächsten Tag schauen wir uns die Stadt an, es ist heiß, laut, groß, und wir laufen viel zu viel. Irgendwann wird es mir zu anstrengend, ich möchte ins Hotel zurück, doch Rolf will kein Geld für ein Taxi ausgeben, sodass wir die Straßenbahn nehmen müssen. Ich habe Angst, mich mit irgendwelchen unbekannten

Großstadtviren zu infizieren, zu deutlich habe ich noch Annes Geburt in Erinnerung, weiß, wie schnell ich mir etwas einfange, wenn mein Immunsystem geschwächt ist. Für einen Eingriff, wie er mir bevorsteht, muss man absolut gesund sein, im Grunde hätte ich sowieso besser auf den Stadtbummel verzichtet. Doch Rolf will meine Sorge weder verstehen noch respektieren, wir steigen von einer überfüllten Tram in die nächste. Ich traue mich kaum zu atmen, es sind Millionen Touristen in der Stadt, mein Kreislauf dreht durch, und ich habe Angst, einfach umzukippen. Den Weg von der Haltestelle ins Hotel schaffe ich nur mit äußerster Willensanstrengung. Ich weiß nicht, warum ich mir nicht einfach ein Taxi nehme, für mich selbst einstehe, mein Bedürfnis wichtig nehme. Diese Haltung des »Ach ich bin doch nicht so wichtig« habe ich so tief verinnerlicht, dass mir nicht mal auffällt, wie unterwürfig ich mich verhalte. Aber Himmel noch mal, was muss denn noch passieren, dass ich endlich einmal Nein sage?

Eine ganze Menge, wie sich herausstellen soll.

Den Nachmittag verbringe ich ruhend auf dem Hotelbett, während Rolf die Zeit nutzt, um sein Netzwerk zu pflegen. Für die Dauer meiner Behandlung hat er sich bei einem ehemaligen SanDent-Kollegen eingemietet, und er überlegt, wie er die zwei Fahrten zwischen Apartment und Klinik pro Tag möglichst bequem hinter sich bringen könne. Die umständliche Tram ist für *ihn* selbstverständlich keine Option, schließlich muss er die halbe Stadt damit durchqueren, die Hitze, die vielen Leute, also wirklich …

Ich versuche, mich zu entspannen und ein wenig zu schlafen, aber Rolf hat die Lösung für sein Problem gefunden. Wie viel angenehmer wäre es doch, für die Zeit hier vor Ort eine Vespa zu haben! Stundenlang telefoniert Rolf mit Vespa-Verleihern, um Abholmöglichkeiten, Preise und Wegstrecken zu vergleichen. Noch am nächsten Tag, als ich in der Klinik die ersten Untersuchungs- und Aufklärungstermine hinter mich gebracht habe, macht er mich mit seiner Vespa-Idee verrückt. Er beschreibt mir gut gelaunt, wie spannend er sich das Ganze vorstellt, wie viel wohltuender die Fahrt an der frischen Luft sei, wie viel unabhängiger er wäre.

Sein kindisches Verhalten tut mir weh. Muss er das denn unbedingt in meinem Beisein organisieren? Ich habe wirklich andere Sorgen, als ihn zu bedauern, dass er möglicherweise jeden Tag öffentliche Verkehrsmittel benutzen muss, um mich zu besuchen, statt mit der Vespa urlaubsfröhlich durch die Stadt zu cruisen. Irgendwann gegen Abend gibt er den Plan auf, die Verleihgebühren sind ihm dann doch zu teuer.

Für den Gang in die Klinik am Sonntag gebe ich mir Mühe mit meinem Aussehen, schminke mich sorgfältig, welle die Haare, trage einen Rock und schöne Schuhe. Sich auf »unnötige Basics« zu konzentrieren, hilft mir gegen die Angst, und ich verspreche mir, dass ich genauso, wie ich dieses Krankenhaus betrete, auch wieder herauskommen will.

Außerdem werde ich den Professor kurz treffen, und, wie erwähnt, ist er mir hochgradig sympathisch. Hey, ist es da etwa wieder, dieses Flattern, dieses Kitzeln an meiner Herzspitze? Schenkt mir diese Extremsituation wieder die Ahnung eines längst verloren geglaubten Gefühls?

Extreme Lebensereignisse haben die Tendenz, einen zu verändern, und auch wenn ich mir in diesem Augenblick über die Dimensionen dieser Zäsur noch nicht ansatzweise klar bin, so nehme ich doch wahr, dass sich möglicherweise tief in mir etwas zusammenbraut, das ich nicht unterdrücken oder kontrollieren kann, etwas, das nach oben drängt. Eine Erkenntnis, ein Wunsch, eine Wahrheit ...

Der Tiefpunkt, an dem ich mich gerade befinde, wird zu einem der vielen Anstöße, die ich brauche, um zu erkennen, in welchem Teufelskreis ich gefangen bin. »Wer weiß, wofür es gut ist«, »Alles fügt sich« und »Von nichts kommt nichts« – das sind meine drei Leitsprüche fürs Leben, und noch niemals habe ich so sehr gehofft, dass sie sich für mich bestätigen.

Ich mache ein umständliches Selbstauslöser-Foto von mir, bevor wir das Hotelzimmer verlassen. Man sieht keine Angst in meinem Gesicht, nur ein Lächeln, das sagt, ich bin zwar zart, aber ich werde das überstehen.

»Du siehst scheiße aus«, kommentiert Rolf, und ich falle zusammen wie ein Biskuitteig, den man zu schnell aus dem Ofen holt. Innerhalb von Sekunden hat er mich so kleingeredet, dass ich mich dumm und unsicher fühle, Rock und Schuhe wechsle – ist es so gut, besser, ja, kann ich so gehen, wirklich?

Im Taxi erzählt Rolf dem ausländischen Fahrer mit dramatischem Tonfall, ob er eigentlich wisse, warum er uns jetzt in die Klinik fahre. Der Mann reagiert ehrlich betroffen, erzählt, dass gerade Ramadan sei und er heute Abend für mich beten werde. Seine unvermittelte Warmherzigkeit berührt mich tief, und während ich auf dem Rücksitz nach draußen starre, weine ich still vor mich hin. Als Rolf bereits am Klinikeingang des riesigen Komplexes aussteigen will, um Taxikosten zu sparen, schüttelt der Mann den Kopf, fährt einfach weiter und hält direkt vor dem Eingang zur Neurochirurgie.

»Wenn Frau krank, dann man darf sie nicht so lang laufen lassen«, sagt er in gebrochenem Deutsch, und Rolf presst die Lippen zusammen.

Stunden später erwache ich, es ist immer noch Montag, um die Mittagszeit, wieder tumorlos aus der Narkose. Ich habe lediglich ein großes Pflaster am Hinterkopf, darunter eine wahrhaft prächtige, handbreite Seeräubernaht im ausrasierten Kopfbereich, unter der sich ein Fünfmarkstück großes Loch befindet, aufgefüllt mit künstlichem Knochenmaterial. Ich habe kleine Narben von den Fixationsschrauben für den Schädel, dazu kommt eine glücklicherweise in den nächsten Tagen vorübergehende Taubheit, was im späteren Verlauf einen Tinnitus zur Folge hat. Außerdem habe ich Kopfschmerzen, gegen die mir jede Migräneattacke wie der reinste Mückenstich vorkommt, aber ansonsten bin ich wieder da!

Rolf bringt drei Bund Discounter-Rosen mit. Er ist gerade dabei, sie im Gang vor meinem Zimmer in eine Klinikvase zu stecken, als ich wieder nach oben gefahren werde. Als er abends geht, treibe ich es ein wenig auf die Spitze, indem ich ihn bitte, den Strauß mehr in diese oder jene Richtung zu drehen. Das Ganze wiederhole ich drei Mal, bisschen weiter ... noch ... wieder zurück ... danke, so ist gut, ich weiß, er kann jetzt unmöglich etwas sagen, ich sehe nur, wie sein Mund schmal wird. Jetzt geht es mir besser.

Am dritten Tag sitze ich bereits bei der Morgenvisite um halb sieben angezogen und geschminkt vor unserem Laptop und lese mich durch die Genesungswünsche. Ich habe mir sogar die Haare geflochten; ich will nicht, dass die Kinder sich nachher beim Skypen Sorgen machen. Man sieht mir nicht an, dass ich überhaupt krank bin, der Katheter im Handrücken ist dort nur noch zur Sicherheit fixiert.

Als Rolf später kommt, wiederholt er seine Einschätzung vom Sonntag – ich sehe also immer noch scheiße aus. Und wieder finde ich nicht den Mut, ihn für diese Bemerkung einfach rauszuschmeißen.

Unermüdlich sorgt er dafür, dass ich mich möglichst viel bewege. Wir gehen über das Klinikgelände spazieren, und die Schwestern sagen, ich sehe aus wie Besuch, nicht wie die Patientin selbst. Aber das ist nur die Fassade, sie spiegelt meinen Wunsch nach einer möglichst schnellen Rückkehr ins ganz normale Leben wieder. In Wirklichkeit habe ich fürchterliche Schmerzen, die Taubheit macht mir zu schaffen, mir ist ständig schwindlig, weil das sensible Gleichgewichtsorgan nicht mehr ordentlich arbeitet, und ich bin unendlich müde. Rolfs Besuche stressen mich, ich möchte mich verkriechen, lesen, ausruhen, die vielen Eindrücke in diesem gigantischen Krankenhausapparat verarbeiten. Kein Mensch kann sich in einem Krankenzimmer erholen, aber ich habe eines für mich allein, ich bin für eine Weile aus der Welt, und manchmal ist das alles, was man braucht.

Doch einen Tag nach dem Eingriff eröffnet mir Rolf, er habe einen Termin mit dem Hausbesitzer, der zufällig hier in der Schweiz, in dieser Stadt lebe. Ich hatte keine Ahnung von diesem irren Zufall und bin verwirrt. Er trifft sich mit ihm in der Wohnung seines Freundes, ohne diesen zu fragen – eine typische Übergriffigkeit meines Mannes. Doch ich will eigentlich mit dieser Sache im Moment überhaupt nichts zu tun haben, mein Kopf wehrt sich dagegen, dass dieser Hauskauf plötzlich Realität werden könnte.

Rolf wirkt nervös, ungeduldig, will unbedingt so schnell wie möglich nach Hause fliegen. Daheim könne er sich viel besser um mich kümmern und ich mich besser erholen. Ich werde unsicher. Ist es nicht vernünftiger, noch ein paar Tage hierzubleiben? Wer weiß, was noch passiert ...? Außerdem muss ich noch ein Kontroll-MRT hinter mich bringen, die histologischen Befunde sind noch nicht da, und das Ohr macht immer noch Probleme. Doch Rolfs Drängen abzureisen, wird immer stärker, es bohrt und zerrt an mir. Schließlich hat er mich weichgekocht und legt den Donnerstag fest, am besten gleich vormittags. Ich soll mich um Flüge kümmern, den Laptop habe ich ja und Zeit auch. Es ist Tag drei nach meiner OP.

Als ich feststelle, dass an diesem Tag nur ein einziger Flug um sechs Uhr morgens geht, findet Rolf dies die perfekte Uhrzeit. Wie üblich beginne ich mit einer umfassenden »Ja, aber ...«-Aufzählung, ich versuche, denselben Trick anzuwenden wie schon bei der Rücken-OP, aber ich traue mich nicht, den Professor um ein Vieraugengespräch zu bitten, zu viele Leute schwirren ständig um ihn herum. Bei der Morgenvisite am Mittwoch frage ich jedoch, ob ich am Freitag heimfliegen dürfe. In diesem Moment bin ich stolz, dass ich heimlich wenigstens einen Tag herausgeschlagen habe. Er stimmt zögerlich zu, vermutlich auch deshalb, weil er mich in, zumindest annähernd, ärztliche Betreuung entlässt. Ich dürfe alles wieder machen, langsam, sagt die Stationsärztin, als ich sie später danach frage. Bloß bitte keinen Umzug, setzt sie scherzend hinzu. Weder sie noch ich können ahnen, dass ich dumme Gans genau das in nur zwölf Wochen tun werde.

»Wir bleiben in Kontakt«, sagt der Professor beim Abschied, eine Höflichkeitsfloskel, aber er sieht mich dabei an, und ich nehme ihn beim Wort – bis heute sind wir das tatsächlich.

Und so fliegen wir am vierten Tag nach dem Eingriff wieder zurück. Auf dem Flughafen organisiert Rolf einen Rollstuhl, und als mir vor lauter Erschöpfung die Tränen kommen, erklärt mir der Service-Mann radebrechend, er habe schon Leute transportiert, die sich nur noch durch Tippen mit dem Mundstift auf einer Computertastatur verständigen konnten. Bestimmt soll mir das Mut machen.

Als ich den Einstieg ins Flugzeug geschafft habe, bin ich dennoch ein zitterndes Häuflein Elend, und die Flugbegleiterin fragt mich mitleidig, ob ich wirklich so schlimme Flugangst hätte. Ich sage: »Nein, ich hatte am Montag noch einen Gehirntumor«, und genieße für einen kurzen Augenblick ihre Bestürzung. Sekundärer Krankheitsgewinn nennt man das, und es ist nicht fein, aber es ist mir egal. Die Vibrationen des Flugzeugs in Warteposition schicken Höllenschmerzen durch meinen Schädel. Auf dem Weg zur Startbahn weiß ich nicht, wie ich den Flug durchhalten soll.

Tags darauf rät Rolf zu einem Spaziergang – ich müsse in Trab bleiben, gesund werden –, und deshalb schleppe ich mich matt in der brüllenden Sommerhitze durch die Felder. Am selben Tag hat er einen fürchterlichen Streit mit seiner Mutter. Am Telefon fliegen die Fetzen, er redet ununterbrochen darüber. Rolf regt sich fürchterlich auf, sagt hundertmal dasselbe, will unbedingt recht behalten. Oft habe ich eine andere Sicht auf die Dinge, und so sehr mich diese Frau auch ermüdet, versuche ich, Rolf dennoch klarzumachen, dass auch sie das Recht auf eine eigene Meinung und ihre ganz persönliche Einstellung hat, ob die ihm nun passt oder nicht. Aber ich kann mir die Luft ebenso gut sparen. Irgendwann setze ich mich mitten auf den Feldweg in den Schatten eines Baumes und lasse ihn einfach reden.

»Jo, was tust du eigentlich hier?«, fragt mich mein tumorbefreites Gehirn, und ich weiß keine Antwort.

Bereits am Montag, eine Woche nach der OP, fahren wir zu einem Termin in der anvisierten Immobilie. Ich lerne in dieser Zeit durch die Rückmeldungen, die ich bekomme, dass meine Umwelt es offenbar als selbstverständlich ansieht, dass ich mich schone/um mich kümmere/es ruhig angehen lasse/den Schock verarbeite/es mir gutgehen lasse und vieles mehr an liebevollen, besorgten Empfehlungen für meine Rekonvaleszenz. Rolf ist offensichtlich der Einzige, der das nicht so sieht. Jo geht's doch wieder gut, der Tumor wurde rechtzeitig entdeckt, auf geht's, weiter geht's. Und ich rechtfertige diese Haltung unermüdlich, weil ich nicht zugeben will oder kann, dass sich alles so falsch anfühlt.

Das Treffen hat Rolf bereits in der Schweiz verabredet. Jetzt wird mir auch klar, warum er so dringend nach Deutschland zurückwollte. Der Verkäufer ist nur für zwei Tage hier, es hatte also nichts mit meinem Wohlergehen zu tun. Aber ich kann nicht denken, ich kann mich nicht wehren. Dummerweise geht

Rolfs Plan nicht mal auf. Meine Krankheitsgeschichte, die er für einen Mitleidsrabatt in die Waagschale wirft, kann den Eigentümer nicht erweichen. Ich sitze dabei, höre die Worte, die Zahlen, denke, das wird also unser neues Zuhause, denke, es sollte mich glücklich machen, denke: »Wir kaufen ein Haus!« Aber das tut es nicht, es macht mir nur Angst. Aber wahrscheinlich ist auch das normal.

Schließlich machen wir den Deal dennoch, ohne Preisnachlass, und Rolf ist im siebten Himmel. Auf der Heimfahrt biegt er plötzlich ab, um den Umweg über einen Baumarkt zu machen. Ich will dringend nach Hause, nach vier Stunden Autofahrt kann ich meinen Kopf kaum noch tragen, doch er schleppt mich, tief bewegt von seinem Erfolg, in die Pflanzenabteilung. Mit bebenden Lippen und feuchten Augen eröffnet er mir feierlich, dass wir uns jetzt einen Baum aussuchen würden, um ihn gemeinsam in unserem eigenen Garten zu pflanzen.

Da fange auch ich an zu heulen, aber nicht vor Rührung, sondern aus Wut und Erschöpfung. Mir ist in diesem Moment nichts scheißegaler als ein Baum. Ich gehe auf die Toilette, und als ich wiederkomme, hat Rolf beschlossen, dass wir wieder gehen können, weil die hier angebotenen Bäume sowieso viel zu teuer sind.

KAPITEL 11

»Ich bin das Familienoberhaupt!«

Die nächsten Tage und Wochen sind eine Dramaserie im Schnelldurchlauf, Episode um Episode, ein Spoiler jagt den nächsten.

Kurz nach dem Treffen und der mündlichen Kaufzusage fahren wir wieder hin. Diesmal mit Übernachtung, das Haus muss vermessen und Renovierungspläne müssen gemacht werden – wir bekommen für ein paar Tage den Schlüssel. Ich krieche den ganzen Tag mit dem Zollstock herum, notiere Zahlen und falle von einer Panikattacke in die nächste. Es überfordert mich, so viele Entscheidungen zu treffen, und doch funktioniert es irgendwie, weil es einfach sein muss. Erst als sich die Wunde entzündet und ich nachts in die Notfallaufnahme muss, ist der Spuk für mich zu Ende.

Inzwischen habe ich die Kinder über zwei Wochen nicht gesehen, und meine Eltern, immer noch erzürnt über die Entscheidung, die Klinik so schnell zu verlassen, schaffen es, die beiden dazu zu überreden, für eine weitere Woche zu bleiben. Sie nehmen die Kinder mit in ihr Ferienhaus nach Dänemark. Julika hat fürchterliches Heimweh und ich noch immer ein schlechtes

Gewissen deswegen, denn sie kann sich bis heute an diese Zeit erinnern, in der sie einfach nur zu mir nach Hause wollte.

Rolf beginnt mit der Organisation der Renovierungstruppe, vier professionelle Handwerker unterschiedlicher Fachrichtungen aus Rumänien, die er über einen seiner Freunde kennt. Der Vater seines Cousins, froh um eine Aufgabe und um eine Fluchtmöglichkeit von zu Hause, übernimmt Bauleitung und Aufsicht. In der folgenden dreimonatigen Intensivumbauphase leben die Handwerker, der Onkel und an den Wochenenden ebenso Rolf im Haus. Allein die Organisation der entsprechenden Betten, Matratzen und ihrer grundlegenden Versorgung ist eine fast unmögliche Aufgabe. Ich komme mir vor, als müsse ich ein Hotel ausstatten, bei dem die Gäste schon auf dem Türabtreter stehen - ich klaube hier zusammen, frage dort an und schreibe endlose Materiallisten. Umfassende Baumfällarbeiten, raue Mengen an Baumaterialien, Pflastersteine, Kies, Türen, Dämmmaterial, Kacheln für Keller und Bad, Sanitäranlagen, eine komplette Küche, Elektroinstallationen, alles muss organisiert, bestellt, besorgt, geliefert, ausgesucht, geplant und abgeholt werden, eine Mammutaufgabe.

Doch Rolf ist völlig high vor Stolz, er ist in seinem Element. Und da er unter Zeitdruck am besten funktioniert, macht er ihn sich und uns vom Feinsten: Die Arbeiter kosten Geld, und jeder Monat Miete, den wir einsparen können, ist kostbar. Wir sitzen bis tief in die Nacht über Plänen, allein die Bestellung der Küche für den verwinkelten Raum ist eine Herausforderung der Extraklasse. Ich plane die Wandfarben, die Einrichtung, baue neue Möbel zusammen, die wir noch benötigen, weil ein paar der alten Sperrmüllsachen endgültig ausgedient haben, und bin rund um die Uhr telefonisch für Fragen auf der Baustelle ansprechbar.

Rolf kümmert sich um die Finanzierung, unser Privatvermögen muss möglichst hoch sein, um die Kreditzinsen niedrig zu halten. Sowohl seine als auch meine Eltern geben einen Anteil dazu, und Rolf beginnt auszurechnen, mit welchen anteilsmäßigen Prozenten wir dann als Eigentümer im Grundbuch stehen werden: dreißig-siebzig, schlägt er vor, vierzig-sechzig, 42-58. Ich kann nicht nachvollziehen, wie er am Ende seiner stundenlangen Vermögensberechnungen auf diese Zahlen kommt, aber schließlich steht fest, dass ich nicht zur Hälfte Miteigentümerin sein werde. Meinen Vater bringt diese Information dermaßen aus der Fassung, dass er einen alten Verbindungsfreund anruft und sich juristisch beraten lässt. Doch weil der Anwalt sich nicht mit unseren Interna auskennt, erfährt mein Vater bloß, dass es heutzutage üblich sei, die Eigentumsverhältnisse prozentual zu verteilen. Das ändert jedoch nichts an der Tatsache, dass Rolfs Berechnung mich übervorteilt. Aber ich bin unfähig, es ihm nachzuweisen. Ich weiß es einfach, finde aber den Rechenfehler nicht, doch zum Schluss hat er mich so mürbe geredet, dass ich seine Entscheidung sogar vor meinem Vater rechtfertige. Doch, Papa, es stimmt schon alles so, Rolf sagt dies, Rolf sagt jenes ...

Als wir schließlich beim Notar sitzen, bin ich innerhalb weniger Wochen zu einer hochverschuldeten Ehefrau geworden, fühle mich aber gleichzeitig wie ein Kind, das einen Erwachsenen begleiten darf. Ich verstehe nichts von dem, was der Notar seit einer Stunde nuschelnd vorliest, ich kann nur drauf vertrauen, dass der Makler und mein Ehemann wissen, was sie da tun. Mir ist fürchterlich elend, ich friere in dem klimatisierten Raum, starre mit gesenktem Kopf auf den Tisch vor mir, zittere am ganzen Körper, lese immer und immer wieder das Etikett auf der Sprudelflasche und würde mich am liebsten in Luft auflösen. Als der Notar beim Passus mit den Eigentumsverhältnissen angekommen ist, habe ich Herzrasen vor Nervosität. Wenn ich jetzt nicht sage, dass ich mit der Aufteilung nicht einverstanden bin, wird es für immer dort stehen – und eine nachträgliche Änderung, so hat Rolf es mir erklärt, kostet Unsummen, und zustimmen würde er sowieso nicht.

»Fünfzig-fünfzig?«, fragt der Notar. »Sie sind beide hälftig Eigentümer?« Wie durch ein Wunder sehe ich, wie Rolf nickt, und der Notar macht einen entsprechenden Eintrag. Mir ist bis heute unerklärlich, warum er das getan hat, denn er weiß, dass ich niemals fähig gewesen wäre, ihn zu widerlegen. Es wäre seine Chance gewesen, aber vielleicht hat er es im letzten Moment doch nicht gewagt, mich derart übers Ohr zu hauen.

Nach der Unterschrift auf dem Kaufvertrag sollte ich euphorisch sein, mich großartig fühlen, unser *eigenes* Haus, und Rolf sollte um mich herumwirbeln vor Freude, wie er es getan hat, als ich ihm sagte, dass ich mit Anne schwanger bin. Aber ich bin nur leer, schlinge meine Arme um seinen dicken Bauch, als wäre er ein Baum, an dem ich mich festhalten kann.

Die Umbauten und die Sanierung gehen voran, meine Kopfsache ist zu einer Episode geworden, keiner redet mehr darüber, jetzt sind andere Sachen wichtig. Ich bereite den Umzug vor, miste aus, sortiere und habe ganz nebenbei wichtige Abgabetermine, die Illustrationen für zwei Bücher müssen fertig werden.

Die Schulangelegenheiten der Kinder gestalten sich kompliziert, im neuen Gymnasium wurde mit einer anderen Fremdsprache begonnen, Anne muss ein ganzes Jahr aufholen, damit sie den Anschluss schafft, Nachmittag für Nachmittag fahre ich sie zu einer Nachhilfeschülerin. Julika ist in der ersten Klasse mit der vereinfachten Ausgangsschrift gestartet, die neue Grundschule lehrt die lateinische. Die Lehrerin zeigt sich verständnisvoll und besorgt für Julika das Unterrichtsmaterial in der anderen Schriftart. In der Schule und zu Hause übt die Kleine nun die ungewohnten Schnörkel und Verbindungen.

Für den Umzug legt Rolf die letzte Novemberwoche fest. Ein vorschneller und überstürzter Aufbruch – den Schulwechsel wenigstens erst nach den Halbjahreszeugnissen im Februar vorzunehmen, wäre für alle Beteiligten sinnvoller gewesen, hätte die Hektik herausgenommen, dieses hohe Tempo, dem ich bald nicht mehr folgen kann. Auch Rolf hat doch noch ein paar Monate hier zu arbeiten, aber er hat schon alles eingefädelt, wird bei seinem Chef wohnen, weil er nicht täglich pendeln kann.

Um Geld zu sparen, wird es diesmal wieder ein ›Studentenumzug‹. Ich besorge gebrauchte Kartons übers Internet und im Baumarkt und mache mich daran, zwölf Jahre Familienleben zu verpacken. Dass es den Kindern unendlich schwerfällt, ihre Heimat und ihre Freundinnen zu verlassen, den Ort, der ihr Kinderleben bedeutet, bekommt Rolf gar nicht mit. Auch nicht die Abschiede in der Schule, von Nachbarn, Freunden und Bekannten. Rolf ist längst weg, auch von uns. Als er vier Wochen vor dem Umzug mit seinen Kumpels für einen ausgedehnten Club-Urlaub in die Türkei fliegt, darf seine Verwandtschaft davon nichts wissen. Dass sein Onkel weiter für uns auf der Baustelle schuftet, macht ihm nicht das geringste schlechte Gewissen.

Als ich am Tag des Auszugs mit Anne und Julika meine wichtigsten Schätze ins Auto packe, damit Rolf und die Arbeiter mit dem Ausräumen beginnen können, fühle ich mich wie der heimatloseste Mensch der Welt.

Am nächsten Tag sehe ich das Haus nach sehr langer Zeit wieder und mache falsch, was man nur falsch machen kann.

Rolf bemüht sich, hält eine kleine Rede, hat Sekt und Gläser besorgt und wartet auf meine Anerkennung für seine Leistung in den letzten Wochen.

Aber ich breche in Tränen aus, vor seinen Eltern, vor meinen, vor seinem Onkel, der Tante, vor den Handwerkern. Letztere interpretieren es als ›freudige Überraschung‹, aber meine Mutter hört, wie die Schwiegermutter ein so hasserfülltes »Jetzt heult sie auch noch«, ausstößt, dass es mich im Nachhinein noch fröstelt.

Denn wie sich herausstellt, waren Rolfs Berichte über den Fortschritt der Renovierungsarbeiten gewohnt optimistisch. Doch wir ziehen in eine Baustelle ein, inklusive seines Onkels und der Handwerker, deren Aufenthalt Rolf verlängert hat, ohne mir etwas davon zu sagen. Wir werden für ein paar Wochen zu acht oder neunt leben, es muss noch gestrichen werden, die Treppen sind mit Planen und Folien abgeklebt, es gibt kein Bad, keine Steckdosen, Materialien stapeln sich, Müll und Werkzeug. Die Männer haben sich ausgebreitet, die Küche ist ein Schlachtfeld, man kann nichts einrichten, aufstellen, hinhängen, auch nur halbwegs vernünftig wohnen. Wenig später wird das Haus auch noch rundherum freigegraben, tiefe regenwassergefüllte Schächte umrahmen es monatelang, wie ein von Parodontose geschädigter Zahn in einem von Rolfs Demonstrationsgebissen ragt es aus dem Matsch.

Ich hasse die Situation, und ich befürchte, man merkt es mir an, aber ich kann einfach nicht mehr. Wir tragen zweihundertfünfzig Kartons ins Haus, die sich meterhoch in den Gängen stapeln, mindestens zwei Zimmer sind von den Helfern besetzt, es läuft schief, was nur schieflaufen kann, überall brüllt jemand herum. Gegen diesen Umzug war die Operation der reinste Wellness-Urlaub, und in ein paar Tagen müssen die Kinder in die Schule.

In den nächsten Tagen ist Rolf zum Zerreißen angespannt. Wann immer er sieht, dass ich Vorhänge aufhänge oder etwas ähnlich Unnötiges tue, schreit er mich an, dass ich sofort damit aufhören soll, denn wie könne es mir um derart unwichtige Dinge gehen, während er hier die meiste Arbeit von allen habe. Doch auch ich arbeite von morgens bis tief in die Nacht, bringe das Essen für die Arbeiter pünktlich auf den Tisch, bediene die Mannschaft mit Getränken, Tee und Kuchen am Nachmittag.

Als Rolf mich dabei erwischt, wie ich einen der Handwerker bitte, mir ein Regal aufzuhängen, für das ich mehrere gedübelte

Bohrlöcher benötige, eskaliert die Situation. Dass ich es mir erlaube, die teure Arbeitszeit der Helfer für meinen unnötigen Dekokram zu verbrauchen, sei ungeheuerlich. Er sei hier der Chef, und Rolf macht allen auf der Baustelle klar, dass nur seine Aufträge zu erfüllen seien, nicht die seiner Frau. Beim Mittagessen klopft er dann demonstrativ vor allen versammelten Männern auf seinen Schenkel, er will, dass ich mich auf seinen Schoß setze. Schon öfter habe ich ihm gesagt, dass ich es nicht ausstehen kann, wie ein Kleinkind auf seinen Schoß dirigiert zu werden, doch die Situation ist grotesk, es ist eine Machtdemonstration. Ich tue, was er befiehlt, damit die Sache nicht noch unangenehmer wird. Die Kinder sitzen dabei, was bleibt mir anderes übrig?

Ich mag es nicht glauben, dass diese vier Männer, die nun so lang für uns gearbeitet haben, immer fröhlich, stets freundlich und gut gelaunt, wirklich die Stirn hätten, mir eine Bitte abzuschlagen. Deshalb probiere ich es, spreche einen der Handwerker an, als Rolf bei der Arbeit ist. Doch tatsächlich rufen sie ihn an und fragen, ob es okay wäre, etwas für mich aufzubauen. Kann man noch deutlicher gezeigt bekommen, welchen Stellenwert man hat?

Man kann. Doch bereits jetzt komme ich mir unsichtbar, entwurzelt, umgepflanzt und völlig unerwünscht vor. Und noch dazu zu ewiger Dankbarkeit verpflichtet.

Während Rolf die Woche über zwei, drei Tage in der alten Heimat ist, manage ich unser neues Leben, organisiere Musiklehrer, Probestunden, Kieferorthopäden, besuche Elternabende, Klassenfeiern und Schulauftritte. Ich kenne niemanden, aber ich gebe mein Bestes, damit die Mädchen sich schnell eingewöhnen. Julikas Schulweg dauert zu Fuß fast eine halbe Stunde, sie muss mehrere große Kreuzungen überqueren. Ich fahre sie wochenlang jeden Tag, bis ich eine Laufgruppe für sie gefunden habe. Für Anne ist die Umstellung ein Schock, die Mädchen der Klasse sind ihr in der Entwicklung großstädtisch weit voraus. Es gibt Mobbing und Intrigen, ich erfahre, dass sie Anne in die Problemklasse der Stufe gesteckt haben, und bald gerät sie unter Wasser: hat das Falsche an, sagt das Falsche, denkt das Falsche und hat nicht mal ein Smartphone. An ihrer alten Schule war das überhaupt kein Thema, hier gerät sie im Nu ins Hintertreffen. Doch Rolf lehnt kategorisch ab, ihr eines zu kaufen, die Smartphone-Hoheit in unserer Familie hat er. Und meine Große droht, unter die Räder zu geraten, die Schultage werden zur Qual. Ich brauche eine Menge Kraft, um ihr beizustehen und ihr Mut zu machen. Wenn sie still und blass aus der Schule kommt, macht mir das mehr Sorgen als irgendetwas sonst.

Abgesehen von den üblichen Startschwierigkeiten bekommt auch mir die Stadt nicht gut. So viele Menschen unterschiedlichster Herkunft, so viele Autos, so viel Lärm, ich sehe an einem Tag mehr Leute als sonst in einem Monat. Ich höre das Rauschen der Stadt auch im Garten, dem Rolf in einer Nacht- und Nebelaktion alles Romantische, Verspielte genommen hat. Kahl und aufgerissen wie eine Wunde liegt er da, Bäume, Büsche, Gartenschuppen, Zaun, Hecke, alles weg.

Außerdem habe ich den Eindruck, dass ich ununterbrochen damit beschäftigt bin, Sachen zu regeln, die Rolf mir aufträgt und die erledigt sein müssen, wenn er nach seinen Auswärtstagen wieder nach Hause kommt, – es erinnert mich an die Anfänge in unserem alten Haus. Sind die Dinge nicht oder nicht zu seiner Zufriedenheit gelöst, reagiert er enttäuscht und äußert sich verächtlich über mein mangelndes Engagement.

Als die Handwerker endlich ausziehen, tritt eine kurze Ruhe ein – es ist die Ruhe vor dem Sturm. Ich gehe darin auf, das Haus endlich zu einem Zuhause zu machen. Diese Beschäftigung, meine Arbeit und die Tage, an denen Rolf nicht da ist, helfen mir dabei, die ungute Grundstimmung auszublenden. Denn wichtig ist jetzt nur anzukommen, uns etwas aufzubauen. Das Brausen in meinem Kopf blende ich aus.

Doch Rolf sorgt dafür, dass wir ihn hören. Er bringt sich uns ins Gedächtnis. Schließlich hat er das hier alles geschaffen. Er allein, nicht wir gemeinsam.

Und er findet, dass wir ihm dafür nicht genügend Wertschätzung entgegenbringen.

Es beginnt, als ich ihm gestehe, dass ich keine Kraft dazu habe, mit in die Skiferien zu kommen, nicht drei Monate nach dem Umzug. Überdies fahre ich sowieso nicht gern Ski, ich mag das Angeschnalltsein auf den Skiern nicht, das Rasen der anderen. Und auch der enge Skihelm wird meiner Narbe nicht guttun. Außerdem haben mein Rücken, mein Kopf und meine Seele ein wenig Ruhe verdient. Rolf ist entsetzt über diese Absage. Kann ich nicht wenigstens einmal, nur ein einziges Mal auch ihm einen Gefallen tun? Sein erboster Monolog endet damit, dass ich mich einfach für nichts interessieren würde und mir die Familie scheißegal wäre. In seine Worte schleicht sich mehr und mehr Gewalt, er unterstellt, bewertet und urteilt mich ab. Seine zigmal am Tag geäußerten Forderungen mit dem vermeintlich harmlos und freundlich klingenden »Ich wünsche mir, dass ...«-Satzanfang, führen dazu, dass ich diese Worte nicht mehr benutzen, hören oder ertragen kann. Er gibt mir zwei Wochen, um wenigstens einen umfassend ausgearbeiteten Sommerferienplan vorzulegen, Land, Route, Zeltplatz.

Das ist der Tag, an dem ich mich an einen alten Uni-Kollegen wende. Ich bin mit Paul seit dem Studium in lockerem Kontakt geblieben, habe ihn nie ganz aus den Augen verloren, jetzt brauche ich ihn, muss mich dringend mit jemandem austauschen. Ich habe das Gefühl, dass das, was intern in unserem Familiensystem geschieht, nach außen muss, ich brauche eine andere Perspektive. Ich selbst traue mir nach Rolfs Angriffen kaum noch eine objektive Einschätzung zu. Was, wenn wirklich etwas nicht mit mir stimmt und ich gar nicht mehr in der Lage bin, das zu erkennen? Ich brauche die Unterstützung von einer dritten Person, die nicht unter Rolfs Einfluss steht, die ganz und gar auf meiner Seite ist. Und so wird Paul mein Tagebuch mit Antwortfunktion, und ich habe ihm zu verdanken, dass ich die nächsten Monate überstehe.

Selbst die Kinder merken, wie sich ihr Vater verändert. Im Anschluss an seine Ausbildung hat er drei Wochen Urlaub, bevor er mit dem nächsten Weiterbildungsabschnitt in einer Zahnarztpraxis in der Stadt beginnt. Wir haben erneut Handwerker im Haus. In zähen Kämpfen gelingt es mir durchzusetzen, dass sie diesmal in einer Ferienwohnung untergebracht werden, auch wenn das etwas mehr kostet, nur der Cousin belegt das Gästezimmer. Die Stimmung ist angespannt, die Kinder haben Ferien, sind beschäftigt oder einfach nur zu Hause. Rolf hat jedoch den Eindruck, sie hätten den ganzen Tag nichts zu tun, genauso wenig wie ich, die bloß tatenlos vor sich hinleben würde. Er drängt mich, zusammen mit seinem Cousin die Garage zu bauen, so schwer sind die Betonsteine nun auch nicht: »Komm. Raus. Jetzt. Sofort!« Dabei koche ich gerade das Mittagessen für alle. Es regnet, das Wasser steht knietief um unser Haus, ich habe eine Februar-Bronchitis, bin erschöpft vom Trubel und davon, dass ich es niemandem recht machen kann.

Als sein Cousin wieder abgereist ist, eröffnet mir Rolf, dass er sich zutiefst für mich schäme, dass sein Cousin es unmöglich gefunden hätte, dass ich nicht ebenfalls mit angepackt habe, schließlich sei er extra zum Helfen gekommen und ich hätte keinen Finger gerührt. Das lässt mich natürlich nicht kalt, ich fühle mich schrecklich. Dabei habe ich mich herzlichst bei ihm bedankt, habe gekocht, habe sogar mit Rolf Händchen gehalten, wenn wir zusammensaßen, war genauso anhänglich, wie er sich das immer wünscht, wenn Gäste da sind. Später, als Rolf mir immer mehr zusetzt, greife ich eines Tages spontan zum Hörer und rufe seinen Cousin an, entschuldige mich für mein Verhalten, erkläre ihm, dass ich körperlich am Ende war. Er reagiert erstaunt, sagt, er habe sich niemals beschwert, im Gegenteil, er habe völlig verstanden, dass ich mich um andere Dinge kümmere und keine schwere Männerarbeit erledige.

Rolf verändert sich, seit wir hier sind, immer schneller, muss sein Ego aufpolieren. Stolzer Hausbesitzer zu sein, scheint ihm nicht zu reichen, er hat sich das alles irgendwie anders vorgestellt: Endlich in der Stadt, Kino, Shows, Konzerte, Abwechslung, das pure Leben. Warum nur sind alle so zurückhaltend? Es wird also Zeit, die Familie ein bisschen auf Vordermann zu bringen.

Es beginnt schleichend, aber unmissverständlich. Unermüdlich verlangt er von den Mädchen, beim Frühstück »seinen« Platz am winzigen Küchentisch freizuräumen, den mit dem Blick aus dem Fenster, denn das ist der Chefplatz. Die Kinder sind der Meinung, wer morgens zuerst kommt, sitzt zuerst, doch Rolf wartet nur auf ihren mauligen Protest, um seine Wertschätzungsrede abzuspulen. »Ich bin der Familienvater, ich sitze hier, weil ich das Recht dazu habe, denn ich arbeite mir den Rücken krank, während eure Mutter ja nur ihrem Hobby nachgeht und Bilderchen pinselt. Ich bin hier derjenige, der das Geld nach Hause bringt, ich bin derjenige, der hier alles verdient. Ihr solltet mir dankbar sein, dass ich so ein toller Papa bin, der das alles für euch macht. In *anderen Familien* geht es den Kindern nicht so gut wie euch, da gibt es keinen so tollen Papa wie mich.«

Rolf lässt außerdem keine Gelegenheit aus, die Mädchen in seltsamen Kategorien mit anderen Kindern zu vergleichen.

Andere Kinder sind sportlicher, spontaner, großzügiger. Die geben ihrem Papa die halbe Tafel Schokolade sogar gern ab, wenn er darum bittet. Die helfen mehr mit, wie die Kinder von Alex und Silke. *Andere Kinder* haben feste Aufgaben im Haushalt, die sie ohne Widerrede ausführen, die sind nicht so verwöhnt, nicht so stinkfaul wie unsere. Und sie sind dankbar, sie freuen sich, wenn ihr Papa heimkommt, springen ihm jubelnd entgegen und fallen ihm um den Hals ...

Zusätzlich beginnt Rolf, seinen Töchtern ein schlechtes Gewissen zu machen, wenn sie keine Lust haben, mit ihm spazieren oder wandern zu gehen, denn *andere Kinder* machen das mit ihren Vätern ständig – gut, dann gehe er eben, bloß sei er jetzt fürchterlich enttäuscht.

»Es macht mich traurig, es zerreißt mir das Herz, dass ich jetzt alleine gehen muss«, sagt er leise mit verzerrtem Gesicht und geht gebeugten Hauptes aus dem Zimmer.

Anne und Julika verstehen das alles nicht.

Vor lauter schlechtem Gefühl, ihren Vater nicht zufriedenstellen zu können, ihn permanent zu enttäuschen, ziehen sie sich immer mehr zurück. Rolfs Strategie, mit der er auch meinem Wunsch nach Sexualität begegnete, indem er sie mir anbot, wenn sie gerade unmöglich war, bringt auch die Kinder in Seelennöte. Immer wieder schlägt er Unternehmungen vor, die nur ihm, nicht aber den Kindern Spaß machen.

»Ist Papa jetzt traurig?«, heult Anne, nachdem sie ihm wieder einen langweiligen Spaziergang in den nächsten Ort verweigert hat.

Tatsächlich bekommt Anne in dieser Zeit das Gröbste ab. Es ist, als ob Rolf sich ein zweites Opfer gesucht hätte, eines, das sich noch schlechter wehren kann als ich, steckt Anne doch gerade, verwundbar, unsicher, angreifbar, in einer der sensibelsten Entwicklungsstufen ihrer Kindheit.

Nun ist also auch sie zu einem Problem geworden, denn es kann einfach nicht sein, dass es normal ist, wie dieses Kind sich verhält. Rolf kennt viele *andere Kinder*, die alle völlig okay sind, im Gegensatz zu Anne, die eine deutliche Sozial- und Kontaktstörung aufweist. Zu selten trifft sie sich seiner Meinung nach mit ihren Schulfreundinnen. Oft schafft Rolf es, seiner Tochter ein so schlechtes Gefühl einzuimpfen, dass Anne es nur wieder loswerden kann, wenn sie seinem Wunsch entspricht und sich mit einer Freundin verabredet. Wenn sie ihm dann etwas über ihr Treffen erzählen will, kümmert es ihn schon nicht mehr, interessiert es ihn nicht, er unterstützt es nicht, er zeigt kein Engagement, kein Bemühen, fährt sie nicht hin, holt sie nicht ab, fragt nicht nach.

Völlig im Widerspruch zu seinem Lamento erklärt Rolf mir eines Tages, die Hobbys der Kinder seien der reinste Luxus: Annes Jazztanz und Querflöte, Julikas Leichtathletik und Geige, so etwas könne man sich in *anderen Familien* gar nicht leisten. Er reitet so lange darauf herum, bis ich fast an seinem Verstand zweifle. Die meisten Kinder aus Julikas und Annes Klasse haben noch viel mehr Freizeitverpflichtungen, wie kann es sein, dass ich hier stehe und ein solches Gespräch mit ihm führen muss? Meine Argumente, dass ein Kind durchaus das Recht auf Freizeitbeschäftigungen habe und es unsere Pflicht sei, das Geld dafür irgendwie aufzubringen, wiegelt er wütend ab. Daraufhin sieht er mich schweigend an und schüttelt den Kopf. Was habe ich nur für völlig überzogene Vorstellungen? Meine Art zu denken sei völlig irrational und meine Einstellung zum Thema Kinder und Geld für den normalen Menschenverstand kaum mehr nachvollziehbar. Damit bin ich aus der Unterredung entlassen.

Die Kinder reagieren verstört auf die veränderte Stimmungslage ihres Vaters – und wir drei reden viel miteinander. Ich kann sie mit ihrer Verwirrung nicht allein lassen. Sie sollen einmal starke Kinder werden, anders als ich Nein sagen können und lernen, zu ihren Entscheidungen zu stehen, auch wenn sie sich ungemütlich anfühlen. Ich möchte, dass sie ihre Gefühle respektieren, eine Meinung haben und wissen, dass sie auch Fehler machen dürfen und trotzdem geliebt werden. Ohne Bedingungen. Sie sollen wissen, dass mir *andere Kinder* schnurz sind, was zählt, sind sie.

Als Rolf ein weiteres Mal mit vor Empörung zitternder Unterlippe aus dem Kinderzimmer stürmt, weil niemand Lust hat, mit ihm Fahrrad zu fahren, obwohl er die letzte halbe Stunde immer wieder hereinkam, um ihnen zu sagen, wie gestört es sei, immer nur zu Hause abhängen zu wollen, sagt Julika: »Ich versteh das nicht, Mama, daheim sein ist doch kein Abhängen. Das hier ist mein Zuhause und hier bin ich einfach gern.«

Wie all die Jahre vorher schon versuche ich, das väterliche Defizit auszugleichen, weiterhin fröhlich zu sein, aber die Anstrengungen der letzten Monate und das dauernde Unter-Beschuss-stehen, die allzeit gereizte Atmosphäre, fordern ihren Tribut.

Ich bin erschöpft, was ihn reizt wie kaum etwas anderes.

KAPITEL 12

»Du bist ja psychisch krank.«

Wieder einmal ist es die klassische Eröffnung, mit der Rolf beginnt, mir abzusprechen, dass ich mitverdienen würde.

»Das, was du machst, ist einfach nur ein Hobby, kapier das endlich«, erklärt er mir verächtlich. »Und wenn du es anders nicht verstehen willst, muss ich eben mit dem Draufhauen anfangen.«

Ich stehe vor ihm, meine Beine zittern, und ich weiß nicht, wie ich aus diesem Dilemma herauskommen soll. Höre ich jetzt mit dem Illustrieren auf, bin ich weg vom Fenster. Bleibe ich dabei, ist es Rolf zu wenig an erwirtschaftetem Einkommen, und er wird mich mit seiner Verachtung weiterhin drangsalieren und fertigmachen.

»Ich weiß, dass du es nicht leiden kannst, wenn ich dein Gepinsel als Hobby bezeichne, aber es ist die Wahrheit«, sagt er sanft und lächelt dabei, als ich aus dem Zimmer tappe wie ein zurechtgewiesenes Dienstmädchen.

Nachdem er mich so kleingemacht hat, ist es ihm ein Leichtes, meinen unzulänglichen körperlichen und geistigen Gesundheitszustand wieder in den Fokus zu rücken. Diesmal geht er offensiver vor, bezeichnet mich nun auch vor den Kindern, Freunden und Bekannten offen als psychisch gestört. Er bevormundet mich bis zur Unerträglichkeit, hält hartnäckig an meiner Essstörung fest, diagnostiziert eine Sozialphobie und eine Angststörung. Mein Ruhebedürfnis, meine körperliche Entkräftung kann er nicht nachvollziehen. Wovon denn? Wieso? Das haben *andere Frauen* doch auch nicht!

Dieses ständige Sich-rechtfertigen-müssen, dieses Erklären, Verteidigen, das Aufzählen meiner täglichen Tätigkeiten und Verantwortlichkeiten, mein ständiges »Ja, aber« und der sinnlose Versuch, seine Argumente mit Gegenbeispielen zu widerlegen, saugen mich aus, entziehen mir Kraft, aus allen Fasern. Er wirft mir Unverschämtheiten an den Kopf, fordert Entschuldigungen ein, beschimpft und demütigt mich, macht mich klein, brüllt mich an.

Wenn ich in meinem winzigen, dunklen Neunquadratmeter-Studio unter dem Dach sitze und wie besessen zeichne, illustriere und entwerfe, damit ich vorankomme, den Fuß noch weiter in die Tür kriege und mir einen Namen machen kann, bin ich ganz klar und strukturiert, weiß, dass ich mir diesen Erfolg nicht nehmen lasse, den ich mir aufgebaut habe, geduldig, unnachgiebig, hoffnungsfroh. Rolf nimmt sich seit 15 Jahren das Recht auf Wagnisse, Neuanfänge, Pläne und Träume. Aber ich verdiene richtiges Geld dabei, würde er sagen, auch wenn er das zurzeit nicht mal tut. Er hat einen Plan, aber den habe ich auch.

Aus diesem Grund kann ich fast froh sein, dass ich das kleine Arbeitszimmer überhaupt habe. In völlig größenwahnsinniger Kostenüberschätzung macht Rolf zu Beginn den Vorschlag, den Speicher zu einem Großraumbüro auszubauen, wo wir gemeinsam arbeiten können. Doch ich mache ihm klar, dass ich keine einzige kreative Idee hätte, wenn ich ihn im Raum wüsste, seine Tastatur klappernd, lautstarke Telefongespräche führend, seine Hand in der Hose oder wie besessen auf der Maustaste herumklickernd.

Gern hätte ich auch wieder eine eigene Telefonnummer gehabt. Es hat mir gutgetan, im alten Haus einen zweiten Festnetzanschluss mit meiner eigenen Telefonnummer zu haben. Hier gibt es das nicht mehr, zu teuer, zu kompliziert, alle meine Anrufe gehen nachvollziehbar durch den Rolf-Filter.

Eines Tages meldet sich Olli, dem ich wegen einer schweren Krankheit eine kleine Zeichnung mit Besserungswünschen geschickt habe, um sich zu bedanken. Wir reden zehn Minuten miteinander, nach seiner Operation ist bei ihm nichts mehr wie vorher. Ich erzähle ihm ein wenig von unseren Schwierigkeiten und Olli meint, Rolf habe sich über die Jahre in einen Investitionsstau hineinmanövriert, doch was sei schon Geld? Er würde sein gesamtes Vermögen hergeben, um seine Krankheit loszuwerden. Als Rolf herausfindet, dass wir telefoniert haben, verbietet er mir, mit *seinen* Freunden in Kontakt zu treten.

In Haus und Garten beauftragt Rolf mich mit schwerer körperlicher Arbeit, Bandscheiben hat man ja mehrere ... Ich muss Kies schippen, pflastern, Sand verteilen. Nun lässt er mich büßen, dass ich bei der Renovierung nicht anwesend war. Er ist immer noch sauer darüber, dass ich nicht regelmäßig die Wochenenden auf der Baustelle verbracht habe, um Fensterrahmen zu streichen, die Küche aufzubauen oder Hilfsarbeiten zu erledigen, denn dazu sei ich mir ja zu fein gewesen.

Sein Mangel an Gefühl oder Einfühlungsvermögen macht mich sprachlos, laugt aus, ich bin doch keine Maschine, die er angeschafft hat, damit sie ihm zu Diensten ist. Doch nun scheint die Jo-Maschine so langsam ihren Geist aufzugeben, wird reparaturanfällig, bockt, hat Aussetzer, da muss man einfach mal kräftig dagegentreten!

In Dauerschleife macht er mir klar, wie enttäuscht er von mir ist, wie traurig über meine Unzulänglichkeiten und wie entsetzt über meine absurde Art zu denken. Und das zermürbt mich mehr als alles, was ich bisher mitgemacht habe.

Mir ist, als würden die Farben in mir verblassen, ich schlafe kaum noch, kann mich schlecht konzentrieren, grüble stundenlang. Mein Kopf steckt in einer Art Nebelbank, ich spüre mich gar nicht mehr. Zum ersten Mal ziehe ich in Erwägung, Rolf zu verlassen - theoretisch, wenn da nicht die Kinder wären, okay, dann also in einigen Jahren, wenn sie aus dem Haus sind. Diese geheimen Gedanken sind so erschreckend wie großartig, weil sie mir offenbaren, was ich wirklich will: weg. Weg von ihm, weg von dieser Stadt, weg davon, dass man mich für so wertlos hält, dass ich selbst daran glaube.

Ich nutze meinen tiefen Kummer, um Rolf zu sagen, wie unglücklich ich bin, wie schwer es mir fällt, mich einzugewöhnen, ihm alles recht zu machen. Kann man seine Zeit noch dümmer verschwenden? Doch ich frage ihn, warum er nicht einfach seine Befindlichkeiten beiseitelassen und dankbar sein kann, für das, was er hat. Wir sind gesund, wir haben so viel zusammen gemeistert. Okay, wir stecken in einer Krise, aber wer hat die nicht mal? Gerade nach all den Widrigkeiten der letzten Jahre ist das doch kein Wunder. Kann man sich da nicht einfach mal zusammenreißen, sich hintenanstellen? Die Basics stimmen doch, jetzt geht es weiter, wir haben noch so viel vor!

Aber ich kann Rolf durch meinen Achtsamkeitsvortrag nicht erreichen, meine Worte ergreifen ihn nicht, lösen nichts aus. Kein Nachdenken über den eigenen Anteil an unserem Zustand, keinerlei Reflexion. Rolf ist mir völlig fremd geworden, die Euphorie über den Hauskauf ist verflogen, nichts scheint ihn zu erfüllen.

Ich gestehe ihm also auch noch, dass ich nach wie vor Probleme damit habe, dass wir nicht wie ein reifes, erwachsenes Paar zusammenleben. Aber auch bei diesem Thema ist es, als ob ich mit einer Wand rede, obwohl ich ihm keine Vorwürfe mache, nur beschreibe, was ist. Natürlich weist er jeden Fehler weit von sich, jede Beteiligung, versucht gar nicht erst, meine Worte und Bedenken nachzuvollziehen, fragt nicht nach. Nichts von dem, was ich gesagt habe, zählt auch nur im Geringsten. »Nein, Jo, wenn du dich wie eine normale Ehefrau benehmen würdest, wäre ich auch wieder scharf auf dich, du machst mich einfach nicht mehr an.« Zum Glück hat Rolf aber ein paar ziemlich gute Tipps auf Lager, wie ich die Sache in den Griff bekommen könnte: nackt schlafen, an ihn gekuschelt, dann würde er mich wahrscheinlich »alle drei Tage ficken wollen«. Hurra, es ist eine Erleichterung, dass wir das geklärt haben, nun weiß ich, woran ich arbeiten kann.

Selbst zu diesem Zeitpunkt ist mir mein absurdes Verhalten bewusst: Ich will weg, bettle aber um Nähe, das ist gestört, schizophren. Mein Unterbewusstsein sendet Fluchtgedanken, das ja, aber für mich ist es noch zu früh. Ich sehe es noch nicht als realisierbare Möglichkeit. Denn auch wenn ich merke, dass Rolf meine Hingabe, meine Unterstützung der letzten Jahre konsumiert hat, heruntergeschlungen wie ein Raubtier das Fleisch seiner Beute, bin ich doch keine Frau, deren Ehe kaputtgeht, die sich scheiden lässt, gerade jetzt, kurz vor dem großen Ziel, auch wenn es eigentlich fast überhaupt keinen Wert mehr hat, es zu erreichen.

Dennoch, die ersten kleinen Gedankenschritte sind getan, ob ich will oder nicht. Vielleicht kann ich eines Tages wirklich loslaufen, aber noch werde ich durchhalten, es wird bestimmt wieder alles gut, wenn ich mir nur ein bisschen mehr Mühe gebe.

Doch Rolfs Vorstellungen und meine Entgegnungen driften immer weiter auseinander. Und während ich mich immer mehr auflöse, wird er rabiater.

Wenn ich ihn nerve oder nicht die liebenswürdige, freundliche Antwort gebe, die er erwartet, drängt er mich wie einen lästigen Hund aus dem Raum und knallt mir die Tür vor der Nase zu:

»Raus, raus jetzt!« Bei einer stundenlangen Gartenbesprechung bitte ich ihn, doch endlich zum Ende zu kommen, aber er entlässt mich nicht, obwohl wir schon mehrfach über jedes Blättchen gesprochen haben. Der Sturm in meinem Ohr wird lauter, mir ist schwindlig, ich stehe seit Stunden hier mit ihm herum. Ich bitte ihn noch einmal, jetzt endlich zum Ende zu kommen, aber er hat noch weitere Fragen, macht mir Vorwürfe, dass ich immer gleich wieder gehen würde, wenn wir mal was zu besprechen hätten. Ich greife blind nach irgendwelchen Ästen, bevor ich kollabiere.

In der Nachbarschaft wird gebaut, und Rolf will, dass ich morgens auf die Baustelle gehe und frage, ob wir die ausrangierten Holzfenster übernehmen dürften, bevor sie im Schuttcontainer landen, – Rolf benötigt sie für seine geplante Außensauna. Wir sehen sie uns abends an, große massive Holzrahmen mit doppeltem Fensterglas. Es ist matschig, überall liegen Glasscherben, die Rahmen wiegen eine Tonne.

»Wenn du das auch wieder nicht hinkriegst, werde ich wahnsinnig sauer. Du kannst sie dann gleich auf unser Grundstück stellen. Lass dir einfach helfen, aber tu's, und stell dich nicht wieder so an.«

Schon allein die Vorstellung überfordert mich. Vor Kurzem sollte ich helfen, ein Kellerregal aufzustellen, es war zu schwer, ist mir aus der Hand geglitten und über mir zusammengebrochen. Die schweren Einlegeböden rutschten aus ihren Halterungen und prasselten auf meinen Rücken. Beim Hochwuchten der ausgeliehenen Gartenmotorfräse stehe ich auf dem Hänger, Rolf kommt aus Versehen an den Startknopf, das Gerät schaltet sich ein und mahlt auf mich zu. Der Hänger kippt in meine Richtung, ich klemme zwischen Rückseite und Fräsblatt und kann nicht weg, die scharfen Klingen sind Millimeter von meinen Beinen entfernt. Rolf kann das schwere Gerät im letzten Moment mit purer Körperkraft von mir wegzerren. Ich habe Schürfwunden, mein Bein ist tagelang blau, zum Glück hatte ich eine Jeans an. Es sind nur Beispiele, so etwas passiert, ich bin zäh und hart im Nehmen, aber die Sache mit den Rahmen werde ich körperlich nicht schaffen.

Und ich will es auch nicht. Die ganze Aktion kostet mich kostbare Arbeitszeit, ich muss fremde Menschen bei ihrer Arbeit unterbrechen, Sie bitten, dass sie mir behilflich sind, das alles ist mir unangenehm. Aber ich habe auch Angst vor Rolfs Wut über meine Verweigerung. So beschließe ich zum ersten Mal in unserer Ehe, ihn einfach anzulügen. Es ist ein komisches Gefühl und macht mir regelrecht Herzklopfen. Als Rolf nach Hause kommt, sind die Fenster entsorgt, und ich berichte ihm, die Bauarbeiter hätten gesagt, sie würden die Rahmen noch brauchen. Rolf nickt nur, und das Thema ist erledigt.

Für mich nicht.

Ich denke oft darüber nach.

Nicht über Fensterrahmen, sondern übers Lügen.

Seine Ausfälle den Kindern gegenüber nehmen zu.

Weil manchmal jemand von uns Dinge auf die Holztreppe legt, um sie dann beim nächsten Gang nach oben mitzunehmen, bekommen wir einen heftigen Niemand-legt-mehr-etwas-auf-die-Treppe-Streit, und ich verspreche ihm, dass ich in Zukunft dafür sorge, dass diese Regel eingehalten wird. Obwohl sein Arbeitszimmer, im hellsten und größten Raum des gesamten Hauses, in dem auch unser Ehebett steht, selbst so zugemüllt ist, dass ich einen großen Paravent besorgt habe, um das Chaos vom Bett aus nicht sehen zu müssen, macht Rolf das kleine Treppenproblem zu einem Gradmesser seiner Autorität in der Familie. Jedes Vergehen ahndet er mit einem Tobsuchtsanfall, brüllt, man könne sich die Beine brechen, obwohl er seine eigenen Pullover ständig in die dunklen Stufenwinkel schleudert, was gefährlicher ist als ein sichtbarer Gegenstand am Rand. Er zeigt sich enttäuscht, fühlt sich verarscht, überhört – wir entschuldigen uns, springen auf, räumen weg, schwören Besserung.

Eines Tages bastelt Julika ein Bügelperlenbild für seinen Geburtstag, hunderte winzige Plastikringchen hat sie zu einem Motiv auf die kleinen Noppen aufgespießt, so etwas dauert, macht Arbeit, kostet Konzentration, ist Liebe. Sie legt es auf die Treppe, ganz nah ans Geländer, damit niemand dranstößt. Ich verspreche ihr, es gleich nachher im Keller zu bügeln, damit die Perlchen zu einem Bild verschmelzen – und vergesse es.

Als Rolf das kleine Bild bemerkt, tritt er es voller Wut von der Treppe, sein eigenes Geburtstagsgeschenk, ein unschuldiges kleines Kinderkunstwerk. Er fegt die Perlen angewidert mit dem Fuß von der Treppe, Anne beobachtet ihn dabei. Ich will das Unwetter von den Kindern fernhalten, schließlich ist es meine Schuld. Julika weint, und Anne bekommt den Ärger ab, weil sie dagegenhält. Sie findet, es sei unser aller Treppe, und alle sollten darüber bestimmen, ob man was drauflegen dürfe oder nicht, schließlich könne man nicht für jeden Radiergummi einzeln laufen. Doch Rolf will Respekt, Macht, egal, was er damit zerstört.

Verrückterweise erreicht er genau das Gegenteil.

Als er abends nach oben geht, findet er den Eimer mit den Bügelperlen auf der Treppe, die ins Dachgeschoss führt, wo mein Studio ist und wir Spielsachen aufbewahren. Julika hat ihn dort abgestellt, weil es »unsere« Treppe ist, Rolf benutzt sie so gut wie nie. Doch jetzt flippt er völlig aus, rast in die Küche, wo die Kinder beim Abendessen sitzen, steigert sich immer weiter in seinen Zorn hinein. Julika schluchzt, Anne verteidigt sie, und ich flehe händeringend, kein solches Drama aus der Sache zu machen.

Rolf denkt nicht daran, beginnt, sich zu gebärden wie ein Irrer, es wird immer schlimmer, er stürmt aus der Küche, poltert wieder herein, pöbelt herum, beginnt zu kreischen, bis er rot im Gesicht ist und an ein ausgeflipptes Rumpelstilzchen erinnert.

Da geschieht etwas Ungeheures. Anne scheint denselben Gedanken zu haben, denn sie beginnt plötzlich zu lachen. Sie muss so sehr kichern, dass sie ihre kleine Schwester ansteckt. Da sitzen die beiden inmitten dieses künstlichen Sturms und lachen über das wahrlich hysterische Verhalten ihres Vaters, je rasender er sich aufführt, desto stärker wird ihr hilfloses Gelächter.

Rolf reagiert vorhersehbar, zutiefst gekränkt, unreflektiert dem eigenen Anteil gegenüber, unerwachsen. Er explodiert und steigert sich in eine Niemand-lacht-über-das-Familienoberhaupt-Wut hinein, die mit voller Wucht über uns niedergeht. Selbstverständlich verlangt er eine Entschuldigung. Julika schreibt innerhalb von zwei Minuten »Schuldigung, is das genuk?« auf einen Zettel. Auch Anne entschuldigt sich zähneknirschend, doch Rolf akzeptiert sie nicht. Er belegt Anne und mich mit einem stundenlangen Schweigebann, es ist grotesk.

»Ich entschuldige mich nicht dafür, dass ich gelacht habe, weil Papa sich benommen hat wie ein Kindergartenkind«, sagt Anne, dafür müsse er sich schämen, nicht sie.

Auch als Rolf bis tief in die Nacht immer wieder in ihr Zimmer kommt, an ihrem Bett steht, auf sie einredet, eine schriftliche Entschuldigung fordert, bleibt Anne hart. Es ist David gegen Goliath, und ich kann nichts tun, als zu versuchen, Goliath zu beschwichtigen.

Je unwahrscheinlicher sein Sieg wird, umso mehr will er ihn haben. Auf dem Höhepunkt seiner Hilflosigkeit der Uneinsichtigkeit seiner Tochter gegenüber, hängt Rolf ihre Zimmertür aus, Anne hat sie laut zugeknallt. Und sie bekommt sie erst wieder, wenn sie sich entschuldigt hat.

Insgeheim bin ich stolz, dass Anne zu ihrer Meinung steht und sich nicht kleinmachen lässt wie ihre Mutter. Denn natürlich lässt Rolf auch mich nicht in Ruhe. Er baut sich vor mir auf, drängt mich zurück, mein Kopf knallt an die Wand. Er wolle einfach nur hören, wie ich es sage, ausspreche, dass ich so etwas nie wieder machen werde.

»Sprich es einfach nur aus«, spuckt er mir ins Gesicht. »Ich will, dass du es aussprichst.«

Er macht mir Angst, zum ersten Mal spielt er seine Macht über mich in dieser Weise aus. Wie ein kleines Mädchen stehe ich schlotternd vor ihm, überlege fieberhaft, was ich tun soll. Ich will es nicht sagen, das Ganze geht zu weit, so malträtiert hat er mich noch nie!

Doch dann würge ich einfach heraus, was er hören will. In diesem Moment ekele ich mich vor mir selbst. Ich bin fassungslos, dass ich das habe geschehen lassen, habe das Gefühl, nur noch an einem brüchigen Faden zu hängen.

Irgendwann tief in der Nacht erlöst uns Anne von dem Drama, weil sie ohne Zimmertür nicht einschlafen kann. Und sie löst das Problem auf ihre Weise: Sie entschuldigt sich, ohne sich wirklich zu entschuldigen. »Es tut mir leid, dass ich lachen musste«, schreibt sie auf einen Zettel, und erklärt mir am nächsten Tag, dass sie sich damit lediglich dafür entschuldigt hätte, dass ihr Körper spontan auf diese Weise reagiert habe. Das bringt mich noch heute zum Schmunzeln.

Wenig später bestellt Rolf einen Bagger und seinen Onkel. Der Garten soll weiter ausgeräumt werden, einige Bäume sind zu nah an der Grenze, der Nachbar hat sich beschwert. Rolf ist genervt, es herrscht Zeitdruck wegen der Kosten für Bagger und Fahrer. Ich soll den mit Wurzeln und Bäumen voll beladenen Pkw-Anhänger zur Grünmülldeponie fahren und dort ausleeren. Leider kann ich meine magischen Superwoman-Kräfte gerade nicht aktivieren. Ich habe eine heftige Erkältung, jeder Atemzug tut weh. Ich weiß, dass man in der Deponie mit dem Anhänger rückwärts an die Abbruchkante fahren muss, das macht selbst Rolf Schwierigkeiten, und es ist mir ein Rätsel, wie ich das schaffen soll. Das Material muss ja auch irgendwie vom Anhänger runter, außerdem bin ich noch nie mit Anhänger gefahren – und jetzt gleich hier im Stadtverkehr! Doch Rolf verlangt meinen Aufbruch, »jetzt sofort, nun tu doch endlich mal, was ich dir sage!« Ich kann mir nicht anders helfen, als meinen Vater anzurufen, um mir diese Aufgabe abnehmen zu lassen, was er schweigend und stoisch tut. Die Verachtung für meinen Mann sehe ich in seinen Augen.

Am nächsten Morgen muss ich draußen mithelfen. Es regnet in Strömen, ich habe nichts gegessen, der Garten ist ein Meer aus Matsch. Meine Gummistiefel bleiben bei jedem Schritt stecken, aber ich klaube mit eiskalten Fingern unermüdlich Wurzeln aus der Erde und zerre die Schubkarre durch den Schlamm, stets unter den wachsamen Blicken von Rolf und seinem Onkel, die mich keine Sekunde mehr aus dem Auge lassen.

»Siehst du, es geht doch«, sagen ihre Blicke. Um die Mittagszeit gehe ich hinein, mir ist flau, mein Brustkorb brennt, ich bin nass und durchgefroren bis auf die Knochen. Ich ziehe mich um, mache mir ein Brot und gehe ins Studio, um meine Mails zu lesen, als Rolf hereinplatzt und schreit, ich solle auf der Stelle wieder hinauskommen, was um Himmels willen denn jetzt wichtiger sein könne als der Garten?

Ich?

Ich füge mich seinem Willen, Rolf muss seinem Onkel zeigen, dass er mich im Griff hat. Ich arbeite weiter, nachmittags kann ich nicht mehr, muss mich hinlegen. Zur Strafe beschämt er mich am Abend tief. Wie immer, wenn uns jemand besucht, ist ihm der Schein einer perfekten Ehe wichtig, ich werde zu Demonstrationszwecken berührt und umarmt.

»Komm mal näher an mich ran, leg deinen Arm um mich«, raunt er mir zu, wenn wir uns beispielsweise mit den Nachbarn unterhalten, das perfekte Vorzeigeehepaar.

Ich bin bereits umgezogen und gehe ins Wohnzimmer, wo die beiden auf dem Sofa sitzen, sage Gute Nacht, frage freundlich, ob sie alles haben. Rolf hält mich am Arm fest, ich solle mich mal auf seinen Schoß setzen, komm Jo.

Doch ich tue nur, als ob, sage: »Schau, du kriegst keine Luft mehr«, und setze mich dann auf den Couchtisch. Weiter komme ich nicht weg. Aber er insistiert, ich solle mich ja auch nicht auf seinen Bauch setzen, sondern weiter unten hin, er deutet zwischen seine Beine. Ich sage »Nein!«, er drängelt, »Komm schon!«, ich wiederhole das Nein, will aufstehen. Da springt mir sein Onkel bei, sagt: »Lass sie in Ruhe.« Ich möchte Rolf für solche Demütigungen erwürgen, zurechtweisen, mir ein solch respektloses Verhalten verbitten, doch das Einzige, was ich tue, ist, nett zu lächeln und betreten zu flüchten.

Ich spüre, dass ich Hilfe brauche, um meine Gedanken zu sortieren. Da mein lebendes Tagebuch namens Paul gleichzeitig auch der beste Gedankensortierer der Welt ist, bitte ich ihn um seine Unterstützung und tue etwas, was ich mir niemals zugetraut hätte: Ich verabrede mich mit ihm zu einem Wochenende. Wir wollen wandern, reden und therapeutisch arbeiten. Paul hat aus meinen Mails bereits eine ganze Seite voller Punkte gesammelt und thematisch geordnet, wir werden viel zu besprechen haben, und ich zähle die Tage.

Ich hoffe so sehr, dass 48 Stunden voller Ermutigungen und »Stärkeduschen«, wie Paul es nennt, mir guttun, mich wieder ein wenig aufrichten werden. Ich möchte Sätze hören, die ich abspeichern kann, um mich später an ihnen zu bedienen wie aus einer Vorratskammer voller Kraftreserven.

Vielleicht weiß ich dann, was zu tun ist. Vielleicht spüre ich mich danach wieder. Denn im Moment löse ich mich auf, meine Konturen verschwimmen, und ich brauche wenigstens für kurze

Zeit einen Rahmen, brauche jemanden, der mir zeigt, wo ich aufhöre und wo die Welt anfängt, einen, der mir sagt, dass es das Leben wert ist.

Ich erzähle Rolf lange nichts von meinem Plan, doch das Wissen um dieses Treffen ist für mich eine geheime Kraftquelle. Wie erwartet reagiert Rolf ungehalten, misstrauisch, ja, richtig, er habe mir immer wieder gesagt, ich solle doch auch mal verreisen, mich mit einer Freundin treffen, mal rauskommen, aber doch nicht mit einem Mann! Als ich gepackt habe, durchsucht er meinen Koffer und nimmt mir das Versprechen ab, mich nicht gemeinsam mit Paul in einem von unseren beiden Hotelzimmern aufzuhalten. Ich verstehe gar nicht, warum ihm das so wichtig ist. »Nicht gemeinsam ins Zimmer«, wiederholt er, und ich verspreche es ihm, weil er mich sonst niemals gehen lassen würde.

Doch dann mache ich einige entscheidende Fehler, zu wenig verstehe ich von diesen Dingen, zu arglos, gutgläubig und naiv bin ich. Bemitleidenswert unraffiniert. Ich hätte über das Lügen nicht nur nachdenken, sondern mein Wissen auch anwenden sollen. Um ihn in seiner Eifersucht zu besänftigen, beantworte ich kurz vor Abfahrt ehrlich Rolfs Fragen zu Paul, seiner Frau und den Kindern, gebe ihm selbstverständlich die Adresse des Hotels, damit er mich erreichen kann, trage mein Gepäck ins Auto und fahre los.

Auf der Fahrt fühle ich mich so frei wie schon lange nicht mehr, die goldene Käfigtür steht mit einem Mal weit offen, und ich fliege einfach hinaus.

Ich fliege und singe zur Musik im Radio, fliege und singe.

Doch Rolf lauert mir bereits mit einem großen Netz auf.

KAPITEL 13

»Es tut mir echt leid, dass du jetzt keinen Freund mehr hast.«

Ich hole Paul vom Bahnhof ab. Sich nach all den Jahren wiederzusehen, ist seltsam. Doch er ist nicht auf den Mund gefallen, wir finden schnell zu unserer alten Schnoddrigkeit zurück, fahren ins Hotel und checken ein. In ein paar Minuten wollen wir uns zum Abendessen treffen. Als ich mich gerade in meinem Zimmer einrichte, ruft Rolf auf dem Handy an und drängt mich dazu, ihm Zimmernummer und Durchwahl zu geben, verwickelt mich in ein kompliziertes Verhör darüber, warum meine Ankunftszeit nicht mit der berechneten Fahrtzeit übereinstimmt, will wissen, wieso ich jetzt erst angekommen sei, und hundert Sachen mehr, die mich einfach nur nerven. Ich komme zu spät zum Essen, will mich noch umziehen, bin mit dem Kopf gerade so herrlich weit weg von zu Hause und möchte jetzt nicht mit ihm reden. Es gelingt mir nicht, ihn abzuwimmeln, die Kinder hören mit, der Lautsprecher ist an, deswegen gebe ich nach und rufe ihn vom Zimmer aus zurück.

Der Abend mit Paul ist kurzweilig, wir essen, reden und trinken zu viel Wein. Weil wir beide die Dinge offen beim Namen nennen, wissen wir bereits, bevor wir nach oben gehen, dass wir einander noch ein wenig Gesellschaft leisten werden, nur Zärtlichkeiten, kein Sex, das ist der Deal – und wir halten uns dran. Wir ziehen uns in mein Zimmer zurück, trinken, knutschen, alles ein wenig unbeholfen, auch Paul war bis jetzt in seiner langjährigen Ehe treu. Ich kann nicht mehr stehen, nach einer Weile legen wir uns aufs Bett, ich bitte Paul, meine Brüste zu streicheln. Es ist eine Überwindung, dieses Bedürfnis auszusprechen, aber dieser Wunsch, Männerhände auf mir zu spüren, ist auch das, was mein Unterbewusstsein kurz vor der Operation funkte. Bei der Erinnerung an jenen Augenblick muss ich fast lachen. Diese sargschmale OP-Liege, fünf Venenkatheter überall am Körper, »Frau Winter, sagen Sie uns bitte in Ihren eigenen Worten, weshalb Sie operiert werden sollen«, dann das Propofol, eiskalt und schmerzhaft kriecht es meinen Arm entlang, und das Einzige, was ich denken kann, ist: Wenn du jetzt stirbst, hat dich fünf Jahre keiner angefasst, das kann es nicht gewesen sein …!

Ich liege und versuche zu genießen, fast ist es, als ob ich mir von oben dabei zusehe. Ich muss mich zwingen, loszulassen, immer wieder schweifen meine Gedanken ab, wie verrückt ist das alles bloß, nur drei Autostunden trennen mich von meinem echten Leben, und dennoch passiert es gerade …

Allmählich stellt sich Entspannung ein. Paul kann fabelhaft schweigen, wir reden kaum noch, sind uns einfach nur nah, müde, ermattet, es ist tiefe Nacht.

Dann, mit einem Geräusch, als würde sämtliche Luft aus dem Raum gesogen, fliegt plötzlich die Tür auf …

Rolf steht im Zimmer.

Im ersten Moment kann ich überhaupt nichts denken, mein Verstand sagt: »Unmöglich«, meine Augen senden das Gegenteil. Deshalb bleibe ich einfach liegen, statt hysterisch aus dem Bett zu springen, ziehe nicht mal das Laken über meinen Oberkörper, denke nur immerzu, dass die Situation zu unecht ist, zu unwahrscheinlich, um real zu sein.

Doch auch in meinem fast surrealen Gefühlszustand begreife ich natürlich von der ersten Millisekunde an, dass diese Konstellation einen Bruch darstellt. Jetzt habe ich alles endgültig zerstört. Paul springt auf, sprachlos vor Entsetzen. Erst als Rolf mit geballten Fäusten zu sprechen beginnt und ihm mit beherrschter Stimme klarmacht, dass er gerade schon sein Hotelzimmer durchsucht hat, dass er seinen Ruf, seine Firma, seine Ehe und das Vertrauen seiner Kinder zu ihm zerstören wird, finde ich meine Sprache wieder, unterbreche seine Drohungen und stelle ihm die für mich einzig sinnvolle Frage in dieser Situation:

»Wo sind die Kinder?«

Während Paul unter Schock steht, weil er sich einer adrenalingestärkten Kampfmaschine gegenübersieht, der er gerade die Hörner aufgesetzt hat, bin ich, als der erste Schock abgeklungen ist, einfach nur stinksauer. Am liebsten würde ich Rolf auf der Stelle wegzaubern, gar nicht so sehr, weil er mich derart erwischt hat, sondern weil ich dieses Wochenende mit Paul so sehr gebraucht habe. Doch für meine eigene kindische Enttäuschung ist jetzt keine Zeit. Der Gedanke, dass er die Kinder zu Hause allein gelassen haben muss, einfach so, mitten in der Nacht, um mir stundenlang nachzurasen, macht mich fassungslos.

Was, wenn sie aufwachen und feststellen, dass ihr Vater verschwunden ist? Immer wieder stelle ich ihm die Frage, bis Rolf endlich hervorstößt, dass er Anne das Telefon mit einem Zettel vor die Tür gelegt habe. Rolf ist nahe am Explodieren, er beschimpft und bedroht Paul, erklärt ihm genüsslich, wie er seinen Kindern erzählen wird, was ihr Vater getan habe, und zwingt mich, meinen Koffer zu packen. Um die Situation im Griff zu behalten, wirft Paul mit therapeutischen Vokabeln um sich, was Rolf nur noch mehr anstachelt. Doch irgendwie gelingt es uns, die filmreife Szene zu einem ebensolchen Abschluss zu bringen. Rolf verpflichtet Paul, die Kosten für das Zimmer zu übernehmen, und zerrt mich dann zum Auto. Er hilft nicht mit dem Gepäck, sieht nur genüsslich zu, wie ich mich abmühe, stolpere, ihm folge wie ein Schaf auf die Schlachtbank.

»Ich komme klar«, murmele ich zum Abschied. Was hätte ich auch sonst sagen sollen?

Schweigend rasen wir mit meinem Auto nach Hause. Und langsam, ganz langsam werde ich überschwemmt von der Ahnung, dass mein Vergehen schreckliche Konsequenzen haben wird. Mein schlechtes Gewissen erreicht astronomische Höhen, ich möchte am liebsten sterben, so schlecht fühle ich mich meinem Mann gegenüber. Ich habe zu diesem Zeitpunkt nicht die blasseste Ahnung davon, dass mein Fehltritt wie ein harmloser Flirt wirkt, gegen das, was er in all den Jahren getan hat, – ich schäme mich wie niemals zuvor und kann nicht glauben, wozu ich fähig gewesen bin, erkenne mich selbst nicht wieder. Jetzt hat mich Rolf vollständig in der Hand, etwas Dümmeres hätte ich gar nicht tun können.

Mir ist bewusst, dass die einzig vernünftige Reaktion die wäre, Reue zu zeigen, sich zu entschuldigen, um Gnade zu winseln. Aber ich kann es einfach nicht, es will nicht aus meinem Mund kommen. Wie ein Luchs achte ich auf Rolfs Fahrweise, auf die Straße, den Verkehr, ich will nur sicher nach Hause kommen.

Auf halber Strecke hält Rolf auf einem Rastplatz, steigt aus, muss sich beruhigen, klammert sich an einen Bauzaun, sein Gesicht wirkt fast entstellt, so verzogen ist es im Zorn. Tränen stehen ihm in den Augen.

»Ich verzeihe dir«, japst er, als ich näherkomme. »Ich verzeihe dir.«

Ich nicke, ich habe ihn nicht mal darum bitten müssen.

Kurz bevor wir zu Hause sind, zählt er auf, was er von mir erwartet. Ich werde alle Kleidungsstücke, die sich in meinem Koffer befinden und die ich anhabe, wegwerfen müssen. Er verlangt, dass ich dusche und meine Haare wasche. Als ich ihn frage, wie er in Hotel und Zimmer gekommen ist, die Rezeption war längst unbesetzt, vernebelt er mir den Kopf mit verschiedenen Versionen, die er immer wieder abwandelt, wiederruft, neu erfindet. Er hat einen Detektiv angeheuert, er hat eine Einbruchlasche aus Plastik verwendet, wir hätten die Zimmertür nur angelehnt gelassen und so weiter.

Um kurz vor vier sind wir endlich zu Hause.

Es ist halb fünf, als ich getan habe, was er verlangt hat, und er mich ins Schlafzimmer ruft. Als er anfängt, mich abzulecken, fühlt es sich an, als ob er mich wieder heim in sein Nest schlecken wolle. Dem ausgebüxten Jungen den eigenen Geruch aufbringen. Es ist ein ekelhaftes Gefühl, eine Geste der absoluten Dominanz.

Ich kann an überhaupt nichts denken, bin so tief verwirrt und hilflos, dass ich bloß auf Reset drücken will, immer und immer wieder, bis alles gelöscht ist, meine Schmach getilgt, meine Sünde vergeben. Ich bin schuld, dass alles auseinanderfallen wird, und ich weiß nicht, wie ich die Folgen aushalten soll.

Ich will nicht, was gerade passiert, und doch denke ich, ich habe eine Strafe verdient. Ich fühle mich so schlecht, dass ich sogar denke, er hat das Recht, sich zu nehmen, was ihm gehört.

Dass diese Haltung der größte Fehler ist, den ich in dieser Lage machen kann, kommt mir erst Jahre später, als ich mich zu diesem Vorfall sortiere, die ganze Situation noch einmal erlebe, vor mir zugebe, was wirklich in dieser Nacht geschehen ist. Als der aufgeweichte Verdrängungsmechanismus plötzlich immer mehr Informationen durchsickern lässt und ich das passende Wort dazu aufschreiben kann. Laut ausgesprochen habe ich es noch nie.

An diesem Abend bin ich wie paralysiert, ich habe Todesangst, Rolf ist ein einziges beleibtes Muskelpaket voller unbändiger Eifersucht und maßlosem Hass.

Nach einer Weile baut er sich vor mir auf, steht genau zwischen meinen Beinen, sieht mich an, fixiert mich. Schon dieser Blick ist Missbrauch.

»Das ist übrigens keine Vergewaltigung«, sagt er.

Dann tut er genau das.

Die Perfidität dieser vorausschauenden Haltung macht mich immer noch sprachlos. Rolf hat die Situation als genau die erkannt, die sie war, eine Vergewaltigung, deshalb hat er mir im selben Atemzug seine Wahrheit mitgeliefert. Aber sie ist eine Lüge, genau wie all die anderen tausendfachen Lügen, die ich nie durchschaut habe.

Diese schon. Diese durchschaue ich, denn ich weiß, was geschehen ist, und ich weiß, dass er es genauso gefühlt hat.

Mich quält der Gedanke, dass ich mich, wäre ich mental stärker gewesen, hätte wehren sollen wie eine Raubkatze.

Nun bin ich doch eine Frau, der »so was« passiert ist, die »es« zugelassen hat. Ganz egal, welch vermeintlichen Fehler ich begangen habe, mein Ehemann hat nicht das Recht, mich zu bestrafen. Prinzipiell nicht und schon gar nicht, weil er selbst jahrelang fremdgegangen ist, gekokst und rumgehurt hat, dann nach Hause kam und mir alles Sexuelle verweigerte, obwohl er wusste, wie sehr es mir fehlte, – einfach nur, weil er es konnte.

Ich liege da und lasse es geschehen.

In den folgenden Tagen sonnt sich Rolf in seiner Großmütigkeit, mir meinen Fehltritt verziehen zu haben. Dazu zeigt er sein interessiertes und zugewandtes Gesicht aus der Anfangszeit und begegnet mir mit offensiver Sexualität. Er bedrängt mich fortwährend, führt meine

Hand zwischen seine Beine, lässt mich seine Erektion spüren. Er fragt mich nach meinen Bedürfnissen, schaut sich auf Toy-Seiten im Internet um, schleppt mich in einen Sexshop, den er wütend wieder verlässt, weil er nicht dulden kann, dass der Verkäufer mir die Vorzüge eines Dildos schildert, schaut exzessiv Internetpornos (was er, wie er mir sagt, schon jahrelang tut). Er schlägt mir vor, mit ihm zusammen seinen Lieblingsporno anzusehen, in dem die Hauptperson genauso aussähe wie ich, – ich lehne schweigend ab. All das nimmt mich heftig mit, es macht seine Ablehnung noch schlimmer, weil mir klar wird, dass er es seit Jahren mit einer heißeren Version von mir treibt, wie soll ich da eine Chance haben? Er betont, wie scharf ich ausgesehen habe, als er ins Zimmer kam, wie eine Prostituierte, ein Callgirl, lobt meine Haare, die er sonst so fürchterlich findet, meine Haut. Prahlt, dass er vor mir nicht nur mit zwei, drei Freundinnen, sondern mit rund zwanzig Frauen geschlafen habe. »Süß, von dir, Jo, dass du dachtest, ich hätte nur so wenig Erfahrung gehabt.« Und nein, selbstverständlich sei er in der SanDent-Zeit niemals fremdgegangen, obwohl er immer reichlich Angebote hatte, – er sieht mir ins Gesicht und lügt, unverfroren, kalt. Dann bietet er mir an, ich dürfe ruhig mit anderen Männern Sex haben oder auch mit einer Frau – da wäre er dann aber gern dabei. Ich möchte kotzen, das alles ist so krank.

Doch ich sehe meine Töchter, ich sehe unser fragiles neues Leben, ich sehe eine Mikrochance, dass alles wieder gut wird. Ich bin einfach nur still, senke den Kopf und bilde mir ein, kraft der Verdrängung und der Vernunft werden wir in der Lage sein, den ganzen Müll der letzten Zeit in eine Schublade zu stopfen und dort zu vergessen.

Ich will es schaffen, für die Kinder.

Rolf denkt nicht dran.

Genauso rasch, wie seine euphorische Phase gekommen ist, schlägt sie nach vier, fünf Tagen fulminant in das genaue Gegenteil um und nimmt einen ebensolchen Verlauf.

Selbstverständlich verbietet er mir jeden Kontakt zu Paul, kassiert mein Handy, kontrolliert meine E-Mails, erneuert die Warnung, dessen privates und berufliches Leben zu zerstören, sollte ich mich nicht an das Verbot halten.

Er macht sich lustig über Paul, verhöhnt ihn, beschreibt mir immer wieder, wie gern er ihn verprügelt hätte, wie er nur darauf gewartet habe, zuschlagen zu können, ob ich nicht das Handtuch gesehen habe, das er sich bereits um die Faust gewickelt hatte. Dass ich mir wenigstens einen attraktiven, gut aussehenden Mann für dieses Abenteuer hätte aussuchen können und nicht dieses erbärmliche Würstchen.

Er redet mir ein, dass Paul von vornherein Sex als Bezahlung erwartet hätte: »Meinst du, er opfert ein ganzes Wochenende *für dich*?« Außerdem habe Paul mein Anlehnungsbedürfnis nur ausgenutzt, um mich ins Bett zu kriegen. Rolf droht damit, ihn anzuzeigen, weil er seine professionelle Therapeutenrolle missbraucht habe. Ich flehe ihn an, das zu unterlassen, unser Verhältnis war rein freundschaftlich, nicht professionell, außerdem ist Paul Soziologe, nicht Psychologe, doch das sieht Rolf ganz anders. Es macht ihm diebischen Spaß, mir einzureden, dass ich von meinem Therapeuten missbraucht wurde, und Schaden würde eine Anzeige so und so ausrichten.

Wie zum Hohn schenkt er mir zum 13. Hochzeitstag einen Strauß Rosen mit einem wunderbaren, intimen Text. Ich weine, als ich beides in der Hand halte. Hü-hott, an-aus, gut-böse, Zuckerbrot-Peitsche, Hoffnung-Verzweiflung.

Nach einer Weile wärmt Rolf ein altes Thema wieder auf: Er möchte mich kuschliger haben, schon seit Jahren, degradiert sich selbst vom Mann zum Teddybären. Kuscheln – wir sind doch keine vier Jahre alt, und ich bin nicht seine Mutti! Nun, Rolf will mich kuschliger, deshalb, so kündigt er an, werde er ab sofort aus erzieherischen

Gründen alle zwischenmenschlichen Berührungen wie Drücken, Küssen oder Streicheln einstellen, damit ich am eigenen Leib spüre, wie es ist, wenn man diese nicht ausreichend bekommt.

Wir haben seit Jahren keinen Verkehr, und er glaubt, da könne mich Berührungsentzug wieder auf die richtige Bahn bringen, mich aufwecken oder belehren? Ich weiß nicht, wer ihm diesen Rat gegeben hat. Vielleicht derselbe, der ihm gesagt hat, kein Sex, dann spurt sie schon? Nur nimmt er sich mit dieser Maßnahme etwas weg, von dem er selbst gern mehr gehabt hätte - ist es ein unbewusstes Abnabeln?

Gleichzeitig entbindet er mich von einigen meiner Aufgabenbereiche, indem er sich ab jetzt um seine Wäsche selbst kümmert und auch separat für sich kochen wird. Dafür richtet er sich sogar ein eigenes Fach im Kühlschrank ein, kauft Lebensmittel, »nur für den Papa«. Auch die Haare lässt er sich nun demonstrativ beim Frisör schneiden.

»Ich möchte ja nicht, dass du mir später sagst, du hättest mir für meine Selbstständigkeit den Rücken freigehalten.«

Oh, klar, und was ist mit all den Jahren davor? Wie ist er dahin gekommen, wo er jetzt ist? Zusätzlich stellt Rolf jetzt auch alle Arbeiten am Haus ein, zählt mir auf, welche Dinge er nicht mehr als seinen Aufgabenbereich betrachtet, meldet sich bei einem Tangokurs an und kleidet sich neu ein.

Die Situation ist so grotesk wie bizarr. Auch wenn ich froh über die Arbeitsentlastung bei Wäsche und Kochen sein könnte, so bleibt doch unzweideutig das Gefühl der Bestrafung. So deutlich hat er mir noch nie etwas weggenommen, obwohl dieses Vorgehen fast systematisch ist: Mit regelmäßiger Sicherheit entzieht er mir Lob, Anerkennung, Unterstützung. Er nimmt mir meine Selbstsicherheit, untergräbt mein Selbstvertrauen und manipuliert meine Selbstachtung. Wieder bin ich ein Stückchen kleiner gemacht worden. Ich werde immer nutzloser und Rolf immer wichtiger: Guck, Jo, ich kann das alles allein, ich brauche dich gar nicht mehr.

Rolf sortiert mich aus.

Aber ich lasse das nicht zu. Wenn er das Haus nicht weiterbaut, dann tue ich es eben. Ich verlege Platten, baue Treppenstufen, grabe Pflanzen ein, streiche Regenrohre, schütte Gräben zu, pflastere fünfzig Meter Rasenkanten, schütte 29, ich habe sie gezählt, Schubkarren Sand auf die Erdfläche, die mal unser Rasen werden soll, säe aus, baue den Kindern ein riesiges Klettergerüst aus massivem Holz und lege einen Teich an. Oft sieht mir Rolf dabei zu, Rotwein trinkend, von der Terrasse aus.

»Da siehst du mal, wie es ist, wenn man alles allein machen muss und einen niemand dafür wertschätzt«, prostet er mir zu.

Doch ich kann die Bestie nicht besänftigen.

Egal, was ich tue. Seine Gleichung geht nicht auf. Im Gegenteil, zu sehen, dass auch ich im Grunde alles allein kann, macht ihn nur noch unzufriedener. Kann es sein, dass seine Maßnahmen ihm nicht mehr, sondern weniger Macht über mich verschaffen? Wird er nicht immer überflüssiger und merkt es nicht mal?

Nein, Rolf zeigt mir auch weiterhin, wo ich stehe, zwingt mich nach einem fürchterlichen Streit, »die Arschbacken zusammenzukneifen und endlich loszufahren«, um sein Auto beim Hotel abzuholen, seit Wochen steht es dort schon auf dem Parkplatz. Ich muss mit Zug und Taxi hinreisen, habe fürchterliche Migräne und bin einen ganzen Tag unterwegs. Glücklicherweise steht das Auto noch da und springt an – zurück über die Autobahn in einem uralten Wagen, den ich sonst nie fahre, vier gewechselte Winterreifen in meinem Nacken.

Er ›vergisst‹ konsequent jeden beruflichen Termin von mir, bläht sich weiterhin auf, dass er es sei, der mir mein Hobby finanziere, und dass er dafür verlangen dürfe, dass ich ihm abends die Hausschuhe rausstelle. Dass seine Dreieinhalbtage-Woche auch nicht die reinste Qual ist, wischt er einfach beiseite, zu schön ist es zu sehen, wie mich seine Verachtung trifft.

»Menschen brauchen eine geregelte Arbeitszeit, das würde dir auch guttun«, meint er.

Ich kann auf solche Anwürfe nichts mehr erwidern, sie prasseln auf mich herunter, jeden Tag, mehrmals. Manchmal fällt mir auf, dass ich nie in Gegenkritik verfalle, wenn er seine Anschuldigungen abfeuert. Ich sage nicht, dass ich ihn für einen Schlappschwanz/Versager/schlechten Vater halte. Ich äußere mich zum Thema, aber auch da hört er gar nicht zu, verhält sich geringschätzend und respektlos, kommt vom Hölzchen aufs Stöckchen, kramt in der Vergangenheit und dreht mir die Worte im Mund herum, sodass ich mir bald selbst nicht mehr glaube. Ich bin ihm keine Antwort wert, er benutzt unsere »Gespräche« nur, um mich zu bevormunden, meine Inkompetenz und Dummheit herauszustellen.

Doch mittlerweile reicht schon sein verächtliches Lächeln, wenn ich etwas erwidere, sein diabolisches Vor-sich-hin-schmunzeln, sein abschätzig verzogener Mund oder sein Spott, damit ich anfange zu zittern.

Aufgaben, von denen er weiß, dass sie nicht unbedingt zu meinen Lieblingsbeschäftigungen zählen, und andere lässliche Schwächen, die jeder hat oder die man nur dem Partner anvertraut, erzählt er nun herum, verwendet sie gegen mich.

»Es fällt dir ja schon schwer, ein simples Auto umzumelden«, macht er mich lächerlich. Er kenne nun wirklich niemanden, der sich bei solchen Sachen so anstellen würde. Wenn wir mit den Nachbarn plaudern, sagt er mir hinterher, dass ich unfreundlich, schnippisch und beleidigend gewesen sei, niemand könne verstehen, was mit mir eigentlich los wäre, – was mich nur noch mehr in mein Schneckenhaus zurücktreibt. Einmal verlangt er, dass ich mich augenblicklich bei einem Arbeiter entschuldige, den er für einen Erdaushub stundenweise engagiert hat, weil ich mich im Gespräch mit ihm unhöflich verhalten habe und er jetzt völlig am Boden zerstört sei, so dermaßen abgekanzelt worden zu sein. Nichts davon entspricht der Wahrheit, aber ich mache mir sofort Gedanken, werde unsicher, gehe das Gespräch tausendfach durch und bringe das Wiedergutmachungsplaudern mit dem ahnungslosen Mann hinter mich. Als wir einmal im Garten arbeiten und eine Nachbarin herüberkommt, zieht er mich an sich heran und spielt den stolzen Ehemann, übertrieben, strahlend, demonstrativ. Die Frau beneidet uns um unser Glück, bei uns sähe immer alles so harmonisch aus, sie würde ihren Mann leider viel zu wenig sehen, da er im Schichtdienst arbeite. Als ich das höre, wird mir klar, wie perfekt die Fassade ist, und ich würde am liebsten um Hilfe rufen.

Beständig spricht er mir auch ab, mit einem handelsüblichen Smartphone zurechtzukommen, mein altes Handy kann nur telefonieren und SMS verschicken, während er gerade dabei ist, sich bereits das zweite mit noch größerem Bildschirmdurchmesser zu leisten. Die Einrichtung, der Virenschutz, Gebühren, Einstellungen und überhaupt: »Wozu musst du schon ins Internet? Und zum Fotografieren hast du ja deine alte Kamera.« Als ich eines Tages am Bahnhof eine Gruppe junger Musliminnen sehe, die kichernd auf die Displays ihrer Smartphones schauen, bewundere ich sie für ihren ungezwungenen Umgang mit Tradition und Moderne, während ich mich so bevormunden lasse, aber es dauert noch eine ganze Weile, bis ich mich traue, mich über dieses unausgesprochene Alleinherrschaftsgebot hinwegzusetzen.

Rolf ist noch nicht fertig mit der Ehefrau-Optimierung, er hat mich ja jetzt in der Hand. Seine widersprüchlichen Botschaften und absurden Forderungen machen mich beinahe krank: sei anhänglich – sei selbstständig, arbeite hart – sei abends nicht müde, rede mehr mit mir – aber nur das, was ich hören will, bezieh nicht jede Kritik auf dich – sei doch mal ein bisschen selbstbewusster.

Er lässt nicht locker, schreibt mehrere Briefe an verschiedene Ärzte und Psychotherapeuten, in denen er meine »Störung« beschreibt. Er gibt ihnen meine sämtlichen persönlichen Daten, Name, Beruf, Geburtsdatum ... und selbstverständlich verlangt er meine Unterschrift darauf! Ich verbitte mir, dass er dermaßen über meinen Kopf hinweg agiert, und verbiete ihm, die Briefe abzuschicken. Doch das schreckt Rolf nicht weiter ab, stattdessen fertigt er ein noch ausführlicheres, mehrere Seiten umfassendes Dossier über meinen psychischen Gesundheitszustand an – heimlich, ich entdecke es nur zufällig. Säuberlich aufgelistet und unter den Überschriften Essverhalten, emotionale Betreuung der Kinder, Haushalt, berufliche Tätigkeit, Tagesablauf, Soziales, Freizeitverhalten, Schlafen-Körperkontakt-Sexualleben hat er zusammengefasst, wie er mich erlebt. Ich lese darüber, was ich gern esse, wie viel ich lese, dass ich gern zu Hause sei und am Wochenende mitunter bis halb elf schlafe, wann ich welchen Kontakt zu meinen Freundinnen habe, dass ich nicht gern auf dem Sofa kuschle, mein Wunsch nach Sexualität aber ausgeprägt sei, ich mich gern streicheln und stimulieren lasse, dass ich Ohrenstöpsel benutze, dass ich schlecht einschlafen könne, mir Behördengänge schwerfielen, ich mich sehr gut um die Kinder kümmere, alle zwei Wochen Fisch äße und es nicht leiden könne, wenn er sich in die Hausdeko einmische. Dass ich nicht gern irgendwo angestellt arbeiten würde, aber seit drei Jahren eine ziemlich erfolgreiche Illustratorin sei.

Wenn es nicht so absonderlich wäre, könnte man darüber beinahe lachen, denn wo bitte ist das Problem?

Seine Liste nimmt Rolf mit zum Gespräch mit einem niedergelassenen Psychologen, dessen Einschätzung über mich er einholen möchte. »Jo, jetzt wirst du sehen, dass ein echter Fachmann meine Beurteilung teilt.« Denn Rolf wundert sich beständig, dass mir Paul noch nie dazu geraten hat, professionelle Hilfe in Anspruch zu nehmen. Ich bin mir ganz sicher, dass sich kein niedergelassener Psychologe auf dieses Spiel einlassen wird, aber als er wiederkommt, händigt er mir die Adressen zweier Fachärzte für Psychosomatik aus. Der Therapeut habe gesagt, die könnten mir liegen. Ich will einfach nicht wahrhaben, was gerade geschieht, denn ich bin nicht nur nicht krank, sondern *gesund* und mag mir nicht vorstellen, was er dort, über seine merkwürdig harmlose Aufzählung hinaus, noch über mich berichtet hat, dass der Psychologe dazu kommt, mir quasi ferndiagnostisch Hilfe zu empfehlen.

Jemandem psychische Versehrtheit anzudichten, noch dazu als Mediziner, grenzt an Körperverletzung und Entmündigung. Genau wie seine Taktik, mich zu therapeutischer Hilfe zu überreden: »Wenn du nicht bereit bist, mit jemandem über deine Probleme zu reden, ist das ein Zeichen, dass du unserer Beziehung keine Chance mehr gibst.«

Ich schaffe es nur knapp, mich dieser Gehirnwäsche zu entziehen und eine Einzeltherapie abzulehnen, sage aber zu, eine Paartherapie mit ihm zu machen.

Nun soll ich mich um die Termine kümmern, weil ich ja auch schuld bin, dass es so weit gekommen ist. Ich weine viel und erbitte zwei, drei Wochen Pause. Es gibt Abgabetermine, die ich einhalten muss. Aber Rolf setzt mich unter Druck, fragt mehrmals am Tag, ob ich schon etwas gefunden hätte, wobei er einen ganzen Anforderungskatalog hat, was der oder die Therapeutin zu erfüllen habe. Immer wieder kommt er in mein Arbeitszimmer, brüllt, zetert und echauffiert sich über meine Ablehnung, mich wegen der Beratung zu beeilen. Er wird wütend und schreit, dass es höchste Alarmstufe sei. Als es darum ging, wer meinen Gehirntumor am besten operieren könne, habe er sich verdammt noch mal auch rasch gekümmert, also verlange er das auch von mir, wenn es nun darum gehe, unsere Ehe zu retten. Als ich ihm klarmache, dass ich bereits mehrere Termine vereinbart habe, die er aber alle wieder abgesagt hat, und dass die ganze Sache nicht zum Vergleich tauge, weil es bei meiner OP um mein Leben gegangen sei, lacht er mich aus. Welch riesige Übertreibung, dieser Eingriff sei einer der leichtesten überhaupt gewesen, den jeder andere Kreiskrankenhaus-Chirurg ebenso mit links hätte erledigen können.

Als ich erneut einen Termin in einer Paartherapeutischen Praxis bekomme, wo in einem gemischten Team gearbeitet wird, sagt Rolf auch diesen kurzfristig ab. Zu hoch sind ihm die Kosten und zu lang die Fahrtzeit, sein freier Vormittag ginge dafür drauf. Nun werden wir zu einer kirchlichen Beratungsstelle für Ehe-, Familien- und Lebensfragen gehen, das ist günstiger, auch wenn ich von vornherein ein schlechtes Gefühl dabei habe. Zahlen wird Rolf für diese Beratungen nie ...

Auch seine Ankündigungen, für einige Wochen ausziehen zu wollen, die er dann wieder zurücknimmt, bringen große Unruhe mit sich. Ich möchte Klarheit darüber haben, muss den Kindern allmählich erklären, warum ihr Vater sich benimmt wie ein Fremder, doch er merkt wohl, wie wenig ich protestiere, da begräbt er seinen Plan endgültig.

Doch im Ganzen reagiere ich lehrbuchmäßig und tappe in die Falle, die er aufgestellt hat: Vielleicht wird doch wieder alles gut, wenn ich ihm nur ein wenig entgegenkomme, mich überwinde, mich nicht so wichtig nehme, seine Wünsche respektiere und über meinen Schatten springe.

Mein ultraschlechtes Gewissen ist die Extra-Energie und pusht meine guten Vorsätze zusätzlich.

Denn es ist im Grunde ganz einfach, ich muss mich nur komplett aufgeben, und weil ich gut darin bin, komme ich Rolf in den folgenden Wochen in allen Belangen entgegen. Obwohl er nicht mal mehr erlaubt, dass ich im Schlafzimmer schlafe, verhalte ich mich wie ein dressiertes Hündchen und gebe ihm jeden Tag, was er fordert: eine exklusive, intensive Stunde Zeit und Aufmerksamkeit nur für sich allein – abends zu einer bestimmten Uhrzeit lasse ich mich also durch nichts ablenken, schon gar nicht durch die Kinder. Da ist Elternzeit, Paarzeit.

Wir gehen spazieren, reden, sitzen auf der Terrasse. Ich darf mir dabei weder die Nägel lackieren noch stricken, und auch sonst nichts tun, was ihn dazu bringen könnte, zu denken, ich sei nicht hundert Prozent bei ihm.

Danach verschwindet er regelmäßig in die Stadt, Essen, Kino, Tanzkurs, zusätzlich steht jeden Samstag eine Familien-Unternehmung an. Ich lese nicht mehr in meinem Zimmer, sondern stehe zum Reden zur Verfügung, egal wie spät er nach Hause kommt, ganz die liebevolle Ehefrau.

Nach einem Wochenende, das Rolf bei Freunden verbringt, sitze ich zu Beginn unserer Paarstunde nicht auf der Terrasse am Tisch, sondern werkle an meinen Pflanzen herum. Ich schlage ihm vor, sich doch mit einem Bier zu mir zu setzen, aber er wird sauer. Nun habe ich doch bereits anderthalb Tage meine Ruhe gehabt, da könne er verlangen, den Abend mit mir zu verbringen. Als ich ihm klarzumachen versuche, dass ich doch nur einen Meter von ihm entfernt sei, geht er wortlos aus dem Haus. Ich bin eben nur eine Hausangestellte, die, jetzt wo der Herr wieder da ist, erfrischt parat zu stehen hat.

Es ist anstrengend, aber es geht nicht anders.

Ich denke darüber nach, ob meine Haltung feige ist, peinlich, verantwortungslos, aber ich beschließe, dass ich einfach nur stark bin, stark für die Kinder. Einzig und allein für sie. Sie brauchen Ent-Spannung.

KAPITEL 14

»Du beschissene Drecksau!«

Ich leide darunter, nichts mehr von Paul zu hören, und bitte Rolf eines Tages, den Bann aufzuheben. Ich sage ihm, dass ich es unerträglich finde, mit jemandem zusammenzuleben, der mir den Kontakt zu einem bestimmten Menschen verbietet. Rolf genießt seine Macht, wird unflätig, vertieft seine Drohungen, ruft Paul an und überzieht ihn mit einer Schimpfwort- und Hasstirade. Dann verhöhnt er mich und behauptet, weder einen Detektiv engagiert zu haben, noch in Pauls Zimmer eingebrochen zu sein. Er habe nur geblufft, habe alles nur erfunden, um Eindruck zu machen. Ich weiß nicht, was ich ihm glauben soll. Tatsächlich schreibt Rolf Paul eine Mail und erlaubt ihm ausschließlich schriftlichen Kontakt zu mir, er solle mit Konsequenzen rechnen, falls er sich nicht daran halte. Aber unsere Freundschaft ist fast versiegt, Paul ist reserviert, vorsichtig und extrem misstrauisch, wir finden erst nach Jahren zu unserer Vertraulichkeit zurück.

Inzwischen arbeitet auch Alex in der Stadt, er wird sogar noch ein halbes Jahr vor Rolf seine Fachzahnarztprüfung machen. Wie üblich haben die beiden große Pläne, begnügen sich nicht mit kleinen Schritten. Nun planen sie doch die Gründung einer neuen Zahnarztpraxis, besser gleich ein überregionales zahnmedizinisches Versorgungszentrum. Und Alex bekommt tatsächlich einen Tipp. Er findet Praxisräume in einem Ärztezentrum in einem anderen Stadtbezirk, die Miete kostet ein Vermögen, er unterschreibt für 15 Jahre.

Ab diesem Zeitpunkt werde ich von Rolf nicht mehr in seine beruflichen Pläne eingeweiht, muss mir alle Informationen mühsam zusammenreimen und gewinne den Eindruck, dass die beiden dabei sind, ein raffiniertes Konstrukt zu erarbeiten, das mehr oder weniger undurchschaubar macht, wie die geplante Zusammenarbeit zukünftig aussehen soll. Eins aber muss ich mir ständig anhören: dass der berechnete Gewinn alle Erwartungen übertreffen wird und in einigen Jahren astronomische Summen fließen werden. Ebenfalls immer öfter ruft Rolf mich zu Unterredungen in sein Zimmer, wo er mir wieder und wieder erklärt, dass er nicht mehr länger gewillt sei, das spätere reichliche Einkommen auch mir zugutekommen zu lassen. Mit seinem ständig wiederholten kindischen Baumvergleich treibt er mich in den Wahnsinn: »Die Früchte, die dann an diesem Bäumchen wachsen, sind ganz allein meine, denn ich habe mir das erarbeitet und werde nichts davon abgeben.«

Stundenlang muss ich mit ihm zusammensitzen, um unsere Vermögensverhältnisse zu klären. In seitenlangen Tabellen fasst Rolf zusammen, wer wann wie viel Vermögen in die Ehe eingebracht hat, welche Werte wie verzinst werden und wem im Endeffekt wie viel wovon gehört. Ich finde es mühsam, aber nicht auffällig, denn mittlerweile kenne ich diese Aufrechnerei. Regelmäßig musste ich in den vergangenen Jahren solche Sitzungen aushalten, sie begannen bereits kurz nach der Hochzeit, um unsere Vermögenswerte aufzulisten. Mir kam das schon immer etwas seltsam vor, es hat mich belastet, es hat mich Nerven und Zeit gekostet, aber ich dachte, man macht das in einer Ehe eben so.

Es sind seine Rechnungen, nicht meine, auch wenn er stets auf ein handschriftliches Protokoll besteht, welches ich ihm datiert und unterschrieben vorzulegen habe. Denn diesmal plant er unsere Trennung. Doch ich will es nicht wahrhaben, verziere das Papier mit kleinen Vignetten und hoffe, dass es nur eine Phase ist, eine Art Erkältung, die auch wieder ausheilt.

Ich bin doch immer noch sein verfluchter Fels! Aber ich beginne zu bröckeln, immer mehr, sehe mir oft von außen zu. Manchmal denke ich, wie einfach es wäre: Fenster auf und raus. Ende der Gespräche, Ende der Hilflosigkeit, Ende des Gefühls würgender Hände um den Hals. Einmal klettere ich auf den Schreibtisch, lege die Hand an den Fenstergriff und starre nach unten. Als meine Stirn gegen das kalte Glas sinkt, komme ich zur Vernunft – und schäme mich.

Weil ich dringend einen Ansprechpartner brauche und die Dame von der paartherapeutischen Beratungsstelle nicht recht weiß, wie sie Rolfs Anspruch, mich wieder auf die Spur zu bekommen, bewerkstelligen soll, und auch sonst nur lustige kleine *Brigitte*-Ratschläge abspult, nehme ich wieder Kontakt zu meinem ersten Freund Thomas auf. Wir haben uns in den letzten zwanzig Jahren kaum fünfmal geschrieben, jetzt ist er geschieden und kann meine Sorgen nachvollziehen. Unser Austausch ist unregelmäßig, aber ich habe den wohltuenden Eindruck, dass jemand im Hintergrund auf mich achtgibt.

Doch darüber ist Rolf längst informiert, regelmäßig kontrolliert er bereits meinen Computer und meine Postfächer. Als wir einmal bei einem Tagesausflug zufällig in der Nähe von Thomas' Heimatstadt vorbeikommen, fragt Rolf mich wie beiläufig, ob ich mal wieder etwas von ihm gehört hätte. Ich verneine mit klopfendem Herzen und ahne nicht, dass er mich bei einer waschechten Lüge ertappt hat.

Vielleicht erklärt das seine immer häufiger werdenden Auffälligkeiten.

»Deine Brille ist so hässlich, da kann man nur drauf f***«, spuckt er mir entgegen.

»Du Pottsau«, brüllt er vor den Kindern, weil er findet, der neue Ofen sei nach den paar Kuchen, die wir darin gebacken haben, bereits zu dreckig. Er tobt in der Küche, knallt mit Schubladen und Schranktüren. »Du beschissene Drecksau«, schreit er mit sich überschlagender Stimme.

Da packe ich eine Tasche und gehe für eine Nacht.

Kurze Zeit später trifft er sich mit seinen Freunden zum Feiern. Ich wache auf, als er in den frühen Morgenstunden polternd nach Hause kommt. Draußen vor dem Gästezimmer, in dem ich schlafe, lacht Alex. Rolf muss total betrunken sein, denke ich.

Weil ich den Auftrag habe, ihn nach solchen Nächten auf keinen Fall länger als bis mittags schlafen zu lassen, da er sonst abends nicht einschlafen kann, betrete ich am nächsten Vormittag das Schlafzimmer, um ihn zu wecken.

Und da ist er wieder: dieser Geruch von damals aus dem Wäschekeller, der mir die Luft zum Atmen nahm. Wie eine Wolke hängt er auch diesmal im ganzen Raum. Rolf stinkt, und auch seine Klamotten, die als widerlicher Haufen vor dem Bett liegen, stinken. Als ich das Fenster öffne, fällt mir auf seinem Schreibtisch ein schäbiges Plastikfeuerzeug neben seinem Portemonnaie auf. Merkwürdig fehl am Platz und untypisch für Rolf, denn wenn er raucht, benutzt er ausschließlich Streichhölzer. Als ich es in die Hand nehme, sehe ich, dass es schon oft benutzt wurde, das transparente rote Plastik ist abgeschabt. Ich entdecke, dass ein eingeschobenes Papier den Blick auf den Inhalt verhindert. Der Boden ist abgesägt und wieder aufgesteckt worden, und als ich ihn öffne, fällt mir eines dieser Silicia-Gel-Päckchen entgegen, die man in Versandkartons findet. Es ist oben mit Tesa verschlossen, in der Falz klebt die kristalline weiße Substanz, mit der es bis zum Rand gefüllt ist.

Mir wird schlecht.

Ich verschließe alles, wie ich es vorgefunden habe. Aufgewühlt und entsetzt wecke ich Rolf, lasse ihn gar nicht erst richtig aufwachen und frage ihn, ob er etwa Drogen genommen habe. Wir geraten in Streit, ich bin aufgebracht, bestürzt, fürchterlich wütend, doch Rolf hat gar kein Problem damit, es zuzugeben, schließlich bin ich ja der Auslöser.

»Da muss man ja koksen, bei einer wie dir«, sagt er und fügt hinzu, dass seine Freunde das übrigens auch so sähen. Mit nur einem einzigen Satz macht er sich vom Täter zum Opfer, kaltschnäuzig und primitiv. Aber es funktioniert, wie in vielen anderen Fällen auch. Ich kann es nicht fassen, wie verantwortungslos sein Verhalten uns gegenüber ist, seiner Familie! Wenn er immer das Oberhaupt sein will, dann soll er sich auch so benehmen und nicht wie der letzte Vollidiot. Er steht kurz vor der Fachzahnarztprüfung, wir sind hochverschuldet, alles steht und fällt mit seinem Plan, sich selbstständig zu machen. Wir hängen alle mit drin, sieht er das denn nicht? Ich werde panisch bei dem Gedanken, er hätte erwischt werden können. Verliert er die Approbation? Ist man dann vorbestraft? Droht gar Gefängnis? Doch Rolf wiegelt ab. Als Zahnarzt dürfe er diese Substanzen besitzen, kein Mensch könne ihm da etwas anhaben. Ich weiß nicht mehr, was ich denken soll. Dieser Mann bringt uns um Kopf und Kragen, ich habe schreckliche Angst davor, dass das irgendwann einmal schiefgeht.

Erst viel später wirft Rolf das Feuerzeug achtlos in eine seiner Schubladen. Irgendwann fotografiere ich es, weil ich befürchte, dass man mir diese Geschichte nicht glauben wird, – sollte ich einmal gezwungen sein, sie zu erzählen. Jeden Tag sehe ich nach, ob das Feuerzeug noch da ist. Irgendwann ist es verschwunden.

Wenig später will ich mich mit meiner Mappe bei einem Schulbuchverlag vorstellen. Es ist ein wichtiger Termin, und ich bin heilfroh, aus dem Haus zu kommen. Es wäre die ideale Gelegenheit, mich danach mit Thomas zu treffen. Er ist auf einen Flirt aus, ich merke das an seinen Mails, und ich beginne, darüber nachzudenken, ob ich mich mit ihm verabreden soll. Mittlerweile fühle ich mich zu Hause nur noch wie ein Stück Müll, ausgenutzt und missbraucht. Ich spüre immer deutlicher, dass Rolf mich einfach nur als Relocation-Managerin gebraucht hat.

Je schlechter es mir geht, umso fröhlicher, bunter und verschmitzter werden meine Zeichnungen. Das kommt an, das rettet mich, immer wieder. Aber tief in mir ist es kalt, wie abgestorben. Ich habe diesen Körper nur noch, damit er meinen Kopf trägt, meine Arbeit tut. Meine Regel kommt in immer kürzeren Abständen, ich habe Zwischenblutungen, Schlafstörungen, Albträume. Die Muskelkrämpfe, die ich seit der Operation im Nacken habe, werden heftiger und die Attacken schmerzhafter, vom Tinnitus ganz zu schweigen.

Ich selbst aber werde immer unsichtbarer, manchmal fühle ich mich nicht mal mehr. Mittlerweile wiege ich nur noch 47 Kilo, ich verbrauche mehr Kalorien, als ich zuführen kann, Rolf setzt mir mehr zu, als ich dagegenzuhalten vermag. Wann immer er mich ins Schlafzimmer zitiert, wo ich mich aufs Bett setzen muss, damit er besser auf mich herabblicken kann – einmal tastet er mich sogar ab, weil er vermutet, ich würde das Gespräch aufzeichnen –, fange ich an zu zittern, mein Körperfett schmilzt dahin. Rolf merkt es nicht einmal. Vergessen sind die Anorexie-Vorwürfe, jetzt hat er etwas viel Besseres gefunden. Bald werde ich davon erfahren.

Wieder einmal muss ich also dringend mit jemandem reden, weil ich mir nicht mehr sicher bin, ob ich meiner eigenen Einschätzung noch trauen kann. Rolf hat mir wiederholt gesagt, ich dürfe gern meine Erfahrungen mit Männern machen, wenn ich es nötig habe, auch wenn er das nicht ernst gemeint haben kann. Ich werde

Thomas treffen, und diesmal fahre ich mit der Aussicht auf einen One-Night-Stand, und ich fühle nichts dabei. Analytisch, kühl, plane ich die Reise, kaufe einen kleinen Safe für meine privaten Unterlagen und Passwörter, damit ich wenigstens die wichtigsten Sachen vor Rolf in Sicherheit bringen kann.

Ich nehme mir vor, zwei Tage jemand anders zu sein. Ich bin so abgekämpft von den vielen Tränen, die ich vergieße, von den sinnlosen Beratungsgesprächen, die mir Zeit stehlen, Energie rauben und mir nur immer wieder vor Augen führen, wie hirnrissig im Grunde meine Entscheidung ist, wegen der Kinder diese Farce aufrechtzuerhalten. Ich erlaube mir, den Versuch zu wagen, ob mir das Konzept »Liebhaber« die nötige geheime Kraftressource sein kann, die es mir ermöglicht, noch durchzuhalten, bis Julika mit der Schule fertig ist.

Ich komme an einem Donnerstag wieder nach Hause, in den darauffolgenden Tagen überschlagen sich die Ereignisse, und am Wochenende bricht alles zusammen, endgültig und ein für alle Mal.

Zunächst belauert Rolf mich, stellt mir seltsam arglistige Fragen und bietet mir wiederholt an, dass ich jetzt noch Zeit hätte, zuzugeben, dass ich mich mit *jemandem* getroffen habe. Dieses Katz- und Mausspiel macht mich beinahe verrückt, ich fühle mich sicher, habe mögliche Hinweise versteckt, ich will nichts zugeben. Vielleicht blufft er ja nur? Vielleicht ist es alles ja nur ein Trick? Ich möchte nicht, dass er mir schon wieder etwas nimmt. Ich möchte einfach nur ein winziges, kleines Geheimnis für mich haben. Eine Streicheleinheit für die Seele. Etwas, das mich aufrechthält. Ich durchschaue sein perfides Spiel nicht, aber es fühlt sich an, als ob ich mich immer tiefer in sein Netz verspinne. Und er sammelt meine Neins wie Trophäen, Beweise, die er hinterher vor meinen Augen zerpflücken kann.

Als ich am nächsten Morgen vor einem Entwurf sitze, kommt er herein und teilt mir mit, dass er entschieden habe, sich von mir zu trennen. Er sagt diesen Satz langsam, verwendet meinen vollen Namen, Johanna, so hat er mich fast zwanzig Jahre nicht genannt. Seine Lippe zittert, und in seinen Augen schimmern Tränen. Es sind Krokodilstränen, das pure Selbstmitleid, wirklich echte Tränen habe ich bei ihm in all den Jahren nie gesehen.

Ich drehe mich auf meinem Hocker wieder an den Zeichentisch, wende ihm den Rücken zu, in mir ist eine Mischung aus Panik und Erleichterung.

Panik, weil eingetreten ist, wovor ich bisher die meiste Angst hatte. Und Erleichterung, weil es endlich passiert ist, weil mir jemand die Entscheidung abgenommen hat. Ich reagiere etwas verzögert, als ob die Wahrheit sich nur langsam in meinem Kopf ausbreitet; zähflüssig kriecht sie durch die Gehirnwindungen, ich weine nicht, schluchze nicht, protestiere nicht. Rolf wartet ab, er sitzt einfach nur da und starrt ein Loch in meinen Rücken. Irgendwann kommen mir doch die Tränen, und ich bitte ihn, mein Zimmer zu verlassen.

Doch Rolf hat seine ganz eigenen Vorstellungen von Trennung. Er sagt mir, dass er mich unendlich liebt und noch mindestens vierzig Jahre mit mir zusammen sein möchte, gemeinsam mit mir alt werden wolle. Doch jetzt, da die Praxisgründung anstünde, solle ich doch bitte einsehen, dass alles, was er geschaffen habe, auch seines bleiben möge. Dann erklärt er mir todernst, wie er sich die Zukunft vorstellt.

Er habe mir nämlich ein Angebot zu machen, das beinhalte, dass ich auch weiterhin in unserem Haus wohnen bleiben dürfe und er die Familie und mein Hobby finanziere, wenn ich als Gegenleistung einen nachträglichen Ehevertrag unterschriebe, der ihn, sofort und im Falle einer Scheidung, von jeglichen finanziellen Verpflichtungen, jetzt und für alle Ewigkeiten entbinde. Es ist eine Verzichtserklärung auf Versorgungsausgleich, Rentenanteile, Unterhalt (»Du bist selbst schuld, dass du nichts ansparen konntest, du hättest locker jeden Tag zehn Stunden arbeiten gehen können!«). Er fordert die Gütertrennung und die Aufgabe all meiner Rechte im Zusammenhang mit einer Zugewinngemeinschaft, kurz: Er alles, ich nichts. Weil er alles erschaffen hat, ich nichts dazu beigetragen habe. Und das Beste: Ich soll diesen Vertrag auch noch selbst zu Papier bringen.

Ich bin wie vor den Kopf gestoßen. Ich kapiere *nichts*.

Was bedeutet das alles? Warum sind auf einmal diese Vokabeln im Raum? Ich kann sie nicht mal übersetzen, ich bringe sie nicht mit mir und unserem Problem in Zusammenhang. Erst will er die Trennung, dann sollen wir miteinander alt werden, dann bietet er mir ein Leben in einem Käfig an?

»Unternimm was, informiere dich, schreib was auf, aber tu was«, herrscht er mich an.

In meinem Kopf ist ein Rauschen, wie früher, wenn man im Radio einen Sender suchte.

»Warum?«, möchte ich schreien, kreischen, ausflippen, ihm ins Gesicht spucken, »warum jetzt und nicht vor fünf Jahren, als wir noch keine hunderttausende Euro Schulden hatten, als ich nicht arm wie eine Kirchenmaus aus einer Scheidung gegangen wäre?« Aber ich kenne die Antwort, alles liegt so glasklar auf der Hand: weil er mich da noch brauchte. Um genau das alles aufzubauen, wovon ich jetzt nichts abkriegen soll.

Es wundert mich, dass ich überhaupt noch atme.

Man sagt, wer einmal erlebt hätte, wie es sich anfühlt, wenn Einbrecher in der eigenen Wohnung gewesen wären, der fühle sich dort niemals wieder sicher, möchte am liebsten sofort ausziehen, weil dieser einzige Schutz, den man zwischen sich und der Welt hat, seine Höhle, seine Hülle, sein Kokon, nicht mehr intakt ist. Auch mein Kokon ist nicht mehr intakt, doch der Einbrecher sitzt noch vor mir.

Was soll ich jetzt bloß tun?

Am Tag nach seiner Eröffnung ruft Rolf mich in den Keller. Ich habe ihn schon eine ganze Weile darin herumpoltern hören, jetzt muss endlich raus, was sich in den letzten Tagen noch aufgestaut hat, denn Rolf hat seinen Joker noch nicht gezogen.

Ich bin von seiner Trennungsidee und der Vertragsforderung noch wie betäubt. Doch offenbar scheine ich in seinen Augen noch nicht genug am Boden zu liegen, etwas steht noch zwischen uns, und es wird Zeit, dass ich eine Lektion in ehelichem Gehorsam erhalte.

Er kündigt mir an, bebend vor Feindseligkeit, dass dies meine letzte Möglichkeit sei, zuzugeben, dass ich mich mit jemandem getroffen habe. Es bestünde immer noch die Chance, die Wahrheit zu sagen, dann würde er mir meine Lügen auch nachsehen, mein Vergehen.

»Ich weiß nicht, was du meinst«, sage ich, leise, eine einzige Unterwerfung. Mea culpa, mea maxima culpa. Es ist ein Desaster und ich habe es ausgelöst.

Voller Genugtuung, dass ich bei meinem Schweigen bleibe, holt er einen kleinen Schlüssel aus der Tasche und wedelt damit vor meinen Augen herum. Ich muss mich anlehnen, meine Beine schlottern.

Dann beginnt Rolf zu brüllen, ein Ausbruch voller Verachtung, Zorn und Empörung. Er schüttet so viel Unrat über mir aus, dass sich in meiner Erinnerung alles zu einem einzigen stinkenden Brei vermischt. Tobend beschreibt er mir, wie er meinen Computer gehackt hat, meine Mails, private und geschäftliche, meine Briefe und Aufzeichnungen gelesen hat. Wie er meine Festplatte kopiert, sich einen Nachschlüssel für den

Safe besorgt, meine USB-Sticks kopiert, meine Passwörter gestohlen hat.

»Du f*** mit anderen Männern«, brüllt er mich an. Er hat mir nachspioniert, weiß, in welchem Hotel wir waren, hat herausgefunden, auf welchen Namen es reserviert war.

Ich traue mich nicht, mich zu verteidigen, auch nur irgendetwas zu erwidern. Ich komme nicht mal darauf, ihm entgegenzuschleudern, dass er es mir sogar ausdrücklich erlaubt hat. Ich fühle mich wie der schlechteste, verabscheuungswürdigste Mensch der Welt, ich schäme mich zutiefst, dabei brauchte ich doch nur eine winzig kleine Insel, wollte niemandem schaden.

Doch jetzt weiß er nicht nur das, sondern kennt auch meine intimsten Gedanken, hat gelesen, was ich fühle, was ich hoffe, welche Bedürfnisse ich habe. Nun bin ich seziert, liege unter dem Mikroskop, gedeutet, ausgelesen, entziffert, abgehakt.

Es ist wie eine erneute Vergewaltigung, zum dritten Mal ist er eingedrungen in mein Privatestes, meine Intimsphäre, mein Ich.

Was bin ich jetzt eigentlich noch?

Rolf steigert sich weiter in seine Hasstirade hinein. Ich bitte ihn, damit aufzuhören, die Kinder können uns hören, aber er macht einfach weiter. Kippt seinen gesamten Frust über mir aus, gibt mir die Schuld an allem, bis ich mich selbst so verachte und die seelischen Grausamkeiten nicht länger aushalten kann, meine Beine nachgeben und ich an der Wand nach unten rutsche.

Auf dem Kellerboden verliere ich das Bewusstsein.

Als ich wieder zu mir komme, höre ich, wie die Kinder die Treppe herunterstürmen. Rolf hat sich nicht bewegt, starrt auf mich hinab.

»Was ist mit Mama?«, ruft Julika panisch.

»Holt ihr eine Decke, ihr ist kalt«, erwidert Rolf und geht an den verstörten Kindern vorbei nach oben.

Ich komme auf die Beine, so schnell wie möglich, damit sie sich keine Sorgen machen.

»Alles okay«, sage ich, »kommt, wir machen Essen.«

Aber es ist nichts okay und es wird auch niemals wieder okay werden. Rolf hat mir den Krieg erklärt und noch einmal deutlich gemacht, wen er unter den Gefallenen sieht.

KAPITEL 15

»Ich kriege das Haus und du die Kinder.«

Das Blatt hat sich gewendet, es geht nicht mehr um unsere Ehe, es geht um Sieg oder Niederlage, alles oder nichts, Ausziehen oder Bleiben.

Für Rolf aber gibt es keine Optionen, für ihn gelten nur die 13 Buchstaben: J O H A N N A W I N T E R, auf irgendeinem noch nie gesehenen Vertrag, den er sich in seinem Kopf zurechtgesponnen hat.

Doch nach dem ersten Schock übernimmt ein gut geübter Automatismus mein Handeln, und ich reagiere, wie ich immer reagiere, wenn Rolf mit einem Vorschlag kommt, der mein Leben beeinflussen wird: Ich spiele die Möglichkeiten durch.

Durch meinen Umgang mit seinen kurzsichtigen Panikentscheidungen bin ich gestählt und weiß, was zu tun ist. Meine größte Chance ist, ihm stets einen Schritt voraus zu sein.

Doch diesmal behalte ich die Ergebnisse meiner Recherche für mich, sammle Informationen, lasse mich beraten, telefoniere stundenlang mit meiner Mutter, sie ist meine engste Vertraute. Ich schreibe sämtlichen weiblichen Personen, von denen ich annehme, dass sie Sympathien für mich hegen, Freundinnen, Bekannten, Kolleginnen, offen und schonungslos, welchen Deal ich angeboten bekommen habe und was bei uns gerade los ist, frage, was sie an meiner Stelle tun würden.

Wenn er Krieg will, dann brauche ich ein Heer. Ich kaufe mir endlich ein Smartphone, und siehe da, die dumme Jo kommt wunderbar damit zurecht. Auch als ich in einem der Umzugskartons im Keller etwas suche und ein weiteres Feuerzeug, gefüllt mit der gleichen Substanz, finde, spreche ich ihn nicht darauf an, sondern nehme es einfach an mich.

Später, als ich bereits ausgezogen bin, rächt sich mein hilfloses Fischen nach weiblicher Unterstützung, weil eine Bekannte die Dummheit begeht, meine Nachricht Silke zu zeigen. Ich hatte keine Ahnung, dass sie sich kennen! Und so ist es für Rolfs Anwalt ein Leichtes, aus meiner, mit der Bitte um Verschwiegenheit gesendeten Indiskretion, eine Verleumdung mit berufsschädigender Wirkung zu machen, was mir eine Unterlassungsklage einbringt, die in die Hunderttausende geht und für die ich mich vor Gericht verantworten muss. Obwohl ich Beweise vorlegen könnte, verzichte ich darauf, weil ich Rolf nicht mit kriminalpolizeilichen Ermittlungen schaden will, ebenso wenig wie mit der Mail. Dennoch ergeht der Beschluss, dass ich es fortan zu unterlassen habe, zu behaupten, dass Rolf jemals Drogen genommen hat.

Meine Freundinnen reagieren mit Entsetzen und Schock und alle raten mir dazu, bloß nichts unüberlegt zu unterschreiben, auch wenn noch überhaupt kein Schriftstück existiert, denn Rolf hat auch diese Idee nur einfach ausgekotzt und verlangt nun, dass ich mich um die stinkende Pfütze kümmere.

Sein Druck auf mich wird immer größer, plötzlich muss alles noch schneller gehen, er braucht die Entscheidung noch diese Woche, morgen, heute. Kein Mensch kann so vernünftig denken, viel zu viele Unbekannte stehen im Raum: Entscheidungen, die über meine Zukunft und die der Kinder bestimmen und von deren Reichweite ich keine Ahnung habe, kann ich nicht innerhalb von Tagen oder Stunden fällen.

Doch Rolf hofft genau das. Die Zeit läuft eindeutig gegen ihn, deswegen stellt er mir immer neue Ultimaten, dringende Geschäftsverträge müssen unterschrieben werden, und Rolf will sich ohne Ehevertrag nicht selbstständig machen.

Ich schlage ihm sogar vor, nur die Praxis als Wertgegenstand aus der Gütergemeinschaft auszuklammern. Ein Anwalt erklärt mir, das sei das übliche Vorgehen, so hafte die Ehefrau auch nicht für Kredite und Verluste, habe jedoch nichts vom Gewinn, worüber man einen entsprechenden Ausgleich festlegen müsse.

»Warum sollte dir Geld zustehen?«, schreit Rolf. »Sag mir mal ganz ehrlich, was glaubst du eigentlich, wie viel deine Arbeit hier zu Hause überhaupt wert ist?«

Ich traue mich nicht, ihm zu sagen, dass ich sie für genauso wertvoll wie seine halte, dass ich überhaupt genauso viel wert bin wie er. Immer deutlicher kristallisiert sich heraus, was Rolf wirklich vorhat. Seine Drohungen werden konkreter: Sollte ich nicht unterschreiben, werde er sich nicht selbstständig machen, sondern weiterhin bei Alex als angestellter Zahnarzt arbeiten, sein Monatsgehalt läge auch in Zukunft weit unter dem Durchschnitt, was einem finanziellen Desaster gleichkäme.

Als ich Rolf nach ein paar Tagen damit konfrontiere, dass mir vier Anwälte mitgeteilt hätten, dass ein solcher Verzichtsvertrag sittenwidrig und anfechtbar sei und er keinen Notar fände, der einen solchen überhaupt aufsetze, reagiert er mit einer völlig anderen Facette, zieht einfach eine neue Maske auf, Dr. Jekyll und Mr. Hyde in Höchstform.

Er zeigt sich tief verletzt über meine Anmaßung, mich überhaupt anwaltlich beraten zu lassen. Was für eine bodenlose Dreistigkeit, auch nur für eine Sekunde annehmen zu können, ich habe irgendeine Art Recht auf meiner Seite! Blitzschnell wendet er den Spieß. Ob mir nicht klargeworden wäre, dass dies alles nur ein grandioses Schauspiel gewesen sei, inszeniert, nur für mich, eine Lektion in Demut, Jo! Ich sollte doch nur Angst bekommen, so plötzlich ganz allein vor dem finanziellen Abgrund zu stehen, damit ich ihm wieder mehr Wertschätzung für seine Leistungen entgegenbringen würde.

Dann ein erneuter Schwenk, Rolf beginnt zu heulen, presst unter Schluchzern hervor, dass, wenn ich aus Liebe zu ihm bereit gewesen wäre, auf seine Forderungen einzugehen, es ihm Zeichen genug gewesen wäre und er den Vertrag hinterher gar nicht mehr gewollt hätte! Als ich ihm sage, klar und beherrscht, weil ich mir die Situation vorher wohl tausendmal vorgestellt habe, dass ich mit diesen widersprüchlichen Botschaften nicht weiterleben kann, und ihn bitte auszuziehen, flippt er völlig aus. Dass ich zu so einem Schritt fähig sei, zeige ihm nur noch mehr, wie wenig mir unsere Ehe bedeute.

Es ist also auch diesmal so wie immer, Rolf schmeißt eine Bombe mitten in die Familie und sieht dann vom Rand her zu, wie sie explodiert.

Doch diesmal ist er zu weit gegangen. Ich merke ihm seine Erschütterung an. Er hat nicht damit gerechnet, dass seine Drohgebärden das genaue Gegenteil dessen auslösen, was er geplant hat. Deswegen müssen also wieder andere Saiten aufgezogen werden, rasch und gnadenlos. Der Angriff kommt diesmal bereits am nächsten Tag. Eine solche Kränkung wird er mir nicht durchgehen lassen, die Trennungsphase beginnt.

Zunächst sperrt er die Konten und entzieht mir sämtliche Vollmachten. Er tauscht das Schloss an der Schlafzimmertür und verlangt, dass ich den Kleiderschrank räume. Er beginnt mit dem Schreddern von Akten und Unterlagen, das Gerät läuft von morgens bis abends.

Mit jedem Tag, der vergeht, wird er aggressiver, und die Kinder werden stiller. Julika bricht mitten im Unterricht in Tränen aus, ich muss sie aus der Schule abholen. Ich schenke ihnen alle Kraft und Zuversicht, die ich noch irgendwie zusammenklauben kann. Doch in meinem Kopf tobt ein Wirbelsturm, noch nie habe ich mich derart konfus gefühlt. Ich weiß, dass ich auf keinen Fall einen Fehler machen darf, muss meine Sinne beisammenhalten, wachsam sein – dabei bin ich einfach nur sterbensmüde.

Rolf gibt nicht auf, so dringend braucht er meine Zusage. Er redet auf mich ein, minutenlang, mehrmals am Tag, monologisiert, droht, erklärt, beschimpft und degradiert mich. Irgendwann wird mir klar, dass er sich schon seit Jahresbeginn mit diesen Gedanken getragen haben muss, vielleicht auch schon im letzten Jahr, doch da kamen meine Erkrankungen wohl dazwischen.

Wenn er nach stundenlangen Telefongesprächen mit Verwandten und Freunden, die er mit einem Glas Wein in der Hand vorzugsweise draußen auf dem Gehweg führt, wieder genug Inspiration getankt hat, kriege ich abermals einen Schwall Beschimpfungen ab. Es macht ihn rasend, dass ich so verdammt dickköpfig und uneinsichtig bin.

»Setz den Vertrag auf«, brüllt er, »tu endlich was«, als ob ich für seine Pläne verantwortlich sei. Als die Zeit immer knapper wird, lässt er sich erstmals anwaltlich beraten und eine seitenlange Vereinbarung aufsetzen, die meine Anwältin später als »Pamphlet« bezeichnen wird.

»Wenn du nicht unterschreibst, Mädchen, dann werden sich die Zeiten ändern«, brüllt er, baut sich vor mir auf, droht mir. Seine Wut lässt sein Gesicht aufquellen. »Mädchen, Mädchen, du wirst schon sehen, bald werden hier andere Saiten aufgezogen.«

Rolf will Vergeltung, und mir wird klar, dass er so schnell wie möglich ausziehen muss, – die Angst vor meinem eigenen Mann wird immer größer.

Naiverweise bin ich fast sicher, dass ich wenigstens bei dieser Sache gute Karten haben werde. Die Kinder sind wie betäubt durch den plötzlichen Orkan, der über uns hinwegfegt. Ihr Vater ignoriert ihre Sorgen völlig, erklärt sich nicht, schweigt, überlässt die Pflege der seelischen Wunden mir, wie gehabt.

Wenn ich es nicht mitbekomme, geht er abends in ihre Zimmer und erklärt ihnen, dass er mich immer noch liebt und sich eigentlich gar nicht trennen möchte. Die Kinder klammern sich an jeden Strohhalm, und ich habe alle Mühe, diese Aussagen zu erklären, auszubügeln, aufzufangen. Als ich mit ihnen darüber rede, dass ich es besser fände, wenn ihr Vater auszieht, dass es aber auch sein könnte, dass wir gehen müssen, bricht für sie eine Welt zusammen. Sie scheinen erschütterter darüber, dass sie ihr Zuhause erneut verlassen müssen, als dass sich ihre Eltern trennen, und ich merke, dass ich ihnen diesen Umbruch auf keinen Fall zumuten kann.

»Papa will sich trennen, und wir müssen ausziehen, das ist gemein«, kreischt Anne und verschanzt sich in ihrem Zimmer.

»Und dann wohnen bald fremde Kinder in unseren Zimmern?«, fragt Julika leise.

Auch ich bin körperlich und seelisch am Ende, brauche eine Pause von diesem Aggressor im Haus und kann mir nicht vorstellen, wie das gehen soll, ein Trennungsjahr voller Demütigungen, Maßregelungen und Zurechtweisungen zu ertragen. Deshalb bitte ich Rolf erneut, diesmal schriftlich, bis Ende des Jahres auszuziehen.

»Niemals«, schreit er, »niemals werde ich aus meinem eigenen Haus ausziehen. Ich kriege das Haus und du die Kinder«, tobt er, und ich bin heilfroh, dass die beiden das nicht gehört haben.

Ich frage meine Anwältin um Rat. Sie regelt zunächst die erforderlichen Formalitäten für den Kindesunterhalt und bietet an, ein

Wohnungszuweisungsverfahren anzustrengen, damit das Haus für das Trennungsjahr mir und den Kindern zugesprochen wird. Über solche Anträge entscheidet das Familiengericht, als Hauptbetreuungsperson der beiden Kinder habe ich gute Chancen. Doch als die Anwältin nachsieht, wer für den Anfangsbuchstaben unseres Familiennamens zuständig ist, hat sie Bedenken. Dieser Richter lässt in der Regel eine Argumentation auf der Basis »psychischer Gewalt« nicht zu. Natürlich könnten wir es dennoch versuchen, aber gerade ist Jahreswechsel, solche Dinge dauern, selbst wenn sie sich »Eilverfahren« nennen ... Wenn keine körperliche Gewalt im Spiel sei, müsse ich andere Argumente vorbringen, den Tatbestand der Erniedrigung zum Beispiel. Wenn mein Mann jedoch nachvollziehbar darlegen könne, dass er sich innerhalb unseres Hauses nur in seinem Zimmer aufhalte, würde es schwierig werden, »unbillige Härte« nachzuweisen. Sie schlägt dennoch vor, es zu versuchen, weil sie sieht, dass es mir schlecht geht, aber die Aussichten sind gering, die Kosten habe ich zu tragen.

Auch Rolf hat sich informiert und versucht es mit Tränen. Er weint und jammert, obwohl er dazu objektiv gesehen keinen Grund hat. Zu gut sind seine Aussichten, im Haus bleiben zu dürfen. Trotzdem weist er panisch schluchzend darauf hin, dass ich ihn nur rausbekäme, wenn ich tief in die Kiste der Unwahrheiten und Lügen griffe, was alles, alles zerstören würde.

Am nächsten Tag ist er wieder obenauf. Er hat einen zweiten anwaltlichen Rat eingeholt, und als er zurückkommt, hüpft er vergnügt durchs Haus, pfeifend, trällernd.

»Du kriegst mich hier nicht raus«, triumphiert er, »da musst du dir schon Kindesmissbrauch oder Gewalt ausdenken.«

Die Vergewaltigung? Ich habe keine Kraft für eine Aussage-gegen-Aussage-Schlacht: keine Beweise und schuldig wie die Nacht, ich bin die Ehebrecherin, hatte es verdient – it's a men's world ...

Das Koks? Ich kann nicht an dem Ast sägen, auf dem ich sitze. Wenn Rolf wegen Drogenbesitzes angeklagt werden würde, würde alles zusammenstürzen. Außerdem sind meine Fingerabdrücke auf den Feuerzeugen, ich könnte mit Leichtigkeit von seinen Anwälten selbst zur Tatverdächtigen gemacht werden.

Ich gebe also auf.

Ich werde es tun. Ausziehen, ein neues Heim schaffen, schon wieder.

Und Gott sei Dank werde nicht ich es sein, die eines Tages in ein leeres Haus zurückkommt, acht Zimmer ohne Leben, kahl und fremd, in denen man nur noch seine eigene hässliche Stimme hört, nicht mehr die schönen, hoffnungsfrohen der Kinder.

Kein Lachen, keine Zeichnungen am Kühlschrank, keine bunten Trinkflaschen und Schulranzen, keine einzelnen rosa Söckchen, kein Mama-guck-mal-was-ich-kann, keine klebrigen Joghurtlöffel an seltsamen Orten, Kekskrümel auf dem Sofa und als Erstes KiKA, wenn man den Fernseher anstellt. Ich könnte das nicht ertragen ...

Doch Rolf ahnt von meiner Kapitulation nichts, ich werde ihn in Unsicherheit wiegen, solange ich kann. Schön, dann habe ich wenigstens das Urteil seiner Eltern ad absurdum geführt, die mir haben ausrichten lassen, ich würde nur mit meinem Auszug zeigen, dass es mir in der Beziehung zu ihrem Sohn nicht ausschließlich um Geld gegangen wäre. Wie kann er ihnen eine solche Meinung eingeimpft haben? Doch jetzt zieht die Prinzessin aus, es geht ihr nämlich um ihr Leben.

Fast schon amüsiert finde ich heraus, dass er sich noch mehr Sicherheiten verschafft, falls ich doch auf die Idee kommen sollte, die Sache vor Gericht zu bringen: Er lässt sich in einem Gefälligkeitsgutachten eine Depression diagnostizieren, bekommt Antidepressiva und Benzodiazepine verordnet, gibt an, zu einem Auszug körperlich und psychisch nicht in der Lage zu sein. Noch dazu werde er langsam, aber sicher arbeitsunfähig, zu oft habe er sich jetzt schon krankmelden müssen, zu traumatisierend sei das Erlebnis gewesen, herausgefunden zu haben, dass seine Frau während der Ehe bereits mehrmals fremdgegangen sei! Auch das übrigens, so erklärt er mir genüsslich, sei Grund genug, selbst des Hauses verwiesen zu werden.

Nun liegt also auch dieses elende, wenn auch erlogene Detail bei den offiziellen Akten, und ich kann nur heilfroh sein, dass seit 1977 die Schuldfrage bei Scheidungen keine Rolle mehr spielt.

Rolf nutzt meine Niederlage, um mich weiter zu quälen. Er spürt, an welchen Knöpfen er drehen muss. Noch im Sommer hat er mich gezwungen, über zehntausend Euro meines mühsam über die Jahre zusammengekommenen Einkommens endlich auf das gemeinsame Familienkonto zu überweisen, dies ist jetzt gesperrt. Mein Erspartes geht also zügig zur Neige, ich finanziere mich und die Kinder vom spärlichen Rest, Rolf zahlt keinerlei Unterstützung. Da auch das Kindergeld auf sein Konto kommt, bitte ich ihn, wenigstens das umzumelden. Er zögert es monatelang hinaus, und ich habe die allergrößten Schwierigkeiten, der Familienkasse meine Situation klarzumachen. Ohne die schriftliche Zustimmung des Ehegatten geht normalerweise gar nichts.

Rolf droht mir damit, mich finanziell zu ruinieren, malt mir den Untergang aus, für den ich ja selbst verantwortlich sei. Seine Szenarien machen mir inzwischen so viel Angst, dass ich immer gelähmter werde, vielleicht hat er doch recht und ich schaffe das alles nicht. Schließlich schleppt er mich zu einem Mediator, dem er vor Kurzem ein Implantat eingesetzt hat und der uns helfen soll, die finanzielle Situation für die Zeit der Trennung innerhalb des Hauses zu klären. Ich wehre mich mit Händen und Füßen, und dennoch sitzen wir sechs, sieben Stunden am Stück in einer Kanzlei, um über Centbeträge zu diskutieren. Gemeinsam berechnen die beiden auf das Komma genau, welche Summen ich monatlich schulde, Miete, Kredit, Strom und so weiter. Von irgendeiner Scheidungsfolgenvereinbarung sind wir meilenweit entfernt, Rolf rechnet hartnäckig an fünf Euro herum.

Seine letzte Möglichkeit, mich aufzuwecken, besteht darin, nun auch meine Eltern einzubeziehen, sie krank vor Sorge um mich zu machen.

Zunächst steht er unangekündigt bei ihnen vor der Tür, mit zitternden Gesichtszügen und erstickter Stimme fragt er, ob sie denn überhaupt Bescheid wüssten, in welche Gefahr ich die gesamte Familie gerade bringen würde. Da kaum jemand besser informiert ist als meine Eltern, reagieren sie gelassen. Mein Vater verweigert ein Gespräch, sagt, er würde sich bei ihm melden. Wenig später machen sie einen Termin aus.

Da ich davon ausgehe, dass mein Mann es nicht dabei belässt, mit meinem Vater lediglich über die laut Rolf zu erwartenden desaströsen finanziellen Folgen für mich und die Kinder zu sprechen, sondern ihm auch brühwarm erzählen wird, dass ich ›Ehebruch‹ begangen habe, bitte ich meine Mutter, meinem Vater alles zu erzählen. Doch mein Vater ist weit davon entfernt, mich zu verurteilen, im Gegenteil, er äußert vollstes Verständnis – zum ersten Mal seit Langem habe ich keine Angst vor dem Ergebnis einer Unterredung, die Rolf »zu meinem Wohle« führen wird.

Ich kann dem Gespräch mühelos durch die Tür folgen, so lautstark geht es einher. Je mehr mein Vater für mich Partei ergreift, desto heftiger wird Rolf in seinen Aussagen, und ich weiß, dass er gleich auspacken wird. Als er seinen Trumpf zieht, hört mein Vater nur ruhig zu und sagt ihm dann ganz klar, dass er mein Bedürfnis nach Zuneigung zu hundert Prozent nachvollziehen könne, – und wenn der Ehemann nicht in der Lage sei, diese zu geben, dann müsste ich sie mir eben woanders suchen. Zu seiner Verteidigung bringt Rolf tatsächlich die Sache mit den Pornos ins Spiel, da klappe es ja auch. Fassungslos verlässt mein Vater das Haus, nicht ohne Rolf vorher klarzumachen, wie schäbig es sei, seine Frau vor den eigenen Eltern dermaßen zu demütigen.

Wortlos, nur mühsam seine Wut unterdrückend, zieht sich Rolf in sein Zimmer zurück.

KAPITEL 16

»Du kannst dir sicher sein, dass du das, was passiert, wenn du nicht unterschreibst, nicht erleben möchtest.«

Weil eine geheimnisvolle Deadline bezüglich irgendwelcher Kredit-, Kauf- oder Leasingverträge im Februar abläuft und Rolf mit Drohungen und Einschüchterungen immer noch nicht weitergekommen ist, lässt er von seinem Anwalt einen Scheidungsfolgenvertrag aufsetzen, den er mir nachts mailt und welchen ich innerhalb von ein paar Tagen unterschreiben soll. Noch immer ist er davon überzeugt, dass er mich irgendwann so weit hat, dass ich aus Angst vor dem »großen Unbekannten«, auf seine Bedingungen eingehe.

Weil Rolf der Meinung ist, ich nähme die Sache nicht ernst genug, belagert er mich immer wieder in meinem Arbeitszimmer, monologisiert, schimpft. Ich solle augenblicklich aufhören zu zeichnen. Wie könne ich mich jetzt auch nur für eine einzige

Sekunde mit etwas anderem beschäftigen? Was jetzt zählt, ist allein der Vertrag. Um mir zu beweisen, dass ich die einzige Person bin, die nicht von seinen lauteren Absichten überzeugt ist, führt er seine Verwandten an, die mir allesamt ausrichten lassen, dass sie nicht glauben könnten, wie blöd ich sei. Auch Alex habe eine Riesenwut auf mich, weil ich mit meiner irrsinnigen Verweigerung alles aus dem Lot brächte, alles kaputtmache, was die beiden sich mühsam aufgebaut haben, ich würde mit meinem Verhalten ebenso Alex' Familie zerstören.

»Wenn du nicht unterschreibst, wirst du nie mehr glücklich werden«, schreit Rolf.

In Wahrheit nehme ich die Sache sehr ernst und gehe natürlich mit dem Entwurf zur Anwältin, gleich am nächsten Tag. Sie lacht, als sie ihn liest, braucht Zeit, einen Gegenentwurf auszuarbeiten, sagt, ich würde doch Sicherheiten benötigen, für mich und die Kinder. Dieser Vertrag sei nur dazu ausgelegt, mir zu schaden. Aber da hat Rolf den Notartermin schon ausgemacht. Wenn wir den nicht wahrnehmen, müssen die fünftausend Euro Honorar trotzdem gezahlt werden, und zwar von mir! Während ich bei der Anwältin sitze, kommt Rolf vorbei, ruft mich auf dem Handy an, will unbedingt mit ihr reden, sich erklären, seine Meinung darlegen. Doch sie lässt ihn gar nicht erst in die Kanzlei, die Mandantin bin ich. Der Vertrag umfasst seitenweise Vereinbarungen, deren weitreichende Folgen ich unmöglich abschätzen kann. Ich höre einfach nur auf das, was die Anwältin rät: So nicht.

Als Rolf merkt, dass ich Einwände habe, verschiedene Punkte anspreche, ist er auf einmal zu »Kompromissen« bereit. Rolf schickt mir eine Liste mit Änderungen. Er würde sogar für ein paar Monate ausziehen, will für diese Zeit aber den Zugang zu Keller und Waschmaschine gewährt haben. Es geht um Paragraphen, Unterabschnitte und Verzichtserklärungen. Der Vertrag wird länger, komplizierter. Der Notar meldet sich, ich lese, dass er darauf hinweist, ein Verzicht auf zukünftigen Trennungsunterhalt sei unwirksam, und wir seien über die Auswirkungen eingehend belehrt worden, lese, dass wir nach Erhalt des Vertragsentwurfes ausreichend Gelegenheit hatten, die rechtlichen Regelungen dieses Vertrages umfassend zu erörtern, und dass die Regelungen unserem gemeinsamen Wunsch entsprächen. Und dass ich mich der sofortigen Zwangsvollstreckung aus dieser Urkunde unterwerfe.

Nein.

Ich hatte nicht genügend Zeit.

Nein, es entspricht nicht meinem Wunsch.

Nein, ich unterwerfe mich nicht. Ich habe mich lange genug unterworfen.

Ich bin völlig überfordert.

Ich muss für drei denken, denken, denken.

Wieder steht er in meinem Studio, verbreitet Panik, unterbricht mich, meine Konzentration, meine Arbeit, heult vor Empörung, hält Reden, stellt Ultimaten.

»Du kannst dir sicher sein, dass du das, was passiert, wenn du nicht unterschreibst, nicht erleben möchtest. Nicht für dich und nicht für die Kinder. Dies ist keine Drohung, sondern nur eine Information.«

Als er das ausspuckt, liegt der der blanke Hass in seinem Gesicht.

Allmählich weiß ich nicht mehr, was gelogen, was geblufft, erfunden, aufgebauscht oder wahr ist. Um Zeit zu gewinnen, sage ich zu, mit ihm zu verhandeln.

Schreibe Mails zurück. Diskutiere. Rede, argumentiere, werde zusammengefaltet, kleingeredet, recherchiere im Netz, schnell, schnell, was ist falscher, zu unterschreiben oder es zu unterlassen?

Ich fertige Listen an, *Pro*, *Contra*, *Fragezeichen*, und stelle fest, dass alles, was ich notiere, nichts mit mir zu tun hat, nur mit dem möglichen Wohl von Rolf und den Kindern. Ich erkenne keinen einzigen Vorteil für mich, der vereinbarte begrenzte Unterhalt ist lächerlich gering im Vergleich zu dem, was Rolf zahlen müsste, würde die Gemeinschaftspraxis in einigen Jahren so viel Gewinn abwerfen, wie er mir stets vorgerechnet hat.

Gebe ich ihm die Unterschrift hingegen nicht, wird er seinen Verdienst nach unten korrigieren, sodass für mich und die Kinder kaum etwas bleiben wird. Kann ich damit leben?

Rolf gebärdet sich wie ein Wahnsinniger, mein Zögern, mein Zaudern, meine Unentschlossenheit machen ihn verrückt. Da greift er zu einer bewährten Taktik. Er ruft meine Eltern an, beschimpft sie, behauptet die abstrusesten Dinge über mich, versucht, meinem Vater die Angst einzuimpfen, die wirtschaftliche Pleite beträfe dann auch ihn, weil ich es aus eigener Kraft nicht schaffen würde. Er werde aushelfen müssen bei Kredit, Miete, Leben, allem. Später, aus einem Restaurant, ruft er weitere Verwandte an, stellt mich im Beisein seiner Kollegen als psychisch gestört dar, unfähig, die einfachsten Dinge zu begreifen, überfordert und dumm.

In meinem Kopf ist Nebel, grau, nass, kalt.

Doch ab und zu blitzt, als habe ein Nebelscheinwerfer ihn erfasst, ein Gedanke auf: Ich kenne Rolf. Wenn er etwas so sehr will, muss es einen klaren Vorteil für ihn geben. Für ihn. Nicht für mich. Wenn es um Versorgung, Fürsorge, Unterstützung ginge, sähe dieser Vertrag anders aus, ganz anders.

Rolf reagiert auf meine Lähmung, indem er den Druck weiter erhöht, mich beschimpft wie ein überforderter Elternteil einen pubertierenden Teenager. Er schickt mir eine überarbeitete Vertragsversion mit dem Hinweis, dass dieser noch genau drei Tage

Gültigkeit habe, danach gelte sein »Angebot« nicht mehr, auch dann nicht, wenn ich nach einiger Zeit feststellen sollte, dass die angedrohten Konsequenzen nun doch eingetreten seien.

Er ruft mich in sein Zimmer und verkündet, dass er mir Strom, Wasser und Telefon abstellen lasse, denn wenn ich es warm haben wolle, müsse ich das eben selbst zahlen. Er macht mir klar, dass er in Zukunft auch gern drei Nachmittage in der Woche zu Hause bliebe, um sich um die Kinder zu kümmern, damit ich an der Tankstelle Benzin verkaufen könne. Er kotzt sich darüber aus, dass die Belastung, die ich auch für Alex darstelle, ihn krank mache und er demnächst nicht mehr arbeiten könne, seine Hände würden schon zittern, wie solle er da operieren? Er macht mir große Angst mit seinen ausgeklügelten und fantasievollen Szenarien, bis ich nur noch weine. Er schwört, jede Bemühung, den Kredit abzuzahlen, Geld zu verdienen, fallen zu lassen, seinen Job zu kündigen, höchstens noch stundenweise zu arbeiten, wenn überhaupt. Das sei dann das Ende, und »ich glaube nicht, dass du überblickst, welche Katastrophe sich da gerade zusammenbraut«.

Doch wundersamerweise lichtet sich der Nebel. Je wilder sich alle gebärden, desto ruhiger werde ich. Denn ich spüre, irgendetwas stimmt an dieser Situation nicht, ich kann nur noch nicht fassen, was. Abend für Abend halte ich Zwiesprache mit der kitschigen Muttergottes-Statue auf meiner Kommode, die ich schon seit Studientagen besitze. Es ist ein Gefühl, vielleicht eine Warnung.

Und plötzlich passiert es. Mit einem Mal befinde ich mich im Auge des Sturms.

Ruhe. Absolute Stille.

Ich sehe dabei zu, wie alles um mich herum durcheinandergewirbelt wird, nichts ist mehr dort, wo es mal war, nichts wird jemals wieder sein, wo ich es verankert habe. Und dennoch scheine ich die Macht über diese Urgewalt zu besitzen, denn sie kann mir überhaupt nichts anhaben, wispert die Erkenntnis. Es ist doch sowieso schon alles kaputt. Wenn ich mich ihr beuge, wird hinterher nichts heiler! Den Scherbenhaufen muss ich sowieso wegräumen, wieder ganz von vorne anfangen. Doch diesmal bin ich nicht bereit, auch für Rolf mit aufzuräumen.

Diesmal sage ich Nein.

In meiner absoluten Erschöpfung, Kraft- und Hoffnungslosigkeit tue ich also eines nicht: seinen Vertrag unterschreiben.

Ohne dass ich es ahne, ist dies die größte Kampfansage, die ich ihm machen kann.

Und das lässt er uns spüren ... bis heute.

Es muss Rolf bewusst gewesen sein, dass er durch meine Weigerung seinen Traum von der eigenen Fachzahnarztpraxis zwangsläufig nicht weiterverfolgen würde, zumindest nicht offiziell. Aus Geiz und gekränkter Eitelkeit, aus Hass und Verachtung mir gegenüber, wird er seine berufliche und finanzielle Weiterentwicklung kleinhalten, sich arm rechnen müssen, womöglich so zum Unterhaltsbetrüger werden. Es wird ihn Kraft und Nerven kosten, seine geheimen Absprachen mit Alex niet- und nagelfest zu machen, er wird nicht frei sein, ganz abgesehen von den drohenden Konsequenzen, sollten dem Finanzamt Ungereimtheiten auffallen, die mit Lohnverzichtsverträgen oder anderen illegalen Nebenabreden einhergehen. Ich könnte so nicht leben.

Doch ab jetzt ist es sein Leben, nicht mehr unser gemeinsames.

Ich erinnere mich nicht mehr daran, wie ich es geschafft habe, standhaft zu bleiben, den Termin zur Unterschrift verstreichen zu lassen, ruhig zu bleiben, während das Unwetter tobt. Mein Gedächtnis hat diese Tage gelöscht, ich besitze nicht mal mehr Aufzeichnungen darüber. Sie beginnen erst zwei, drei Wochen später wieder, als seine Schikanen in eine neue Runde gehen, – die Zeit der Strafen ist erreicht.

Diesmal treffen sie mein gerade eingerichtetes Nest, es musste ja so kommen.

Rolf beginnt mit der akribischen Aufteilung des Hauses, verlangt einen Putzplan wie in einer WG sowie einen Raumnutzungsplan mit Tages- und Uhrzeiten, am liebsten wäre es ihm, Klebebandmarkierungen anzubringen. Als ich ihn einmal frage, ob er den Kindern zuliebe nicht mal wieder mit uns essen möchte, verlangt er, dass ich ihm schriftlich bestätige, dass diese eine gemeinschaftliche Mahlzeit das Trennungsjahr nicht um einen Tag zurücksetze, ich winke einfach nur ab.

Doch Rolf will sich ganz sicher sein, dass ich das Trennungsjahr nicht nachträglich negieren kann, deswegen unterteilt er zumindest die Küche, indem er unseren Gefrierschrank in den Keller räumt und sich stattdessen einen eigenen Kühlschrank aufstellt. Er lässt mich Küchenschränke und Schubladen ausräumen, wir laufen für jedes Eiswürfelchen in den Keller und haben nur noch einen schmalen Schrank für Vorräte. Er räumt sich Arbeitsflächen frei, die er mit seinen Sachen zumüllt, stellt eine eigene Geschirrspülmaschine auf. Langsam gewöhnen sich die Kinder an diese absurde Raumaufteilung, er spricht schon eine ganze Weile nicht mehr mit mir, er übersieht mich einfach.

Ich lasse es mit mir geschehen, aus Gründen der Deeskalation, es ist für die Kinder sowieso schon alles schlimm genug. Gleichzeitig bin ich mir bewusst, dass ich meinen Töchtern ein Frauenbild vorgelebt habe, auf das ich nicht stolz bin. Deshalb rede und rede ich, erkläre ihnen, was immer sie wissen wollen, heile und streichle.

Irgendwann besteht Rolf seine Fachzahnarztprüfung, für deren Vorbereitung er sich einen Monat freinimmt, ohne davon auch nur eine Stunde am Schreibtisch gesessen zu haben, »denn um eine läppische Stunde Fachgespräch nicht zu bestehen, muss man schon ein ziemlich großer Vollidiot sein«.

Den Tag seiner Prüfung reime ich mir aus seinem Verhalten zusammen, ein Freund kommt am Abend vorher vorbei und bringt eine Flasche Sekt, die Rolf auf dem Esstisch stehen lässt, – »Viel Glück« steht auf dem zahnförmigen Anhänger. Morgens vor der Prüfung kauft er eine große Menge an teuren Zutaten für die Party, die er danach in der Wohnung eines Freundes feiern will. Ich sehe ihm aus dem Fenster zu, wie er Geschirr und Bettzeug im Auto verstaut, nur den Kassenzettel lässt er achtlos in seinem Küchenbereich liegen. Anschließend meldet er sich arbeitslos und ist in den folgenden Wochen von frühmorgens bis tief nachts außer Haus. Obwohl Alex die Gesamtverantwortung und Finanzierung für die gemeinsame Praxis trägt und Rolf später bei ihm nur ein Angestelltengehalt verdienen wird, arbeiten die beiden weiterhin Hand in Hand an ihrem Projekt. Vergeblich versucht meine Anwältin später, Rolf des Unterhaltsbetrugs zu überzuführen, jeder weiß es, doch man kann ihm nichts nachweisen. Diesen Umstand macht Rolf sich genauso zunutze, als er vor Gericht behauptet, uns für das Trennungsjahr keinen Kindesunterhalt zu schulden, weil er in dieser Zeit ebenso für die Betreuung zuständig war wie ich. Dreist zählt er auf, wann er was für die Kinder getan hätte, eine Lüge nach der anderen.

Irgendwann holt Rolf sich seinen treuen Soldaten direkt zu uns ins Haus, jetzt sind es zwei Drachen, die mich am liebsten mit ihrem giftigen Atem umbringen würden: Alex zieht für Wochen in unser Schlafzimmer, weil er immer noch kein eigenes Haus gefunden hat, schläft in meinem Bett, bekommt sogar einen eigenen Haustürschlüssel, geht bei uns ein und aus. Es ist auch mein Haus, doch niemand fragt mich, ob ich diesen Dauergast hier haben will.

Ich hätte Alex rauswerfen sollen, bestimmt, klar und kühl. Wenn nötig, mit der Polizei drohend. Stattdessen höre ich die beiden vergnügt in der Küche vor sich hin kichern, gemeinsam kochend, auf der Terrasse chillend, während die Kinder und ich versuchen, uns unsichtbar zu machen. Doch auch als Anne und Julika es nicht mehr aushalten und ihren Vater darum bitten, dass Alex auszieht, schüttelt er nur den Kopf und weigert sich, etwas an der Situation zu ändern.

Ein Jahr hat Rolf jetzt mental auf mich eingeprügelt und alles kurz und klein geschlagen, was ich in den ein, zwei Monaten nach dem Umzug aufgebaut habe: ein Zuhause, Hoffnung, Stabilität. Nichts davon ist übrig geblieben. Gesundheitlich geht es mir so schlecht wie nie. Die Macht auf der Gegenseite ist einfach zu groß, Rolf hat es ausführlich demonstriert und anscheinend mit Alex eine umfassend zufriedenstellende Lösung gefunden. Zur Not würden sogar seine Eltern das Haus kaufen, nur damit er dort wohnen bleiben könne, teilt er mir mit.

Deshalb gebe ich auf.

Ich kann nicht mehr.

In mir ist nichts mehr, nur noch ein großes, leeres Loch. Ich bin ausgequetscht, eine ausgepresste Hülle. Es gibt keinen Tag mehr, an dem ich nicht weine.

Ich beschließe zu gehen, es wird Zeit.

Ich verlasse ihn und das Haus. Ich kapituliere vor einem psychopathischen Narzissten. Und dennoch hat es nichts mit Schwäche zu tun.

Wir sind vor kaum vierzehn Monaten umgezogen, als ich wieder mit dem beginne, womit ich schon vor meinen Operationen beschäftigt war: Ich suche nach einem neuen Zuhause.

Ich suche im Umkreis, ich suche weit weg, ich suche überall in Deutschland. Mit Julika auf dem Schoß stelle ich eines Abends zum Spaß die Suchfunktion auf zehntausend Euro Kaufpreis und scrolle mich mit ihr durch ostdeutsche Kleinode, Bahnhöfe, Schulhäuser und Jagdschlösschen. Es bleibt uns nicht mehr viel Zeit, ich bemühe mich jede freie Sekunde, denn ich möchte nicht, dass die beiden wieder mitten im Schuljahr wechseln müssen. Ich wünsche mir einen klassischen Schnitt, einen klaren Neuanfang.

Ich fokussiere mich über Wochen nur auf zwei Dinge: ein neues Haus und meine Arbeit. Denn meine beiden größten Sorgen sind, dass ich den Anschluss verliere, Grund zu Beanstandungen gebe, mein Fuß aus der Branchentür rutscht, und zum anderen, dass die Kinder lieber hier bleiben würden, in dem großen Haus, in ihren schönen Zimmern, weil wir vielleicht in eine kleine Wohnung ziehen müssen. Ich habe Horrorvorstellungen und schlaflose Nächte, dass sie eines Tages feststellen könnten, die falsche Wahl getroffen zu haben, mit mir auszuziehen, statt dazubleiben, wo alles ist, wie es sein soll. Ich bete dafür, dass es mir gelingt, ihnen etwas zu bieten, das sie den Trennungsschmerz verarbeiten lässt, ein schönes Zuhause, ein Garten dabei, die Schule in der Nähe.

Und dann tritt das Wunder ein, kommt in greifbare Nähe, lockt, ruft, ist einfach da!

Und endlich, endlich kann, darf, muss ich den Kindern erklären, warum es manchmal klüger ist, nicht zu zeigen, dass man der Klügere ist. Denn nach Monaten der Suche, Hunderter geführter Telefonate, Bewerbungen und nächtelangen Internetrecherchen, habe ich die gute Nachricht, dass wir nicht in eine Wohnung in die Stadt ziehen müssen, nicht in eine andere Ecke Deutschlands, wo die Mieten günstiger sind, oder in ein Dorf weit außerhalb, von wo sie mit dem Bus fahren müssten, sondern in ein wunderschönes kleines Haus, genau dort, wo ich immer hinwollte, genau dort, wo es sicher ist.

Ohne die Weitsicht und Überredungskünste meiner Mutter, ohne die finanzielle Hilfe meiner Eltern, wäre es mir nicht gelungen, diesen Handel für uns drei abzuschließen, und ich bin den beiden unendlich dankbar. Dass mein Vater seine Enkeltöchter um sich hatte, sah, wie sie in dieser kurzen Zeit gewachsen sind, nicht nur körperlich, sondern auch an den neuen Herausforderungen, wie sie aufblühten, wieder strahlten, macht mir mein Herz leichter, wenn ich um ihn trauere. Er starb nur sieben Monate, nachdem wir in ihre Nähe gezogen waren.

Zu seinem Tod schreibt Rolf keine Karte, weder an mich noch an meine Mutter. Er findet beim Telefonat mit den schluchzenden Kindern kaum Worte des Mitgefühls, meint, er könne jetzt nicht telefonieren, er säße gerade mit Alex am Kanal, um Schiffe zu beobachten, sagt ihnen zum Abschied: »Na dann wünsche ich euch, dass ihr die Angelegenheit schnell hinter euch habt«, bietet nicht an, die Kinder zu nehmen, irgendetwas zu tun. Rolf kennt meinen Vater zwanzig Jahre, davon 15 als Schwiegervater. Wenn Kondolenz schon nicht aus dem Herzen kommt, so ist sie wenigstens eine Sache des Anstands, doch selbst den bringt Rolf nicht auf. Er muss einen Stein dort haben, wo bei anderen das Herz schlägt.

Ich halte es ziemlich lang durch, ihn im Unklaren darüber zu lassen, ob ich tatsächlich etwas suche, regle alles im Hintergrund, auch das wie gehabt. Farben, Küche, Renovierung, Schulanmeldung ... und erst als alles sicher ist, nichts mehr schiefgehen kann, teile ich ihm mit, dass wir im Sommer ausziehen werden, aber nicht, wohin. Doch es dauert nicht lange, und er weiß, wo wir wohnen. Eines Tages fährt er mir heimlich nach, und ist stolz, nun auch dieses Geheimnis gelüftet zu haben.

Nach anderthalb Jahren geht das ganze Spiel von vorn los. Ich packe, nach erbitterten Kämpfen, wem was gehört, obwohl er meinen Stil doch all die Jahre zuvor zum Schämen scheußlich fand, erneut zweihundert Kartons, hänge die Bilder wieder ab, die Vorhänge, die Lampen, es ist, als wäre es mir zumindest in dieser Situation gelungen, auf Rewind zu drücken.

Für das Datum des Auszuges stelle ich zwei Gartenstühle vors Haus, mit dem Hinweis an die Nachbarn, dort wegen des Umzugswagens nicht zu parken. Dann gehe ich mich rundum verabschieden, angeschlagen und kleingemacht.

Weil ich es zugelassen habe.

Aber davon wissen sie nichts.

Davon weiß niemand.

Aber: Ich gehe mit erhobenem Haupt.

Ich gehe.

Als ich am Tag des Umzugs, tief in der Nacht in meinem neuen Haus mit einem Bier in der Hand und der ersten Lieferdienst-Pizza meines Erwachsenenlebens auf dem Schoß den Fernseher einschalte, ist mir plötzlich, als ob ich einen Schlüssel im Haustürschloss vernehme. Mein Puls beginnt zu rasen, mein Herz schlägt bis zum Hals. Es ist dasselbe Geräusch, das ich all die Jahre hörte, wenn Rolf abends nach Hause kam. Doch dann entspanne ich mich, es war nur eine Einbildung. Da ist nichts, ich bin in Sicherheit.

Er wird hier niemals reinkommen.

Doch Rolf wäre nicht Rolf, wenn er mich nach dem Auszug auch wirklich hätte ziehen lassen …

Denn natürlich wird es schlimm.

Anders jetzt, aber schlimm.

KAPITEL 17

»Ich verabschiede mich menschlich von dir.«

Es beginnt mit Kleinigkeiten, die sich rasch zu riesigen Schwierigkeiten aufblähen. Wenn er anruft, dann gern zwischen neun und zehn Uhr abends, wenn es in seinen Tagesablauf passt, aber nicht in unseren, weil die Kinder dann endlich ein bisschen runtergekommen sind. Doch nach einem Gespräch mit ihm kann es wieder Stunden dauern, bis sie zur Ruhe kommen. Ich bitte ihn, das zu respektieren, es kümmert ihn nicht.

Ich dachte, was man so denkt und aus den Medien kennt: Die Kinder sehen ihren Vater alle 14 Tage am Wochenende, falls dieser nicht öfter Kontakt möchte, Freitagnachmittag bis Sonntagabend. Man verabredet verbindliche Daten, es ist wichtig, den Kindern diese festen Anker zu bieten, Struktur in das Gefühlschaos zu bringen, Stabilität aufzubauen, Verlässlichkeit zu vermitteln.

Rolf sieht das anders.

Er will sich keine Vorschriften machen lassen, »nicht vom Gesetz und schon gar nicht von dir«. Deswegen wird jedes Wochenende in stundenlangen Telefongesprächen verhandelt, mit den Kindern, nicht mit mir. Das schlaucht, das nervt, das funktioniert so nicht. Ein paar Wochen lang geht es gut, die Mädchen können nicht recht nachvollziehen, warum ich Wert auf eine strenge Regelung lege. Doch ich lasse nicht locker, schicke ihm eine Liste nach der anderen mit Daten fürs ganze Jahr, für die nächsten sechs Monate, wenigstens die nächsten zwei Mal, bitte um Verbindlichkeit. Doch Rolf lässt sich nicht darauf ein, und es kommt, was kommen musste. Er beginnt, die Wochenenden nach seinem Gutdünken zu verschieben, abzusagen, zu verkürzen oder sonst wie zu manipulieren. Im Gegenzug unterstellt er den Kindern Zusagen, die sie nicht gegeben haben, behauptet, die beiden hätten Absprachen falsch verstanden, kann sich an Versprechungen nicht mehr erinnern, macht ihnen erhebliche Vorwürfe, wenn sie selbst mal ein Wochenende verschieben wollen, weil eine Geburtstagsfeier oder eine Übernachtungsparty anliegt, und sich Rolf weigert, die Kinder an seinen Wochenenden trotzdem zu ihren Verpflichtungen zu fahren. Innerhalb kürzester Zeit verlangt er von ihnen, mit dem Zug zu fahren, weil er sie weder holen noch zurückbringen möchte. Die beiden schaffen auch diese Herausforderung, aber die Begründung, dass er für die paar Kilometer zwischen unseren Häusern ja schließlich über Gebühr lang unterwegs wäre, tut ihnen weh, weil sie den Eindruck bekommen, dass er keinen Einsatz zeigt, ihre Anwesenheit fast als störend empfindet und nicht bereit ist, Zeit und Mühe dafür aufzubringen, sie zu sehen. Es ist nur die erste von vielen Schürfwunden, die er ihren Herzen zufügt.

Monatelang lässt er das Haus, wie ich es verlassen habe, in den Kinderzimmern keine Schränke, Schreibtische, Stühle, Julika hat nicht mal ein Bett. Die Kinder spüren schon von Anbeginn, dass ihr Vater nicht den allergrößten Wert darauf legt, es ihnen schön zu machen, ihnen zu zeigen, dass ihr altes Zuhause auch eines bleibt. Lieber verbringt er die Wochenenden mit Alex, bei Bekannten, mit denen die Kinder nichts anfangen können, oder mit Aktivitäten, die sie früher schon nicht mochten. Wenig später verwandelt er Julikas Kinderzimmer in sein Arbeitszimmer, ihre Sachen werden in das kleine Gästezimmer verfrachtet.

Eines Nachts ruft er an, will die Kinder sprechen. Ich falle aus allen Wolken, sie sind doch bei ihm! Es stellt sich heraus, dass er sie mit einem Film allein gelassen hat und auf eine Party gegangen ist, – nun wollte er nachhaken, ob sie ins Bett gegangen seien, und hat aus Versehen die falsche Nummer gewählt.

Sie sehen Filme, für die Julika noch zu jung ist und von denen sie Albträume bekommt. Er erklärt ihnen, wie man sie aus dem Internet illegal runterlädt, sichere Sache, die IP-Adressen werden verschlüsselt, dafür zahlt man eine kleine Gebühr. Als Anne eines Tages den Wunsch äußert, unbedingt ein sehr teures Bildbearbeitungsprogramm für den Computer haben zu wollen, bietet er ihr an, es zu cracken, und ich habe meine liebe Not, ihr zu erklären, dass ich keine illegale Software auf meinem PC dulde. Der Grundsatz, den Rolf seinen Töchtern vermittelt, »Stiehl es, wenn du es dir nicht leisten kannst«, macht mich schwach, und es ist schwer, die Kinder vom Gegenteil zu überzeugen, so selbstverständlich kann er ihnen seine Haltung nahebringen.

Da er immer noch keine Miete für unser gemeinsames Haus, keinen Kindes- und Trennungsunterhalt zahlt, muss die Sache nun vors Familiengericht. Ich habe keine andere Wahl, als eine Klage einzureichen. Rolf ist fürchterlich gekränkt, ruft mich an, redet mir ein, dass meine Anwältin nur den Streit schüren wolle, mir rate, vor Gericht zu gehen und ein Verfahren anzustrengen, um daran zu verdienen, »das machen Anwälte so, Johanna, glaub es mir, du wirst gnadenlos verlieren, die zockt dich ab.«

Ich kann seine Stimme nicht mehr hören, kann nicht mehr ertragen, dass es ihm immer wieder gelingt, diese kleinen stechenden Zweifel in mich zu pflanzen, mein Vertrauen in meine Anwältin zu zerstören, deshalb nehme ich nicht mehr ab, wenn er anruft, und stelle persönliche Gespräche mit ihm ein. Diese

Haltung überfordert die Kinder nach einiger Zeit, was mir leidtut, aber im gleichen Atemzug dazu führt, dass sie merken, wie mühsam es ist, sich mit ihrem auf sich selbst bezogenen Vater auf bestimmte Dinge zu einigen, verlässliche Absprachen zu treffen. Den Kindern wird bewusst, dass Rolf mit zweierlei Maß misst, fordert er doch absolute Verbindlichkeit von ihnen, nimmt sich selbst aber das Recht auf totale Flexibilität. Allmählich verstehen sie, warum ich eine Wochenendregelung für nötig halte. Doch da ist es längst zu spät, zu sehr hat sich Rolf daran gewöhnt, die Kinder nur noch dann bei sich zu haben, wenn es für ihn passt, wenn er demonstrieren muss, wie wunderbar sein Verhältnis zu seinen Töchtern ist, wenn Verwandtenbesuch ansteht, die Eltern kommen oder er sie für die Demonstration einer perfekten Vater-Töchter-Illusion braucht.

Der absolute Mangel an Geborgenheit und Schutz hinterlässt Wunden. Und Fragen. Und Offensichtlichkeiten, die mit dem Abstand noch stärker auffallen. Sie erhalten nur Zuwendung von ihm, wenn auch er zufriedengestellt wurde. Sie bekommen nur Wertschätzung und Akzeptanz, wenn seine Erwartungen erfüllt werden.

Als seine Verleumdungsklage gegen mich das neue Jahr einläutet, stecke ich plötzlich wieder tief im Sumpf seiner Manipulationen. Nachdem er – über Alex – von der Mail erfahren hatte, die ich an meine Freundinnen geschrieben habe, versucht er, an den Text zu kommen, verbreitet Unwahrheiten über mich, damit Silkes Bekannte ihm die Nachricht weiterleitet. Er belästigt sie und ihren Mann am Telefon, insistiert. Ich ahne von diesem Vorspiel nicht das Geringste, habe keinen Schimmer, was sich über mir zusammenbraut.

Da steht Rolf eines Tages todesbleich vor der Tür, will dringend mit mir reden. Wir gehen ein paar Schritte, ich denke, jemand ist gestorben. Er ist aufgewühlt, doch im Gespräch stellt sich heraus, dass es ihm nur darum geht, mir eine letzte »Chance« zu geben, alles zu bereinigen, die Unterhaltsklagen fallen zu lassen, seinen Vertrag zu unterschreiben. Ich kann mir nicht erklären, was das plötzlich soll, hat er denn nicht verstanden, dass ich mit all dem nichts mehr zu tun haben will? Plötzlich ergreift er meine Hand, schüttelt sie, er ist mir zu nah, ich trete einen Schritt zurück, weg von ihm, doch er sieht mir in die Augen, sein Mund verzogen vor Abneigung.

»Johanna, ich verabschiede mich menschlich von dir«, sagt er, und ich verstehe überhaupt nicht, worum es geht, und auch nicht, was er mir damit sagen will. Wieder einmal ist es eine seiner seltsamen Ankündigungen, mit der er sich in Wirklichkeit selbst beschreibt. Mit der Verleumdungsklage und allem, was noch kommt, lässt er tatsächlich alle menschlichen Regungen hinter sich. Dieses Treffen erinnert mich an unser Gespräch im Keller, er lässt mich kaltblütig ins Messer laufen, sagt nichts von der Mail und von der Verleumdungsklage, die er gegen mich plant.

Ich kann sie dennoch nicht nachvollziehen. Jahrelang habe ich Rolfs Verhalten toleriert, ja, gedeckt, habe beide Drogenfunde nicht angezeigt, sondern Stillschweigen bewahrt – und was geschieht jetzt? Seine Anwältin schreibt mir, Rolfs Chef habe sogar einen Drogentest verlangt, als ihm seine Frau von dem angeblichen Fehlverhalten seines Mitarbeiters erzählt habe. Alex verlangt von seinem besten Freund Rolf einen Drogentest? Es ist lächerlich, aber ich verstehe, dass die beiden dieses Schauspiel aufführen müssen, damit Silke nicht misstrauisch wird, vielleicht sogar beginnt, dem Inhalt der Mail zu glauben, sie weiß ja von all dem nichts.

Meine Anwältin setzt eine Stellungnahme auf, eine von vielen weiteren. Wenn ich Rolf hätte schaden wollen, wäre Gelegenheit genug gewesen. Meine Mail sei ein persönlicher Brief gewesen, nichts von dem, was er nun konstruiert, sei meine Absicht gewesen. Im Gegenteil, es macht mich sprachlos, dass ein Gerücht über Drogenmissbrauch existenzbedrohender und strafbarer sein soll als die Tat selbst. Nun werde ich also auch von amtlicher Seite gezwungen, seine Verfehlungen zu decken. Ich habe keine Chance, gebe eine mündliche Verzichtserklärung ab, weil Rolf bei der Verhandlung arrogant und stur alles abstreitet, lügt, kalt und unverfroren. Er grinst mich an, weil wir beide wissen, dass er die Macht hat, auch weil ich die Strafverfolgungsbehörde aus dem Spiel lassen will - seinetwegen, unseretwegen. Ich werde mundtot gemacht, offiziell, und alles nur, damit er mir zeigen kann, dass er der Stärkere ist.

Als Dank erzählt mir Rolf nach dem Gerichtstermin triumphierend lächelnd, dass er schon vor längerer Zeit einen Ausdruck meines Tagebuches in der Papiermülltonne gefunden und gelesen habe, übrigens, nur damit du es weißt, Johanna. Ich stehe in der heißen Mittagsonne, habe gerade eine Tracht Prügel eingesteckt, und jetzt geht es also in die zweite Runde.

Ich bekomme keine Luft, wie kann das sein? Niemals habe ich diese Seiten ausgedruckt, hatte alles in einem passwortgeschützten Ordner, mein Studio stets abgeschlossen. Jetzt weiß ich, dass er trotzdem reingekommen ist. Rolf sieht schmunzelnd zu, wie ich in mich zusammenfalle.

Nach ein paar Tagen schreibe ich Rolf eine zornige Mail, weil ich mich sicherer fühle, ihm meine Empörung schriftlich mitzuteilen. Er geht damit zu seinem Anwalt, ich erhalte eine Ermahnung, meine Anwältin rauft sich die Haare und schreibt eine Erwiderung.

So beginnt die Zeit der Anwaltsbriefe, in denen ich beständig aufgefordert werde, mein Leben zu ändern: mehr als siebzig Prozent zu arbeiten, die Kinder in eine Ganztagesschule mit Betreuung zu geben, mir einen Job als Soziologin zu suchen ... Dass auch

Rolf verpflichtet ist, seiner Erwerbsobliegenheit nachzukommen, wird mit dem Argument beiseite gewischt, niemand könne ihn zwingen, sich selbstständig zu machen, er habe doch einen Job! Ich erkenne die Briefe bereits am Stempel. Jedes Mal wird mir eiskalt, mein Herz beginnt zu rasen, ich fange an zu zittern – das Arbeiten für diesen Tag kann ich vergessen.

So zuverlässig wie Ebbe und Flut crasht auch Rolf weiterhin in unser Leben, es ist, als wolle er es immer noch beeinflussen, unter seiner Regie haben, zumindest stören.

Da gibt es verlorene Personalausweise, Geburtsurkunden, Krankenkassenkarten und Impfpässe, abgesagte Wochenenden, kurzfristig geänderte Abfahrtszeiten, verschobene Termine, vorzeitig beendete Ferien, gebrochene Versprechen, Ausflüchte, Ausreden. Er meldet sich wochenlang nicht, vergisst nach wichtigen Ereignissen wie Wettbewerben oder Zeugnissen zu fragen und setzt die Kinder bezüglich der Besuchstage unter Zwang, die er weiterhin nach eigenem Gutdünken festlegt. Er meldet sich donnerstags, überraschend, sagt, sie müssten ihm bis heute Abend Bescheid geben, sonst sei er am Wochenende halt verabredet.

Knirsch, macht es in unserem gut laufenden Getriebe, knirsch, kaum kommt das Gespräch auf Rolf, und das belastet uns.

Und macht die Kinder traurig.

Eines Tages begegnet mir Stefan, ein alter Partyfreund von Rolf, und ich erfahre, dass er die Freundschaft mit Rolf schon länger beendet hat. Ich weiß nicht, woher ich den Mut nehme, aber ich nutze die Gunst der Stunde und konfrontiere ihn mit meinem Wissen, dass er derjenige gewesen sei, der die meisten Partys organisiert habe, Limousine, VIP-Lounge und Champagner inklusive, und dass Rolf von ihm die ganzen Jahre über mit Koks versorgt worden sein soll. Er fällt aus allen Wolken, windet sich.

Ich weiß, dass er nicht so unschuldig ist, wie er tut, aber die Beschämung ist echt. Stefan erklärt, er organisiere immer noch solche Partys, es sei sein Ausgleich neben dem Beruf. Rolf hätte er aber schon seit Längerem nicht mehr dabeihaben wollen, weil er zunehmend peinlich und immer geltungssüchtiger geworden sei. Es sei ihm unangenehm geworden, wie Rolf ihn angerufen habe, offensiv und laut nach einem Partytermin fragte, bei dem die »Schneeverhältnisse gut seien, die Frauen geil und man mal wieder so richtig Ski fahren könne«. Stefan selbst habe Rolf nie mit Stoff versorgt – was ich ihm nicht glaube, aber das spielt keine Rolle –, ihn aber an die entsprechenden Dealer der Clubs verwiesen. Als ich ihm erzähle, dass Rolf es genau andersherum dargestellt hat, dass ihn Stretchlimousinen und VIP-Getue zunehmend angeödet hätten, lacht Stefan nur. Dann zeigt er mir Fotos, Stehtische voller Champagnerflaschen, Hotelzimmer mit überfüllten Couchtischen, hier, das war seine Spezialtasche, da hatte er alles drin, dieser Club heißt so, der so und der so. Stefan deutet auf die Frauen, nennt Namen. Rolf habe die bestellten Frauen auch schon mal abgelehnt, weil er sie nicht hübsch genug fand.

Und sagt, dass ich es Rolf ja nur sehr selten erlaubt hätte, auszugehen.

Und dass Rolf gern mit Viagra herumgewedelt habe und es jedem, der es wollte oder nicht wollte, angeboten hat.

Dass er mit dem besten Sex seines Lebens geprahlt habe, den er mal auf einer Geschäftsreise hatte.

Dass er auf jeder Party mit einer anderen gevögelt habe.

Wie Alex übrigens auch.

Und mich bereits betrogen habe, da waren wir erst kurz verheiratet.

Ob ich denn davon wirklich nichts gewusst habe …?

In meinen Ohren beginnt es zu rauschen.

Sagt man nicht, der Schock der Erkenntnis fühle sich so an, als ob sich Eisfinger um das Herz legen würden? Ich kann das bestätigen, und ich bin froh, dass ich sitze.

Die Situation ist grenzwertig.

Einerseits bin ich froh, dass Stefan sich nicht mehr an das freundschaftliche Schweigegelübde gebunden fühlt und mich endlich jemand aufklärt, knallhart, ohne Rücksicht und mit offenem Visier. Es entlastet mich von meiner Schuld, Mikroschuld, wie ich jetzt weiß.

Einerseits.

Andererseits überflutet mich eine so riesige Welle an Abscheu, dass mir übel wird und ich beruhigt bin, als ich einen Papierkorb in meiner Nähe entdecke. Ich muss schlucken. Kann überhaupt nichts sagen. Mein Kopf denkt: »Mein Mann trinkt Champagner mit Nutten, und ich weiß nicht mal, wie so etwas schmeckt.« Aber mein Entsetzen gilt nicht nur Rolf, weil ich die grobe, hässliche, dreckige Wahrheit endlich erfahren habe, sondern auch Stefan. Wir kennen uns ebenfalls Jahrzehnte, hatten immer wieder Kontakt, er ist Spezialist für Kinderzahnheilkunde, hat Anne und Julika behandelt – und er wusste es die ganze Zeit. Die ganze Zeit!

Doch wäre es besser gewesen, ich hätte bereits früher davon erfahren, mit zwei kleinen Kindern, wohlig geborgen in meinem Kokon aus Familienglück? Es hätte mich vermutlich ungleich härter getroffen, und ich komme mit mir überein, dass es besser war, es nicht gewusst zu haben. Meine Mutter hatte also die ganze Zeit recht, natürlich hatte sie das, ich wollte es bloß nicht wahrhaben.

Nun kreisen meine Gedanken um jedes Heimkommen, an das ich mich noch erinnern kann, damals, an all die »Schön, dass du wieder da bist, erzähl mal, wie war's, hattet ihr Spaß?«, an jedes »Kinder, Papa ist wieder da« ...

Wie kann ein Mensch so gut schauspielern? Nein, er hat nicht geschauspielert, er hat einfach nichts bei seiner Lüge empfunden, er war ohne Skrupel. Je öfter man in einer Beziehung fremdgeht, desto geringer wird das schlechte Gewissen, irgendwann hat man gar keines mehr. Und wenn man das Koks und das Fremdgehen braucht, um sein Ego aufzupumpen, seinen Selbstwert zu definieren, sich dadurch wie der König der Welt zu fühlen, mit einem braven Dummchen zu Hause und gebügelten Hemden im Schrank, wo ist dann bitte das Problem?

Ein paar Wochen später schickt Stefan einen anonymen Brief mit Fotos, aufgenommen bei verschiedenen Partys, Rolf und sein »Chef« sind darauf zu sehen, tanzend mit hoch erhobenen Armen und ohne Eheringe – falls ich Beweise brauche.

Er hat Mitleid mit mir.

KAPITEL 18

»Mama hat was ganz Schlimmes gemacht …«

Als Rolf zwei, drei Monate nach unserem Auszug eine neue Freundin hat, die nach wenigen Wochen mit Sack, Pack und zwei Katzen bei ihm einzieht, ist das Drama vorprogrammiert.

Was fortan zählt, ist Vanessa, eine Frau, die genauso aussieht wie seine Mutter als junge Frau, mit ihren langen blonden Haaren. Sie hat keine Kinder und besetzt augenblicklich die Plätze eins bis hundert auf Rolfs Prioritätenliste. Seine Töchter, weit abgeschlagen auf den untersten Rängen, geraten völlig aus dem Blick. Die Abneigung zwischen der Neuen und meinen Töchtern ist heftig, gründlich, tief und gegenseitig.

Jedes der immer seltener und kürzer werdenden Wochenenden, das die Kinder, gebrieft, gestärkt und mit wohlmeinendem Gebt-ihr-eine-Chance-Gerede von mir ausgestattet, dort verbringen, gerät zum Drama, der erste gemeinsame Urlaub endet im Desaster.

»Wir mussten jeden Tag weinen«, sagt Julika, »und Papa hat alles an Anne ausgelassen.«

Eifersüchtig wacht Vanessa darüber, dass Rolf keine Zeit mit den beiden allein verbringt, kommandiert, nölt, maßregelt, pampt und bockt. Sie ist eifersüchtig, streut Zwietracht, intrigiert. Rolf ist in seiner Argumentation auf Neandertaler-Niveau gesunken, und als die Kinder ihn nach einem Jahr des guten Willens, der zweiten Chancen, bitten, wenigstens einen einzigen Tag des Wochenendes allein mit ihm verbringen zu dürfen, schweigt er, wiederholt den Satz von vorher, sagt »Hm« oder: »Dazu sage ich jetzt nichts.« Beständig und vehement wehrt er diese Bitte ab und greift auf seine alten Methoden zurück.

»Ich bin traurig und enttäuscht von euch, dass ihr mir keine Freude gönnt«, jammert er schwer atmend in den Hörer und fügt hinzu, dass Vanessa gedroht habe, ihn zu verlassen, wenn er diesen Vorschlag der Kinder in die Realität umsetzen würde. Außerdem ginge es ihm überdies nicht besonders gut, würde ihn alles überfordern, er sei ständig krank, erschöpft und total am Ende. Schließlich sei er derjenige, der zwischen allen Stühlen säße und es jedem recht machen müsse, auf ihn würde niemand Rücksicht nehmen, alle würden nur an ihm zerren, das würde ihn belasten, fertigmachen. Immer würden ihm alle die Schuld geben, und das könne er nicht mehr aushalten, denn er sei hier das Opfer und die Kinder egoistisch und selbstsüchtig. Julika und Anne können die Haltung ihres Vaters nicht nachvollziehen, sie wollen doch nur zwei klitzekleine Tage im Monat ihren Papa von früher zurück.

Doch Rolf ist gnadenlos. Wenn er mit der Mitleidstour nicht weiterkommt, setzt er knallharte Prioritäten, Grenzen, Deadlines.

»Tja, das ist schade, aber da kann man wohl nichts machen. Ich werde Vanessa jedenfalls nicht wegschicken, man schickt niemanden weg, den man liebt, und Vanessa gehört jetzt zu meinem Leben. Aber wenn ihr keine Zeit mehr mit mir verbringen wollt, respektiere ich eure Entscheidung natürlich.«

Deutlicher kann man seine Kinder nicht spüren lassen, dass sie nur noch störender Ballast sind.

Der geplante Treckingurlaub wird plötzlich verworfen, weil Vanessa Radfahren blöd findet, wofür Rolf vollstes Verständnis hat. Neues Reiseziel, neuer Plan, die Kinder werden nicht gefragt, »entweder ihr kommt mit oder lasst es, eure Entscheidung.«

Tapfer lassen Anne und Julika an den immer seltener werdenden Wochenenden stundenlange »Krisengespräche« über sich ergehen, bei denen sie zu viert zusammensitzen, ein Tribunal wohl eher, und erörtert wird, wie die beiden ein besseres Verhältnis zu Vanessa aufbauen können, denn ihr seht ja, Vanessa fühlt sich ausgeschlossen, Vanessa findet, ihr integriert sie nicht genug, für Vanessa müsst ihr besonderes Verständnis aufbringen, sie ist halt manchmal schwierig, weil sie als Kind nicht geliebt worden ist. Vanessa kann ihre Gefühle nicht so gut ausdrücken, Vanessa will auch mal von euch angesprochen werden, Vanessa ist ganz anders, wenn ihr nicht hier seid. Ich wünsche mir mehr Verständnis von euch, ich wünsche mir mehr Entgegenkommen von euch, ich wünsche, ich wünsche, ich wünsche ... Deswegen müssen die Kinder auch die Küche aufräumen, kochen, Vanessa bedienen, aufspringen, wenn die beiden etwas brauchen, putzen und sauber machen und sie morgens fragen, ob sie gut geschlafen habe. Wenn sie sich beschweren, startet Rolf mit seinem Andere-Kinder-Sermon und macht ihnen deutlich, für wie verwöhnt und zickig er sie hält.

Besonders Anne hat es schwer, sie lässt sich immer weniger sagen, mit 15, 16. Rolf stellt sich vor Vanessa und gegen seine Kinder, wie er das von seinem Vater kennt, unmissverständlich und nachdrücklich und alles andere als subtil. Beinahe schafft er es sogar, zwischen Julika und Anne einen Keil zu treiben, indem er Anne vorwirft, ihre Schwester würde sich wenigstens bemühen, sie käme mit Vanessa doch wunderbar zurecht, während sie nur eingebildet und bockig sei, ständig beleidigt und eingeschnappt und sowieso nur ihrer Mutter alles nachplappern würde. Gleichzeitig wird Julika gelobt, weil sie so umgänglich und einfühlsam ist, siehst du, bei ihr klappt es ja auch, man muss es nur wollen. Dabei spielt Julika nur still ihre Rolle als Hausmädchen, weil sie Streit noch weniger aushalten kann als ihre Schwester.

Ich erkläre ihnen die Mechanismen seines Machtmissbrauchs und zerbreche beinahe daran, dass die beiden manchmal nicht wissen, wem sie jetzt mehr glauben sollen, ihm oder mir.

Je mehr Rolf bewusst wird, wie schwierig sich die Gesamtsituation gestaltet, desto einfacher macht er es sich und gibt den Kindern die Schuld dafür, die neue Konstellation nicht in den Griff zu kriegen. Eine solche Patchwork-Situation sei doch völlig normal, sie hätten die neue Partnerin zu akzeptieren. In *allen anderen* Scheidungsfamilien würde das nämlich wunderbar klappen, es gebe überhaupt keine Probleme, er habe tausende von Leuten gefragt, es seien wieder mal nur seine eigenen Töchter, die sich so anstellen würden, darüber sollten sie doch bitte mal nachdenken.

Als ich davon erfahre, hängt mir der Mund schon in Fransen, bevor ich überhaupt anfange zu reden. Behutsam, zurückhaltend, vorsichtig taste ich mich heran, als Anne endlich damit herausrückt, was ihr Vater an schlechtem Gewissen in sie einpflanzt. Patchwork sieht nur auf Decken toll aus, im echten Leben ist es harte Arbeit, fordert Kompromisse auf beiden Seiten, und den allerwenigsten gelingt es überhaupt auch nur einigermaßen zufriedenstellend. Ich zeige Anne Studien und Untersuchungen, sie braucht solche Dinge Schwarz auf Weiß, weil sie mathematisch und analytisch denkt. Gleichzeitig muss ich ihr behutsam beibringen, dass das Leben genau das nicht ist, Schwarz oder Weiß, dass ihr Vater ihr nicht sagen darf, entweder du bist so und so und funktionierst, wie ich das will, oder ich mag dich nicht mehr.

Manchmal denke ich, ich habe nur studiert, um das nötige Handwerkszeug zu haben, diese hochemotionalen Gesprächssituationen zu meistern.

Und sehr, sehr oft gerate ich an meine Grenzen. Aber ich habe einen geheimen Verbündeten.

Die Zeit.

Die Kinder werden in so rasender Geschwindigkeit erwachsener, reifer, dass mir dieser Umstand in die Hand spielt und ihnen auch. Sie lesen Jugendzeitschriften, sind in den sozialen Medien unterwegs, vernetzen sich, haben jede Menge Freundinnen. Auf ihren Köpfen sprießen neue Antennen, die man fast sehen kann. Sie saugen Informationen auf, hinterfragen, kritisieren, lesen, sehen, hören, vergleichen.

Sie sind stärker und selbstbewusster, als sie es je waren, empfind- und achtsamer sich und ihren Gefühlen gegenüber. Die beiden beginnen, in sich hineinzuhorchen, ihren Emotionen einen Namen zu geben, ihre Bedürfnisse zu formulieren, zu erspüren, was ihnen guttut und was nicht, was sie fröhlich und unbeschwert macht, und erkennen, was sie bedrückt, kränkt oder betrübt.

Der Prozess ist schleichend, aber die Mädchen spüren die Veränderungen, besonders Anne – befreit von ihrer alten Klasse ist sie zu einem neuen Menschen geworden.

Und dennoch lässt sie die eine wichtige Frage nicht los: »Was, wenn Papa recht hat, was, wenn wir wirklich nicht okay sind, wenn unser Denken tatsächlich zu anspruchsvoll ist, wenn wir die Einzigen sind, die sich so anstellen, wenn wir echt nicht normal sind, Mama!?« Es sind exakt die gleichen Vorwürfe und Unterstellungen, gegen die auch ich in den vergangenen Jahren zu kämpfen hatte. Nun müssen sich die Kinder damit quälen.

Doch dann, endlich, fangen sie an, sich ihren Freundinnen gegenüber zu öffnen, ihre Zweifel mitzuteilen, um Rat zu fragen. Und ich bin heilfroh darüber, immer wieder habe ich ihnen Mut gemacht, sich das zu trauen, sich zu offenbaren, statt die Unsicherheit und den Kummer in sich zu vergraben. In unserer

Kleinstadt weit oben am Meer trifft die Quote von einem Drittel Scheidungskinder pro Klasse nicht annähernd zu. In den Klassen der Kinder gibt es höchstens zwei oder drei, am Anfang kommen die beiden sich vor wie gebrandmarkt, exotisch, irgendwie aus dem Standardmaß gefallen. Doch sie lernen dazu, jeden Tag, erklären ihren Freundinnen irgendwann einfach die Tatsachen und wie ihre Empfindungen dabei sind – und ernten pures Mitgefühl.

»Scheiße, ist das krass, ich weiß nicht, wie du das aushältst«, höre ich eine Freundin am Telefon, weil Anne den Lautsprecher an hat, »ich verstehe diesen Mann nicht, er erpresst euch. Und er tut so, als ginge ihn das alles überhaupt nichts an, alle anderen sind schuld und er ist ein armes Opfer. Ich würde da nicht mehr hingehen, irgendwann kommt dein Vater schon wieder angekrochen.«

Es sind diese Worte, die manchmal mehr helfen als mein stundenlanges Seelenstreicheln.

»Papa, wir haben auch Freunde«, faucht ihm Julika entgegen, als Rolf sich wieder einmal stundenlang selbst am Telefon beweihräuchert, »und was die über dich sagen, *das willst du gar nicht wissen!*«

Will er auch nicht, er fragt nicht mal nach. Und dass sie überhaupt Freunde haben könnten, spricht er ihnen sowieso kategorisch ab.

In dieser empfindlichen Anfangszeit, als die beiden in der Einfindungsphase sind, versuchen, die Situation als gegeben anzunehmen, pflanzt er aber nicht nur Zweifel an ihnen selbst, sondern auch an meiner Glaubwürdigkeit. Er hat leichtes Spiel, und ich ahne nichts davon, will die beiden nicht ständig ausfragen, allzu sehr in sie dringen, die gesamte Situation ist schon schwierig genug.

Doch eines Tages bricht es aus Julika heraus, die ganze Zeit hat sie ein Gedanke gequält, den Rolf ihr eingeimpft hat:

»Was hast du denn so Schlimmes gemacht, Mama?«, will sie schluchzend wissen, und ich bin froh, dass ich sie im Arm habe, sonst müsste ich etwas einschlagen.

Wie ich erfahre, hat Rolf den Kindern mittlerweile schon öfter erklärt, dass er sich getrennt habe, weil ich etwas so dermaßen Fürchterliches getan hätte, dass er es ihnen nicht erzählen könne, erst später, wenn sie erwachsen seien. Ich möchte weinen, als ich davon höre, und muss trotzdem schnell eine Entscheidung treffen, weil ich Rolf die Genugtuung auf keinen Fall geben will, seine Töchter noch weiter verunsichern zu können, ihr Vertrauen in mich zu zerstören, – das kann ich nicht zulassen.

Deshalb setzen wir uns auf den Boden, und ich erzähle ihnen, was sie wissen müssen, sodass die boshafte Drohung ihres Vaters seine Macht verliert. Ich erkläre es ihnen mit sanften Worten, aber ich sage die volle Wahrheit. Dass ich mich verliebt habe, einmal, weil ihr Vater anfing, mich nicht mehr gern zu haben, dauernd an mir herumkritisierte und mich schon seit vielen Jahren nicht mehr streicheln oder berühren wollte. Auch wenn das Wort »verliebt« vielleicht nicht ganz zutrifft, so war es doch das, wonach ich gesucht habe. Ich erzähle ihnen von Paul und versuche zu erklären, wie es passieren kann, dass Menschen plötzlich etwas tun, das eigentlich falsch ist, auch wenn es sich richtig anfühlt. Und ich sage ihnen klar und ruhig, dass es mir gutgetan hat. Ich erzähle ihnen auch, dass ich mit Thomas geschlafen habe, ein einziges Mal, weil ich jemanden brauchte, der mich in den Arm nimmt, weil ich nicht mehr ein noch aus wusste, als ich gemerkt habe, dass Rolf sich trennen will und mir verboten hat, mit Paul zu reden. Ich schwöre, nichts verheimlicht zu haben, bitte sie, mir zu glauben, sich zu entspannen, weil das alles war, was ich »verbrochen« habe, und es sonst nichts gibt. Ich mache ihnen verständlich, dass das, was ich getan habe, nicht der Grund war, warum wir auseinandergegangen sind, auch wenn Rolf weiterhin versuchen wird, ihnen das einzureden. Denn, auch das sage ich ihnen, ihr Vater hat so etwas jahrelang getan, mit vielen verschiedenen Frauen und zwar nicht erst, als wir uns nach dem Umzug ständig gestritten haben, sondern schon damals, als die beiden noch klein waren und ich noch total verliebt in ihn war.

Ich spreche über Rolfs Verfehlungen – möglichst neutral, formuliere sie nicht als Anklage. Aber ich muss es tun, jetzt geht es darum, die beiden zu schützen, dieses Mal kann ich keine Rücksicht auf ihn nehmen.

Nach unserem Gespräch sind meine Töchter erleichtert, eine riesige Last ist von ihren Schultern genommen, und ich schwöre mir, diesen Pfad der Transparenz nicht wieder zu verlassen, zu groß ist die Gefahr, dass Rolf ihnen durch arglistige Manipulationen noch mehr wehtut.

Und das tut er.

Es dauert nicht lang, und er beginnt erneut darauf anzuspielen, welch große Schuld ihre Mutter auf sich geladen hat. Die Kinder teilen ihm mit, dass er aufhören könne, ihnen Angst zu machen, doch Rolf kann nicht zulassen, dass er nun an Macht verloren hat. Ungerührt unterstellt er dennoch, dass ich immer noch mit Thomas zusammen sei, und deutet an, seiner Partnerin jederzeit alles verraten zu können, denn ich sei ein schlechter Mensch, wenn ich jemanden dazu brächte, fremdzugehen. Die Kinder sind in der Lage, das perfide Spiel zu durchschauen, sie wissen die Wahrheit, das reicht ihnen.

Aber nicht so Rolf. Er lässt nicht locker, will, dass die Kinder zugeben, dass er recht hat, drängt sie, Details aus meinem Leben zu erzählen, stellt Fangfragen, abends, wenn sie müde und verwirrt sind. Er überfordert sie mit seinen Unterstellungen. Wenn sie ausweichend antworten, wirft er ihnen vor, ihn anzulügen, sagt, wie enttäuscht er darüber sei. Dann wird er sauer, empört sich, macht ihnen ein schlechtes Gefühl, sagt, wie schlimm es von mir sei, sie dazu zu verleiten, ihrem Vater ins Gesicht zu lügen. Er verunsichert sie mit der Information, dass ich fahrlässig und rücksichtslos handle, indem ich den beiden verbieten würde, von ihrem neuen Leben zu erzählen, denn das täte ihnen nicht gut, er habe sich informiert, das dürfe man von Kindern nicht verlangen, damit mache man unheimlich viel kaputt, und das macht Mama gerade!

Es dauert, bis mir endlich eine Lösung für das Dilemma einfällt. Ein simpler Satz ist es, der die beiden endlich aus der Schusslinie bringt: »Das musst du Mama selbst fragen«, heißt er. Rolf empfindet ihn natürlich als Maulkorb und beginnt seine Sätze nun mit, »Ja, ja, ich weiß, ich darf nichts mehr fragen, aber ...« Doch mit der Zeit wird es besser, weil die Kinder zu verstehen beginnen, wie wichtig es ist, dass Rolf mir nichts mehr kaputtmachen darf. Wie wichtig es ist, dass ich hüte, was ich habe. Nun halten Anne und Julika seine Fragen und Mutmaßungen einfach aus, schweigen dazu – ich bewundere sie dafür und bin ihnen unheimlich dankbar.

Mit bemerkenswerter Ausdauer und Zuversicht versuchen sie dennoch, ihrem Vater und der neuen Beziehung eine Chance zu geben. Obwohl Rolf in seiner Vaterrolle versagt, lassen die beiden nicht locker, haben noch einen ganzen Sack mit weiteren Chancen parat. Manchmal werde ich regelrecht eifersüchtig, wenn ich bedenke, wie sehr ich mich bemühe, wie viel Liebe und Zeit ich investiere, mich kümmere und sorge, und dann schäme ich mich für diesen Gedanken.

Oft werde ich gefragt, warum Anne und Julika trotz all der Schwierigkeiten denn überhaupt noch zu ihm wollen, und ich kann es mit einem einzigen Satz erklären: Weil sie Kinder sind.

Sie brauchen ihren Vater, sie lechzen nach jeder kleinen Aufmerksamkeit, nach jedem Zeichen seiner Zuneigung, seiner Anerkennung, und das ist auch richtig so.

Doch sie kommen jedes Mal verstörter zurück, blaffen sich und mich an, verbreiten schlechte Laune, sind müde, blass und nicht wiederzuerkennen.

Es dauert, es erfordert Nerven, es stresst, abzuwarten, bis sie wieder genug geerdet sind, um über das Erlebte zu sprechen. Dann, endlich, sitzen wir zusammen, nächtelang, und ich versuche zu kitten, was zu kitten ist.

Denn offensichtlich wird der Ton rauer, das Gewaltpotential steigt. Sie erleben ständige lautstarke Streitereien, Brüllen, Schreien, Handgreiflichkeiten, obszöne Schimpfworte und Drohungen mit dem immer gleichen Grundthema: die Anwesenheit der Kinder, die Vanessa nicht passt.

Aus einem Urlaub schickt Anne mir eine Audiodatei, die sie von einem Streit gemacht hat, als ich sie wieder und wieder abspiele, weigere ich mich fast zu glauben, was ich höre, so gründlich habe ich Rolfs brutale Brüllereien verdrängt. Aber natürlich kenne ich sie zur Genüge, bekomme einen Zitteranfall, Schweiß rinnt mir aus den Achseln – in diesem Moment tut mir Vanessa leid.

Eines Nachts bringt Rolf die Kinder zu mir nach Hause, im Pyjama hat er sie ins Auto gesetzt, ein lautstarker Streit mit Vanessa ist eskaliert, die Kinder haben mit angesehen, wie er gegen sie handgreiflich geworden ist.

In der folgenden Zeit erleben sie den schlimmsten Kinderliebeskummer, den ich mir vorstellen kann. Manchmal müssen sie vor Schmerzen in ihre Kissen kreischen, und einmal lasse ich sie am nächsten Morgen nicht in die Schule gehen, sondern ausschlafen, weil wir die ganze Nacht geredet und miteinander geweint haben.

Die Wochenenden beim Vater sollen Vertrauen, Bindung und Liebe aufbauen, nicht Frust, Tränen und Rückschläge bringen. Ständig bin ich damit beschäftigt, das wiederaufzubauen, was er in der kurzen Zeit zerstört. Ich kann nicht nachvollziehen, warum Rolf und Vanessa nicht einfach nur froh sind, ein paar unbeschwerte Stunden mit diesen beiden unkomplizierten und liebenswerten Kindern verbringen zu dürfen. Stattdessen geht es stets um die eigenen Befindlichkeiten, die beiden kreisen um sich selbst, abgehoben und unfähig, empathisch auf die Bedürfnisse anderer einzugehen. Ich könnte toben, ich könnte explodieren und ausrasten, aber ich reiße mich zusammen, implodiere und respektiere den Wunsch der Kinder, ihn wegen dieser Sache weder anzurufen, noch eine Mail zu schreiben, weil sie Angst haben, es könne dadurch alles nur schlimmer werden.

Als es nicht mehr schlimmer werden kann, wollen auch die Kinder, dass wir endlich einmal miteinander reden, alle vier. Doch Rolf lehnt meine zahlreichen Anfragen und Bitten kategorisch ab und teilt mir dies auch schriftlich mit. Vielmehr schlägt er vor, mit Vanessa, Julika und Anne zu einer Beratung zu gehen, damit die Kinder dort lernen, wie sie ein besseres Verhältnis zu seiner Freundin herstellen können. Anne und Julika weigern sich, augenrollend, bitten ihn inständig, stattdessen eher ein paar Sitzungen allein zu absolvieren, um sich vielmehr ein paar Tipps abzuholen, wie er das Verhältnis zu seinen Kindern wieder in Ordnung bringen könne – langsam, aber sicher beginnen sie, sich zu wehren.

In der Zwischenzeit bringe ich einen Gutachtertermin zur Einschätzung des Wohnwertes unseres Hauses hinter mich, weil ich einfach nicht einsehen möchte, dass die Miete fünfhundert Euro niedriger sein soll, als die Mieter vor unserer umfassenden Sanierung gezahlt haben. Aber ich soll kläglich scheitern: Eine hohe vierstellige Summe habe ich in den Sand gesetzt. Zum ersten Mal nach zwei Jahren betrete ich unser Haus wieder. Es befindet sich in einem abgewohnten Zustand, Rolf präsentiert es dunkel, unwirtlich, schmutzig und voller Katzenhaare. Er hat eine vierseitige Mängelliste verfasst, teilt dem Gutachter mit, dass die gesamte Elektrik im Haus höchst fehlerhaft sei, ein rumänischer Helfer hätte sie installiert, wie übrigens auch alles andere - dubiose Osteuropäer, die wir auch noch schwarz bezahlt hätten. Rolf führt eine Bruchbude vor, nahezu einsturzgefährdet, das Gutachten fällt entsprechend aus, reicht bis auf zehn Euro an die lächerliche Summe heran, die sein Anwalt prophezeit hat. Das könne ja wohl nur Bestechung sein, schreibt die Maklerin meines Vertrauens, mit der ich mich vorher ausführlich über die Wohnungsmarktsituation unterhalten habe. Es gibt kaum Häuser, man könnte das Doppelte dafür verlangen, aber ich habe meine Lektion gelernt: Objektiv ist nicht subjektiv, und Rolf konnte mal wieder beweisen, wie erfolgreich er sich durchmogeln kann.

Wenig später erhalte ich von seinem Anwalt die Mitteilung, dass ich mich, da unser jüngstes Kind nun zwölf Jahre alt sei, um eine Hundert-Prozent-Stelle zu bemühen habe, man unterstelle mir rechnerisch ab sofort ein volles Akademikergehalt der entsprechenden Einkommensklasse, womit es sich mit dem Unterhalt für mich nun komplett erledigt habe. Meine Anwältin bittet um meine Einkommenssteuererklärung der letzten zwei Jahre, um im Gegenzug eine aktuelle Berechnung von Rolfs angelaufenen Unterhaltsschulden anfertigen zu können. Was dieser Briefwechsel noch nach sich ziehen wird, kann ich mir zu diesem Zeitpunkt nicht annähernd vorstellen.

Das Verhältnis zwischen Rolf und den Kindern verschlechtert sich weiter. Die Silvesterfeier gerät zum Desaster, die Kinder müssen sich um die Planung des Essens kümmern, zehn

Personen. Sie sollen das Ganze mit der übrigen Verwandtschaft abstimmen, es werden WhatsApp-Gruppen gebildet, die ganze Sache läuft aus dem Ruder, wird kompliziert, die beiden sind überfordert, haben keine Lust dazu, sehen es irgendwann auch nicht mehr ein. Rolf erklärt ihnen klipp und klar, dass er dieses Fest nur organisiert habe, um ihnen einen Gefallen zu tun. Sollten die Kinder nicht bereit sein, sich um die Organisation der Mahlzeiten zu kümmern, gäbe es eben nichts, das hätten aber dann sie vor den Gästen zu verantworten. Er bringt sie in die Bredouille, beide wollen vor der Verwandtschaft nicht als die verwöhnten Gören dastehen, als die er sie dann brandmarken wird. Ich tue, was ich kann, stärke ihnen den Rücken, einfach nein zu sagen und zu sehen, was passiert. Aber das können sie noch nicht, also tun sie, was er sagt, bemühen sich, so gut es geht. Schließlich kommt, was kommen muss, ein Missverständnis passiert, eine Zutat fehlt, und Anne wird dafür verantwortlich gemacht, kriegt den ersten Ärger bereits, als sie kaum zehn Minuten da ist. Sie werden wie Hausangestellte behandelt, schleppen die Matratzen in die Zimmer, beziehen die Betten, bereiten das Essen vor, räumen die Küche auf, putzen Haus und Bad, bevor die Gäste eintreffen.

Als sie am nächsten Tag nach Hause wollen, bringt er sie zum Bahnhof, lässt sie aussteigen und fährt wieder nach Hause. Als die Kinder merken, dass wegen des Feiertags zur gewohnten Uhrzeit kein Zug fährt, rufen sie ihren Vater an, damit er sie wieder abholt. Er lehnt ab, Anne schlägt vor, der Großvater könne sie doch holen, aber sie hört, wie Rolf mit seinen Eltern redet, nein, die Kinder werden jetzt nicht abgeholt, er wolle jetzt in Ruhe mit ihnen Kuchen essen. Anne und Julika finden heraus, von wo und wann ein Bus fährt, eine Stunde warten sie am eiskalten Bahnhof, bis der Bus fährt, zu stolz, um zu Fuß zum Haus zu laufen.

Als auch ich heimkomme, erstaunt, dass sie bereits so früh und vor mir wieder da sind, erzählen sie von ihrem Erlebnis, sie sind immer noch fassungslos. Aus ihren Stimmen klingt Verletztheit über diese knallharte Abfuhr.

Doch die beiden beschäftigt noch etwas anderes, die Hauptursache für ihren Kummer bricht erst Stunden später aus ihnen heraus. »Es ist, als würden wir da gar nicht mehr existieren«, sagt Anne und weint lautlos.

Ein Satz so schrecklich wie unvorstellbar. Nichts erinnere dort mehr an sie, lediglich zwei Fotos gäbe es noch, die Urlaubsschnappschüsse auf Leinwand, die ins Wohnzimmer sollten und dort bereits ein Jahr auf ihre Anbringung warten, stehen in seinem vermüllten Arbeitszimmer auf dem Boden. Mir will vor lauter Erschütterung kaum etwas Sinnvolles einfallen, das ihnen zur Schmerzlinderung dienen könnte, – vielleicht hat er es nur Vanessa zuliebe getan, immerhin wird er die Bilder ja in seinem Arbeitszimmer aufhängen wollen? Dort sähe sie ja sonst keiner, schluchzt Anne, und ich verstehe ganz genau, was sie damit ausdrücken will. Es geht jedoch nicht nur um das Fehlen der typischen Kinderfotos, Rolf scheint auch sonst alle sichtbaren Zeichen seiner Töchter entfernt zu haben: all die vielen kleinen, in stundenlanger Konzentration und Mühe hergestellten Bastelarbeiten aus Ton, Karton, Wolle und Papier und die mühsam im Internet und in Geschäften zusammengesuchten Spielzeugfiguren, auf die er so steht und die die beiden ihm seit Jahren zu Geburtstag und Weihnachten schenken, – alles verschwunden.

Ich gebe mein Bestes, aber es ist nichts mehr zu retten. Anne trifft die Erkenntnis besonders, plötzlich lässt sie alles raus, weint und weint. Noch nachts um halb fünf ist sie auf WhatsApp und stellt ihrem Vater die verzweifelte Frage, warum er sie nicht vom Bahnhof abgeholt hat.

Irgendwann meldet er sich bei ihnen, es kommt zu einem großen Krach, Vorwürfe hageln, er lasse sich doch von seinen eigenen Töchtern keine Vorschriften machen, schließlich habe er das alles ja nur für sie getan und jetzt könne er nicht mehr und werde das Gespräch beenden – aufgelegt.

Ab diesem Telefonat ist nichts mehr wie vorher.

Anne und Julika gehen auf Abstand. Erst Wochen später, in den nächsten Schulferien sehen sie sich wieder, Vanessa wird nicht mit zum Skifahren kommen, vielleicht ist es eine Chance für die drei, ich hoffe es sehr.

Die Ferienwohnung ist gebucht, sie ist winzig, das Skigebiet teuer. Aber Rolfs alter Freund Leonhard reist ebenfalls mit seiner Familie an, sie wohnen fürstlich, seine alteingesessene Zahnarztpraxis läuft blendend. Schon im Vorfeld kündigt Rolf an, zwei Nachmittage mit ihm unterwegs sein zu wollen, die Kinder könnten sich dann ja selbst beschäftigen, allein fahren, was auch immer. Anne und Julika sind empfindlich geworden, jede Äußerung wird auf die Goldwaage gelegt, sie sind beleidigt, ich versuche zu beruhigen: lesen, fernsehen, bummeln gehen, schlage ich vor, stinksauer, dass er die Mädchen in diesem riesigen Skigebiet unbeaufsichtigt auf die Piste lassen will. Zusätzlich verlangt er von ihnen, dass sie für die Ferien jeweils zwei Mahlzeiten vorkochen und mitbringen, damit abends etwas zu essen da ist.

Ich halte meine Empörung über diese absonderliche Forderung im Zaum, weil ich sehe, wie Julika darunter leidet, dass weder ihre Schwester noch ich Anstalten machen, das verlangte Essen vorzubereiten. Tapfer bittet Julika mich, ihr diese Aufgabe nicht zu verbieten, zu sehr hat sie Angst, dass Rolf sich enttäuscht von ihrer mangelnden Mithilfe zeigt und die Ferien schon mit Streit beginnen.

Schließlich lässt sie sich auf einen Deal ein, wir gehen gemeinsam einkaufen, aber ich koche. So stehe ich also in der Küche und rühre in jeden Topf meine Verachtung mit hinein, weiß, dass ich es einfach hätte verweigern sollen. Aber ich kann es nicht, der Kinder wegen.

Als meine Mutter die Kinder zu Rolf bringt, weil ich einen Termin habe und die beiden mit all ihrem Gepäck nicht mit dem Zug fahren können, reagiert sie genau wie ich, als sie ihr erklären, was es mit all den Schüsseln, Schalen und Töpfen auf sich hat, die ebenfalls noch ins Auto müssen, – sie sagt einfach gar nichts, schluckt ihr Befremden hinunter, für die Kinder.

Kurz vor dieser Reise habe ich der Anwältin meine Einkommensberechnung übergeben. Wie sich herausstellt, habe ich gut verdient, eine gute Nachricht für mich, wie die Anwältin im ersten Moment beinahe ratlos feststellt, eine schlechte für den Prozess. Denn nun hat sich die Unterhaltsforderung für mich tatsächlich erledigt, das Geld für die Klage hätte ich mir sparen können, wieder bezahle ich Lehrgeld. Doch Geld ist Geld, betont die Anwältin immer wieder, man habe zu Beginn des Prozesses nicht ahnen können, dass es so kommen wird, und dass ich es tatsächlich geschafft habe, auf eigenen Füßen zu stehen, freut sie fast noch mehr, als den Unterhaltsprozess gewonnen zu haben. Möglicherweise, so unsere vorsichtige Einschätzung, ist der Drache ja nun besänftigt, weil er nur noch für die Kinder zahlen muss, und wir können uns bezüglich des Rests, ein paar Außenstände gibt es noch, rasch, gütlich und zügig einigen. Sie berechnet die Fakten neu, setzt ein Schreiben auf, verschickt die gute Botschaft an Richter und Gegenpartei, und ich stelle mir vor, dass Rolf die Erleichterung darüber, von wirtschaftlichen Verpflichtung mir gegenüber befreit zu sein, möglicherweise in eine gelöste, zufriedene Stimmung versetzt und der Urlaub mit den

Mädchen zu einem Neuanfang werden kann – denn schließlich habe ich erreicht, was er jahrelang von mir verlangte: finanzielle Unabhängigkeit.

Doch wie so oft, liegt die kleine Jo in ihrer arglosen Einschätzung ungefähr doppelt so daneben, wie es nur möglich sein kann.

KAPITEL 19

»... und so lange der Zwerg nicht einsieht, dass der Riese stärker ist, muss der Riese halt weiterprügeln.«

Der Urlaub ist für alle Beteiligten anstrengend, Julika wird krank, Rolf ist überfordert, der Urlaub wird abgebrochen, die Kinder wollen sofort nach Hause, nicht noch für die restlichen Tage zu ihm, auf keinen Fall möchten sie Vanessa begegnen. Ich tue ihnen den Gefallen, ändere kurzfristig meine eigenen Pläne, damit sie schon früher heimkommen können.

Am nächsten Tag bekomme ich Post von der Anwältin. Ich kann mir nicht vorstellen, worum es geht. Wenn ein neuer Verhandlungstermin anberaumt wird, erhalte ich die Nachricht direkt vom Gericht. Doch sie hat mir eine unerwartete Antwort des Gegenanwalts weitergeleitet, ich rechne mit einem irgendwie gearteten Einigungsvorschlag, schließlich ist die größte Kuh vom Eis, Grund zur Zuversicht, oder nicht?

Genau das muss sich auch Rolf gedacht haben, denn als ich lese, um was es tatsächlich geht, dauert es eine ganze Weile, bis ich es glauben kann. Buchstäblich mehrere Male muss ich den entsprechenden Absatz lesen, um wirklich ganz sicher sein zu können, dass ich ihn verstanden habe.

Denn nun werde ich verklagt. Von Rolf.

Auf Unterhalt.

Ab sofort und jeden Monat fast eintausend Euro, die ich an meinen Ehemann zahlen soll. Es muss eine Sternstunde für ihn gewesen sein, diese Forderung mit seinem Anwalt aufzusetzen. Als ich mich nach ein paar Tagen wieder beruhigt habe, rufe ich in einem Detektivbüro an, so beginnt dieses Buch.

Doch zunächst klappe ich einfach zusammen. Ich merke, dass meine Schutzmauer doch noch nicht massiv genug ist, nicht hoch genug und überhaupt nicht stabil. Wie eine Faust durch Pergamentpapier schlägt mir diese Nachricht mitten ins Gesicht.

Ich flippe aus, heule los, kann mich nicht zusammenreißen, nicht beherrschen, kann es einfach nicht mehr. Die Kinder kommen angerannt, während ich von einem Krampf übermannt werde, so schlimm, dass Anne den Notruf wählen will. Ich keuche und jammere, die Schmerzen sind bestialisch, wenn eine neue Welle meinen Kopf in den Nacken zerrt. Die Kinder bringen Wärmflaschen, Heizkissen und feuchte Handtücher, langsam werden die Pausen zwischen den Anfällen länger, allmählich hören die Spasmen auf. Meine Töchter klammern sich an mich, weinen, sind geschockt von der Wucht der Krämpfe und meinem Zusammenbruch.

Es ist dieser Moment, diese Situation, in der ich die Fassung verliere. Das Fass ist endgültig übergelaufen, und ich kann mich nicht mehr zurücknehmen.

Mein chronisches Entgegenkommen, mein Versuch, Verständnis aufzubauen, damit die Kinder geschont werden, meine tiefste Überzeugung, dass ein bescheuerter Vater besser ist als gar keiner, meine elend anstrengenden Versuche, das Selbstbewusstsein der Kinder wieder aufzubauen, nur damit es vielleicht diesmal klappt, all meine mühsam aufrechterhaltene Professionalität, mit der ich versuche, die Kinder durch diese unruhige Zeit zu manövrieren, zerbricht in jenem Augenblick in so viele Scherben, dass ich nicht in der Lage bin, sie unter den Teppich zu kehren, bevor die Kinder sie bemerken.

Diesmal schaffe ich es nicht, die Vatersache von der Klagesache zu trennen, diesmal versagt meine Vernunft, meine Besonnenheit, meine um Neutralität bemühte Haltung. Und auch die eiserne Disziplin, für die ich von meinen Freunden so bewundert werde, weil sie sich nicht vorstellen können, wie ich die Zerrissenheit und die Belastung aushalte, die durch den Dauerbeschuss entsteht, während ich den Kindern ihren Vater trotzdem stets auf dem Silbertablett serviere. Ich erkläre ihnen also, warum ich so betroffen bin, enttäuscht und schrecklich hilflos. Dass ich fürchterliche Angst habe, weil wir uns diese Forderung nicht leisten können und dass ich einfach nicht mehr kann – nicht noch mehr arbeiten, nicht noch mehr Geldsorgen haben, nicht noch sparsamer sein, den Kindern nicht noch weniger bieten können, nicht noch mehr bestraft werden.

Dass ich alles getan habe, was ihr Vater wollte, ausziehen, Geld verdienen, ihm nicht auf der Tasche liegen. Ich habe mich seiner langjährigen Forderung gebeugt, und nun tritt er nach, genüsslich, mit reibender, knirschender Schuhsohle. Mehr als je zuvor geht es um unsere Existenz, und ich muss mich sehr bemühen, beim Reden nicht wieder hysterisch zu werden. Die Kinder haben Fragen, haken nach, ich erkläre, so gut ich kann.

»Wenn er kaum Geld hat, warum kann er dann so viele Reisen machen?«, fragen sie mich und zählen auf, wo er in den letzten Jahren überall Urlaub gemacht hat: Griechenland, Italien,

Dominikanische Republik, Seychellen, Kanarische Inseln, Barbados; es gibt ein neues Auto, neue Möbel, neue technische Geräte, ein neues Fahrrad und Klamotten.

Ich fühle mich schwach und angegriffen, zutiefst enttäuscht und verletzt. Ich muss vor ihnen zugeben, dass ich ihren Vater nicht mehr verstehe, nicht annähernd nachvollziehen kann, warum er nicht einfach nur froh ist, dass es den Kindern bei mir gut geht, dass ich auf die Füße gekommen bin, für sie sorge, sie aufziehe und ganz allein dafür verantwortlich bin, dass sie diese Lebenskrise so gut bewältigt haben. Ich tue nichts, als hart zu arbeiten, versuche, Rücklagen zu bilden, weil ich als Selbstständige nie weiß, wie die Auftragslage sein wird, habe schlaflose Nächte, wenn sich ein Verlag für eine andere Illustratorin, für ein anderes Projekt entscheidet, während Rolf absichtlich wenig verdient und sich um nichts weiter als sich selbst zu kümmern braucht. Sein Verhalten und seine Forderung kommen mir unanständig und erbärmlich vor. Wie kann er seinen Töchtern in die Augen sehen? Wenn ich männlichen Freunden davon erzähle, ist es stets derselbe Aspekt, den sie zuerst anführen: Wie kann er als Mann überhaupt noch in den Spiegel sehen?

Gezwungenermaßen reden wir auch noch über weitere Aspekte des Rechtsstreits. Anne ist 16, ich lasse sie ein paar Briefe der Anwältin lesen, damit sie faktisch vor Augen hat, weshalb es mir so schlecht geht. »Warum möchte er uns schaden?«, wollen die Kinder wissen, und ich kann nur erwidern, dass ich es nicht weiß, damit ich nicht die vielen hässlichen Wörter verwenden muss, die ich nur denke, aber nicht laut ausspreche.

Ohne dass ich es verhindern kann, stellen meine Töchter ihrem Vater diese drängende Frage wenig später am Telefon. Offen und frei heraus, wollen wissen, warum er nicht einfach genauso viel verdient wie Alex, warum er zwar ebenso viel arbeitet wie er, aber mit der Hälfte des Geldes zufrieden sei, erzählen außerdem, wie ich auf die Nachricht reagiert habe, wie sie von seiner Forderung erfahren haben.

Es erwischt Rolf eiskalt, er hat nicht damit gerechnet, dass ich die Kinder einweihe. Er ist in der Defensive, greift wahllos in sein Arsenal aus Waffen und tut, was er immer tut: den anderen die Schuld geben und ihnen ein schlechtes Gewissen einreden. Er sagt ihnen, dass er mein Vorgehen zutiefst verurteile, es sei der größte Fehler meines Lebens gewesen, sie in diese Interna einzuweihen, so etwas wäre verboten, schade ihnen mehr, als sie sich vorstellen könnten, und sei absolut unverzeihbar – »Wie kann Mama euch so etwas Entsetzliches antun?«

Erst als die Kinder immer wieder betonen, dass er ihnen keine Angst mehr einjagen könne, wechselt er die Methode. Er erklärt Anne klipp und klar, sie brauche nur dafür sorgen, dass ich aufgebe und die gesamten Gerichtskosten übernehme, dann würde er es sich vielleicht überlegen, seine Forderung zurückzunehmen. Er erklärt beiden, dass meine Anwältin mich falsch beraten würde, damit sie an der ganzen Scheidung möglichst viel verdienen könne, und dass ich damals nur seinen großzügigen Vorschlag hätte annehmen müssen, dann wäre jetzt alles noch fast genau wie früher, und Mama und Papa wären gute Freunde. Wir könnten auch die Geburtstage alle zusammen feiern, schwärmt er, Weihnachten! Wie gern hätte er uns beim Umzug unterstützt, beim Hausrenovieren, und auch jetzt würde er uns jederzeit zur Verfügung stehen, im Garten helfen, Reparaturen erledigen, er sei für uns da, wann immer wir ihn bräuchten, er würde die Kinder ins Bett bringen und Suppe kochen, wenn sie krank seien, und bei uns ein- und ausgehen. Doch Rolf ist mit seiner Gehirnwäsche noch nicht fertig.

»Stellt euch vor, ein Riese ist mit einem Zwerg in den Ring gestiegen, und es war gar nicht schwer für den Riesen, den kleinen mickrigen Zwerg niederzuringen. Jetzt liegt er da, winzig und blutig geschlagen. Und was macht der blöde Zwerg? Will immer noch was und immer noch was. Und so lange er keine Ruhe gibt, kriegt er von dem Riesen halt einfach auch immer noch eins drauf. Daran ist der Zwerg ganz allein schuld, und so lange der Zwerg nicht einsieht, dass der Riese stärker ist, muss der Riese halt weiterprügeln.«

Wie reagiert man auf so eine Bildlichkeit? Was sagt man den Kindern? Wie sollen die beiden mit solchen Aussagen umgehen?

Ich bin ratlos.

Ich rede dagegen an.

Ich rede auch noch, nachdem er jedes weitere Gespräch dazu benutzt, die Kinder immer wieder damit zu quälen, wie falsch ich gehandelt habe, indem ich sie in unseren Streit hineingezogen habe. Als er ihnen einen Brief schreibt, indem er all dies wiederholt und sich wieder als Opfer stilisiert. Als Anne still vor sich hin weint, weil ihr Vater sie zur Begrüßung nicht mal richtig umarmt hat. Als die Kinder ihn um regelmäßige Treffen ohne Vanessa bitten und er sich nach dem ersten damit verabschiedet, er würde sich melden, wenn er wieder Lust dazu hätte. Als er nach dem nächsten Ausflug zwei Wochen lang nichts von sich hören lässt, weil er keine Zeit gehabt habe, die Kinder ihm mitteilen, wie weh ihm seine Gleichgültigkeit tut und sie zu keinen weiteren Treffen bereit wären, und er daraufhin bloß wiederholt, dass sie diejenigen seien, die sich bei ihm melden und Interesse zeigen müssten.

Ich rede, als ein paar Tage nach dem Telefonat ein Brief kommt, weil er den Richter hat wissen lassen, dass ich meine Kinder belaste, indem ich sie über das Verfahren aufgeklärt und Schriftsätze habe lesen lasse.

Und ich rede auch noch, als Julika zu mir ins Bett kommt, sich wie ein verschrecktes Kätzchen zusammenrollt, weil sie vor lauter Kummer nicht mehr ein noch aus weiß. Ich weine in mich hinein und kratze alle Stärke zusammen, die ich auftreiben kann, weil es wichtig ist, ihr die Sicherheit zu geben, ihren Vater lieben zu dürfen, auch wenn er Fehler hat. Wir sprechen hundert Möglichkeiten durch, aber Julika kann nicht mehr. Als das Schluchzen aufhört, ihre Schwester sie genug gestreichelt und ich genug geredet habe, sagt sie mir, klar und bestimmt, wie sie sich fühlt. Dass sie seine unverständliche Geldforderung von seiner Fürsorgepflicht nicht trennen, dass sie das eine nicht ohne das andere betrachten könne. Es wird ihr zu viel, sie brauche Abstand.

»Ich kann Papa nicht liebhaben, wenn er nichts Gutes für uns will. Manchmal liebe ich ihn, aber immer öfter hasse ich ihn so tief wie nur was«, sagt sie leise, eine Zwölfjährige mit einer Umsicht, die mir manchmal schon unheimlich ist.

Ich habe in einem Ratgeber gelesen, wie schwer es für Mütter ist, ihre Kinder unter den destruktiven Methoden eines toxisch narzisstischen Vaters leiden zu sehen, mitzuerleben, dass auch sie es sind, die zu seinem Spielball werden, seinem Machtinstrument, welches er für seine egoistischen Zwecke benutzt. Aber dass man ihnen die Chance geben soll, ihre eigenen Erfahrungen damit zu machen, sodass sie ein Gespür dafür entwickeln können, was sich für sie richtig anfühlt und was nicht.

Dass man seinen Kindern vertrauen soll.

Sie nicht überbehüten oder in Watte packen.

Wenn das heißt, dass ich ihnen zum Ausgleich keine Meerschweinchen, Hamster, Hasen oder Kaninchen kaufen muss, kommt mir das entgegen.

Wenn es heißt, dass ich sie nach Kräften in dem Wissen unterstütze, dass sie sich elterliche Anerkennung und Aufmerksamkeit nicht erst verdienen müssen, sondern um ihretwillen geliebt werden, dass sie nicht auf irgendeine Weise gefallen müssen, sondern sich ihres Wertes sicher sein können, dann kämpfe ich dafür, jeden Tag.

Wenn es heißt, dass auf uns noch einige raue Überfahrten warten, bevor wir erneut festes Ufer erreichen, dann nehme ich die Herausforderung an.

Denn eines werde ich mir niemals wieder nehmen lassen:

Die Gewissheit, dass ich fähig bin, aus jedem Stein, den er uns in den Weg legt, etwas Wertvolles zu bauen.

Nachwort

Rolf, danke für das kostenlose Coaching.

Durch die Erkenntnisse aus unserer Beziehung werde ich mehr und mehr die Frau, die ich schon als kleines Mädchen sein wollte: frei, selbstbestimmt, unabhängig, glücklich.

Denn die Energie, die ich in unsere Ehe gesteckt habe, kann ich nun für das nutzen, was mir wirklich wichtig ist.

Durch die Trennung habe ich erlebt, wie stark ich bin, wie tief ich empfinden kann und wie viel das Leben noch für mich bereithält. Ich weiß jetzt, dass ich okay bin, einzigartig und fähig, meinen ganz eigenen Weg zu gehen.

Die Wertschätzung, die du so vehement für dich eingefordert hast, werde ich mir ab jetzt selbst zukommen lassen und nie vergessen, dass ich, so klein ich auch bin, dennoch nie wieder hinter einer Person und deren Bedürfnissen verschwinden muss.

Ich kenne nun meine Wünsche und Schwachstellen, stelle mir viele Fragen, um herauszufinden, was unsere Geschichte mit mir selbst zu tun hatte, ich lerne, ich entwickle mich weiter.

Und ich beginne zu wachsen. Aus dem Kokon wird ein Schmetterling schlüpfen.

Und danke für die Kinder, alle drei. Sie sind das Kostbarste, das ich habe, und das Beste, was du je zustande gebracht hast.

Literatur

Angela Rudloff: *Narzissmus und der unendliche Schmerz des Partners*, Independently Published, Dezember 2017

Bärbel Mechler: *Mein (Ex-)Partner ist ein Psychopath*, Mankau Verlag, März 2017

Christine Merzeder: *Wie schleichendes Gift*, Scorpio-Verlag, Juli 2015

www.beziehung-in-balance.de/category/toxische-beziehungen

www. simplyfeelit.de/hochsensible-und-narzissten-in-partnerschaften

www.umgang-mit-narzissten.de (und Newsletter)

de.sott.net/article/1019-Der-Psychopath-Teil-6-Wie-man-mit-Psychopathen-umgeht

www.hilfefueropfervonnarzissten.com/2017/06/20/narzissmus-gaslighting

www.erkennepsychopathie.wordpress.com

www.hilfefueropfervonnarzissten.com/2017/04/21/10-anzeichen-dafuer-dass-du-einen-psychopathen-datest

www.politisches.blog-net.ch/2016/07/13/20-ablenkungstaktiken-von-hoch-manipulativen-narzissten-soziopathen-und-psychopathen-um-dich-zum-schweigen-zu-bringen

www.aerztezeitung.de/panorama/article/811131/narzissmus-pathologisch-betrachtet.html

www.ek-iw.eu/1501ASM-Handout-Psychopathie.pdf

www.focus.de/gesundheit/ratgeber/psychologie/krankheiten stoerungen/wenn-der-mensch-zum-monster-wird-so-erkennen-sie-einen-psychopathen_id_2734734.html

www.freiwilligfrei.info/archives/7809

www.karrierebibel.de/psychopathen

www.narzissmus-info.com

www.psychotherapiepraxis.at/surveys/test_psychopathie.phtml

www.rechtspsychologie-bdp.de/wp-content/uploads/vortraege 3tag/Mueller.pdf

www.spiegel.de/panorama/gesellschaft/psychopathen-fbi-profiler-erklaert-wie-man-sie-erkennt-a-963716.html

www.welt.de/icon/article144772275/So-entkommen-Sie-dem-Psychoterror-der-Narzissten.html

Impressum

Johanna Winter
Der Feind an meiner Seite
Wie ich mich aus meiner Ehe mit einem Psychopathen befreite
ISBN: 978-3-95910-211-7

Eden Books
Ein Verlag der Edel Germany GmbH

www.edenbooks.de | www.facebook.com/EdenBooksBerlin | www.edel.com
2. Auflage 2019

Projektkoordination: Kathrin Riechers
Lektorat: Katharina Theml
Umschlaggestaltung: Buchgut, Berlin
Umschlagfoto: © WavebreakmediaMicro / AdobeStock
Layout und Satz: Datagrafix GSP GmbH, Berlin | www.datagrafix.com
Druck und Bindung: optimal media GmbH, Glienholzweg 7, 17207 Röbel/Müritz

Das FSC®-zertifizierte Papier *Holmen Book Cream* für dieses Buch lieferte Holmen Paper, Hallstavik, Schweden.

Printed in Germany.

Dieses Buch ist auch als E-Book erhältlich.